国家自然科学基金青年项目（编号：71703121）
教育部人文社科基金青年项目（编号：17YJC790158）
中国博士后科学基金面上项目（编号：2017M613040）
西北大学学术著作出版基金资助项目
陕西人文社会科学文库资助项目

区域协调发展研究：

要素配置视域下的产业转移分析

王欣亮 著

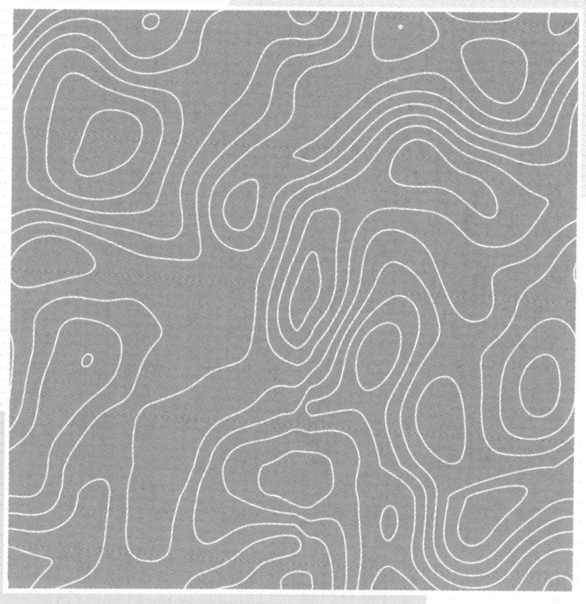

中国社会科学出版社

图书在版编目(CIP)数据

区域协调发展研究：要素配置视域下的产业转移分析／王欣亮著．—北京：中国社会科学出版社，2018.2

ISBN 978-7-5203-1595-1

Ⅰ.①区… Ⅱ.①王… Ⅲ.①区域产业结构—产业转移—研究—中国 Ⅳ.①F127

中国版本图书馆CIP数据核字(2017)第288504号

出 版 人 赵剑英
责任编辑 孙 萍
责任校对 石春梅
责任印制 王 超

出 版 中国社会科学出版社
社 址 北京鼓楼西大街甲158号
邮 编 100720
网 址 http://www.csspw.cn
发 行 部 010-84083685
门 市 部 010-84029450
经 销 新华书店及其他书店

印 刷 北京君升印刷有限公司
装 订 廊坊市广阳区广增装订厂
版 次 2018年2月第1版
印 次 2018年2月第1次印刷

开 本 710×1000 1/16
印 张 16.75
字 数 258千字
定 价 69.00元

序　一

区域协调发展是国民经济平稳、健康、高效运行的前提，它不仅是重大的经济问题，也是重大的政治问题、社会问题和国家安全问题，长期以来一直为学界和政策研究者高度关注。比较优势、产业转移与区域协调发展紧密相关。解决区域协调发展问题的出路之一就是推进产业在区域之间的有序转移。王欣亮博士的这部著作对此作了既有理论价值也有相当现实应用价值的有益探索，论证了产业转移对于区域经济增长水平趋同以及区域经济增长质量提升具有正向推动效应的理论论断，提出了推动区域经济协调发展的实现路径和政策建议。

该书一反传统的要素禀赋理论中对于要素比较优势决定产业布局的观点，将交易费用也纳入区域比较优势的研究范畴，通过将传统比较优势涵盖的内涵扩大化，不仅对现有研究中关于传统比较优势陷阱和“里昂惕夫之谜”的争论进行了进一步的解释；而且通过将发展环境的制度因素纳入考虑范畴，突破了传统研究中以完全竞争市场的假设前提，使得比较优势理论的运用更具有现实性和实践意义。

该书以区域经济学、产业经济学的基本理论和方法为指导，分析了区域产业的合理定位及布局，进而研究推动区域协调发展的可行路径。从区域间发展差距较大且发展方式亟待优化升级的现实出发，讨论产业转移对区域协调发展的驱动机制：将产业转移界定为区域中基于比较优势驱动下产业生产规模的变动过程，就驱动要素而言，与比较优势理论相结合，认为区域间市场层面的要素价格差异与制度层面的发展环境差异是产业转移的动因；就作用机制而言，既包含以企业迁移为代表的显性产业转移，也包含以产业生产规模变动为特征的隐形产业转移。通过对产业转出区与转入区在短期及长期作用机制的差异，构成了区域协调发展的基础。这相对于传统静态分析产业转移的动因及效用是一个突破，对我国产业布局优化调整的政策制定具有参考价值。

该书将 D. 李嘉图的比较成本视角与 E. 赫克歇尔以及 B. 俄林的要素禀赋视角相结合，从生产成本与交易费用层面入手，构建了由要素资源禀赋、要素成本价格、要素使用效率以及基础条件、发展环境构成的比较优势测度指标体系，这种探索为区域比较优势的综合衡量提供了一种新的、有益的思路；该书综合运用博弈模型和比较分析方法，将完全市场状态的地方政府博弈为基准模型，分别构建存在政治收益、放松环境约束、中央政府调节约束等扩展模型，通过对均衡结果对比，分析区域协调发展约束下的地方政府竞争行为，这使博弈模型分析更贴近于现实，具有实践意义。

该书运用建模的方式将比较优势、产业转移与区域协调发展之间的关系模型化，同时在实证分析中也使用了大量的计量分析方法，从而对推动区域协调发展的实现机制做了有说服力的阐释。

我相信该书将会有益于学界，有利于政策研究界。王欣亮博士踏实、勤奋、刻苦，敏于思考，相信他一定会不断取得新的、更大的进步，期待他有更多的、有价值的研究成果问世。

故以为序。

陕西省社会科学院院长
教授、博士生导师
任宗哲
2017 年 8 月

序　二

区域协调发展长期以来一直是理论研究界和政策制定者关注的重点和热点问题，在理论上表现为学界长期对区域协调发展的理论内涵、影响因素及实现路径进行系统研究；在实践上表现为国家先后提出了西部大开发战略、振兴东北老工业基地战略、中部崛起战略、“一带一路”倡议等一系列板块化倾斜的发展举措，以及“成渝经济区”“西咸新区”“雄安新区”等一系列增长极驱动的发展规划，这充分显示了国家对于推动区域协调发展的重视。产业作为国民经济可持续发展的重要支撑，区域间产业转移能够提高生产要素的空间配置效率，推进区域产业转型升级，是缩小区域经济发展差距，推动区域协调发展的重要途径。

王欣亮博士的这本著作立足于区域间发展差距较大且发展方式亟待优化升级的现实，以区域比较优势为基础，从产业转移的角度，对推动区域协调发展的理论框架及实践路径进行了分析。全书分为三个部分：第一部分构建理论模型，对比较优势下产业转移推动区域协调发展的内在机理进行了系统、深入的分析；第二部分结合中国发展现实，对分析结论进行验证，并对现实发展中影响因素进行系统分析；第三部分结合理论分析及现实检验结论，设计了推动中国区域协调发展的实现路径，并从中央政府和地方政府的角度提出了较为全面的政策建议。

该书的理论价值体现在：一是该书基于动态视角对传统比较优势理论进行了研究，从生产成本与交易费用两个层面进行理论分析界定，并提出了动态比较优势下产业转移的动力机制框架；二是系统梳理并重新界定了产业转移的理论机理及外在特征，为分析、识别区域间产业转移的发生及动态变化提供了一种理论框架；三是建立了多重外生变量的博弈分析模型，结合基准模型与放松假设扩展模型的均衡状态对比分析，为探讨异质性条件下产业转移的动因及影响提供了理论支持。

该书的应用价值体现在：对于动态比较优势下产业转移与区域协调发展相关机理的研究和探索，将有利于全面分析区域发展的产业定位，把握产业转移的空间过程，从而为区域产业布局的空间决策、区域发展差距的治理调控以及协调发展政策的制定和实施提供了科学依据；同时以省域及四大板块的经济数据为基础，综合运用计量分析工具对相关理论机理进行模型检验，为区域协调发展的实践路径及政策制定提供了有力的实证分析基础。

该书的作者王欣亮博士是我指导的硕士生、博士生，在攻读硕士和博士学位期间一直从事区域发展方面的研究。欣亮博士在求学期间和走上工作岗位后一直都踏实勤奋、刻苦钻研，善于用经济学的理论和方法思考社会热点问题，表现出较强的研究潜质，取得了丰硕的成果。该书的选题具有较强的理论价值和实践意义，研究中也体现了学科交叉的创新思维和学术火花，是一部有价值的研究成果。

陕西省“三秦学者”特聘教授

西北大学教授、博士生导师

严汉平

2017 年 8 月

目　　录

第一章　导论

第一节　研究背景及意义

本书的选题基于我国现阶段区域经济发展不协调的背景，源于对两个现实问题的分析和解答，即落后地区如何利用比较优势实现跨越式发展，发达地区如何转变发展方式实现可持续发展。在研究中，以基于比较优势进行产业转移发展作为解决我国区域协调发展问题的切入思路，从理论研究和经验研究两个层面进行分析研究，选题具有一定的理论价值和现实意义。

一　研究背景

区域经济的协调发展不仅是保持国民经济整体平稳、健康、高效运行的前提，而且对于保持政治和社会稳定，促进民族团结具有重要的意义。因此，实现区域协调发展是世界各国发展中的重要目标和必经之路。纵观世界各国发展历程，但凡各发达国家，都具有区域间发展差距较小的特点。而对于中国而言，自 1978 年改革开放以来，中国经济长期保持高速增长，国家综合国力和人民生活水平都有了显著的提高；但与此同时，东部地区率先发展而造成的区域之间发展差距已成为中国发展中不可回避并亟待解决的问题之一。

面对我国巨大的区域间发展差距，中央出台了西部大开发战略、中部崛起战略、振兴东北老工业基地等一系列板块发展倾斜政策，以及“关中—天水经济区”“成渝经济区”“西咸新区”“丝绸之路经济带”等一系列增长极培育带动发展政策，这些政策在一定程度上缓解了区域差距不断扩大的趋势，但现有研究形成共识认为，要从根本上促进落后区域发展，需要在外部政策层面对落后区域进行“输血”的同时，从内部营造落后区域的“造血”功能，打造落后区域的内生化发展模式，以推动落后区域跨越式发展。而形成内生化发展模式的关键是因地制宜，发挥区域的比较优势。此外，就新时期区域协调发展的内涵而言，其不仅包括区域之间横向空间层面的均衡发展，而且包括区域个体纵向时间层面的可持续发展。因此，发达地区如何推动经济发展方式转型，实现可持续发展也是现阶段研究的热点问题之一。

综合上述发展要求，本书的选题来自于对以下两个现实问题的分析。

第一，落后地区如何利用比较优势，实现跨越式发展？相对于发达地区而言，落后地区某些生产要素较为富余，单位成本较低，具有较高的收益率。但在现实发展中，落后地区却向发达地区大量输出具有比较优势的生产要素。例如人口大省四川部分县市，采取劳动力输出作为促进地区经济发展的重要渠道；作为科技资源大省的陕西，经济发展水平却较为落后，被学术界称为“陕西现象”[①]。为什么会出现上述看似矛盾的现象？从落后地区发展的角度来看，直接的原因是比较优势无法转化为有效投入，促进经济发展。因此，这个大问题又可以细化为以下几个小问题，即在区域发展中，是什么原因使区域比较优势无法转化为有效投入，进而阻碍了落后区域的跨越式发展？区域经济发展的直接载体是什么？如何利用载体推

① 王忠民、郭立宏最早将陕西科技资源存量大但经济发展却相对滞后的问题称为“陕西现象”（可参见王忠民、郭立宏《科技优势与经济滞后——求解陕西发展之谜》，陕西人民出版社 1999 年版，第 2—7 页），之后，蔡立雄、徐德龙、姚聪莉等学者对此问题进行了研究。具体可参见蔡立雄《“陕西现象”的制度经济学解读》，《西北农林科技大学学报》（社会科学版）2008 年第 5 期；徐德龙《中国高等教育的“陕西现象”——由来、困惑和出路》，《西安建筑科技大学学报》（自然科学版）2009 年第 4 期；姚聪莉等《教育与经济视角：对“陕西现象”的分析》，《西北大学学报》（哲学社会科学版）2009 年第 2 期。

动区域经济的协调发展？而纵观世界经济的发展历程，产业转移作为处于落后发展阶段地区迅速提升经济发展水平的有效手段，已经被拉美和东亚的历史经验所验证。此外，在2010年9月国务院下发的《国务院关于中西部地区承接产业转移的指导意见》（国发〔2010〕28号）中也明确指出，“产业转移是优化生产力空间布局、形成合理产业分工体系的有效途径，是推进产业结构调整、加快经济发展方式转变的必然要求”①。但在全球经济一体化、知识经济蓬勃发展及世界产业结构调整的背景下，传统的产业转移形式发生了怎样的变化？如何利用新形势下的产业转移，推动落后地区的跨越式发展，以实现区域协调发展？

第二，发达地区如何转变发展方式，实现可持续发展？改革开放以来，我国发达地区生产的产品附加值比较低。经常被拿来说明这种状况的有两个例子，一个例子是浙江生产多少双袜子才能换一架波音飞机，另一个例子是深圳生产一个芭比娃娃或一台iPhone手机能从中拿到多少美分的收益。与此同时，东部沿海地区的发展，土地、劳动力等生产要素成本不断上升，逐步出现生产要素趋紧、产业竞争力下降、城市生活成本激增等问题，这些问题不但制约了东部地区的持续发展，而且带来了诸如民工荒、春运等一系列社会问题。面对以上问题，目前形成的共识是我国发达地区长期采取了高投入、高产出的发展方式，且在全球产业分工中处于不利位置，亟待进行产业升级和调整，以促进区域可持续发展。那么，是什么原因导致了落后区域具有比较优势的生产要素向发达地区集聚？发达地区应如何进行产业的升级和调整？现阶段发达地区具有哪些比较优势？应如何利用自身比较优势，推动发达区域可持续发展，以实现区域协调发展？

基于对上述现实问题的分析和解答，本书以推动区域协调发展为目标，以区域比较优势为动因，以产业转移为路径，探索基于区域比

① 具体文件可参见《国务院关于中西部地区承接产业转移的指导意见》（国发〔2010〕28号）。

较优势进行产业转移，以推动区域协调发展的实现路径。在具体研究中，在对比较优势、产业转移以及区域协调发展等理论研究进行回顾和梳理的基础上，构建了比较优势推动产业转移以及产业转移推动区域协调发展的理论分析框架，进而从实证研究的角度，通过构建计量模型，在对现阶段我国各地区具有的比较优势与产业转移的发展现状之间的差异性进行对比分析的基础上，探索我国区域协调发展的实现路径，并针对中央政府及地方政府间目标的差异性，提出相应的政策建议。

二 研究意义

本书认为，发挥区域比较优势推动产业转移既是帮助落后地区实现经济跨越式发展的有效途径，又是推动发达地区产业升级、结构调整的有力手段，是推动中国区域经济向协调化、均衡化、合理化迈进的举措，也是保持中国经济长远可持续发展能力，适应经济新常态的具体要求。因此，本书以发挥比较优势，利用产业转移，推动区域协调发展为研究主题，具有一定的理论和现实意义。

在理论意义方面：论证了以基于比较优势的产业转移为手段推进区域协调发展的实现机理。本书在对比较优势、产业转移以及区域协调发展的内涵进行界定的基础上，从行为主体、作用机制以及实现机理等三个层面分析了比较优势推动产业转移，以及产业转移推动区域协调发展之间的内在理论机理，从而构建了基于比较优势，利用产业转移，推动区域协调发展的理论传导机制和逻辑框架，具有一定的理论意义。

在现实意义方面：提出了以基于比较优势的产业转移为手段推进我国区域协调发展的实现路径。本书结合新时期区域协调发展的内涵界定，在对我国省域面板数据进行经验分析的基础上，从落后地区立足比较优势实现跨越式发展以及发达地区优化发展方式实现可持续发展两个层面构建了推动我国区域协调发展的实现路径。此外，基于不同参与主体的目标行为差异，提出了中央政府三个结合以及地方政府三个明确的政策建议，以保障实现路径的有效性。因此，本书的研究对于推动我国区域协调发展具有一定的现实意义。

第二节 研究思路与方法

本节中主要对全书的研究思路与所采取的研究方法进行介绍。

一 研究思路

本书基于现阶段我国区域经济发展不协调的背景，起源于对两个现实问题的分析，即落后地区如何利用比较优势实现跨越式发展，发达地区如何转变经济发展方式实现可持续发展。在具体研究中，研究思路是基于理论研究、经验研究以及政策建议三个层次展开的。

首先，在理论部分的研究中：在总结现有研究分歧、提出理论层面需研究问题的基础上，结合相关概念的内涵界定进行理论机理分析，构建全书理论基础。本部分在对比较优势、产业转移以及区域协调发展的相关理论研究进行回顾和总结的基础上，针对现有研究分歧，提出本书在理论部分需分析和讨论的两个问题，即基于比较优势进行产业转移发展的有效性，利用产业转移进行区域协调发展的可行性。而后，在对比较优势、产业转移、区域协调发展的内涵进行界定的基础上，从参与主体、作用机制以及实现机理等三个层面分析了比较优势推动产业转移、产业转移推动区域协调发展的相关理论机理，从而在对上述两个理论问题进行分析的同时，构建了基于比较优势、利用产业转移、推动区域协调发展的理论传导机制和逻辑框架，为本书研究奠定了理论基础（见图1—1）。

其次，在经验部分的研究中：对理论部分研究结论进行经验验证，并对我国发展实践的制约因素进行分析，为后续实现路径的设计提供现实依据。一方面构建综合评判框架对我国区域比较优势进行测度，并选择相应的测度指标和方法，对我国产业转移发展现状进行评判，进而对比较优势与产业转移发展的差异性及成因进行分析；另一方面结合对区域协调发展约束下承接产业转移的博弈模型分析，从经济发展总量和经济增长质量两个层面论证和分析了产业转移对区域协调发展的推动作用及影响因素。通过对我国省域面板数据的经验分析，为后续现实问题的解答和相关政策建议的设计提供了现实依据。

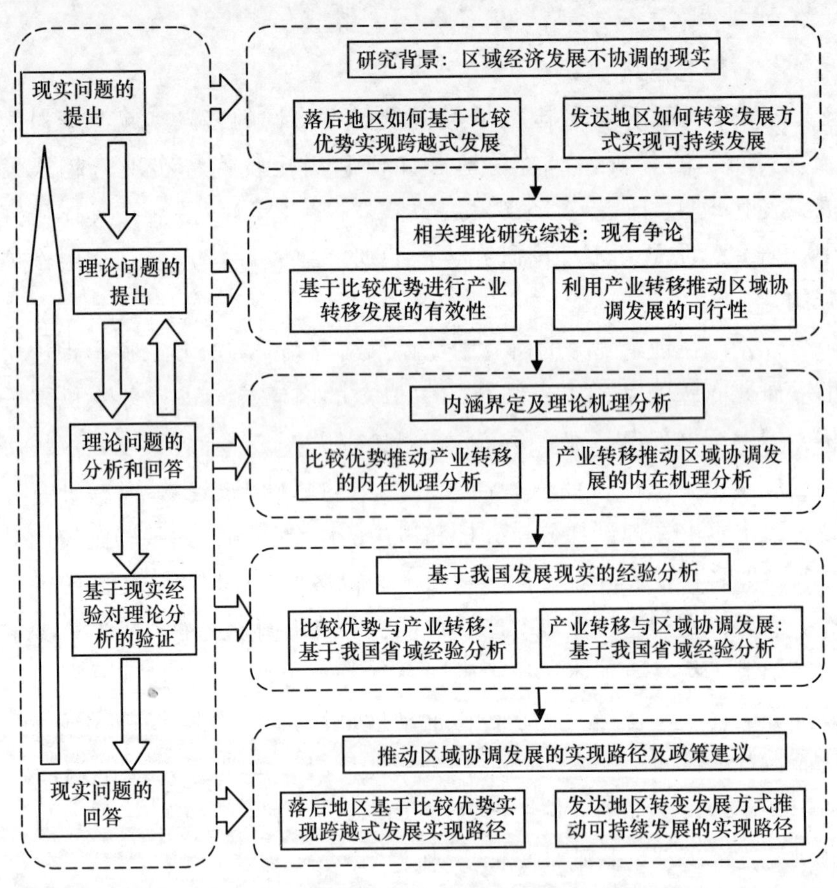

图 1—1　研究思路流程

最后，在政策建议的研究中：对应本书所源于的现实问题，设计推动区域协调发展的实现路径及政策建议。本部分结合理论研究与经验分析的结论，分别从落后地区立足比较优势实现跨越式发展，以及发达地区转变发展方式实现可持续发展两个层面，设计了推动区域协调发展的实现路径，同时成为对本书所源于的两个现实问题的回应，而后从行为主体职能及目标差异进行分析的基础上，从中央政府和地方政府两个层面，提出了相关政策建议。

二　研究方法

本书以比较优势、产业转移与区域协调发展为主题，以政治经济学、产业经济学、区域经济学以及经济地理学等学科相关理论为依据，在研究中主要运用了系统分析法、比较分析法以及定量分析法等研究方法（见图1—2）。

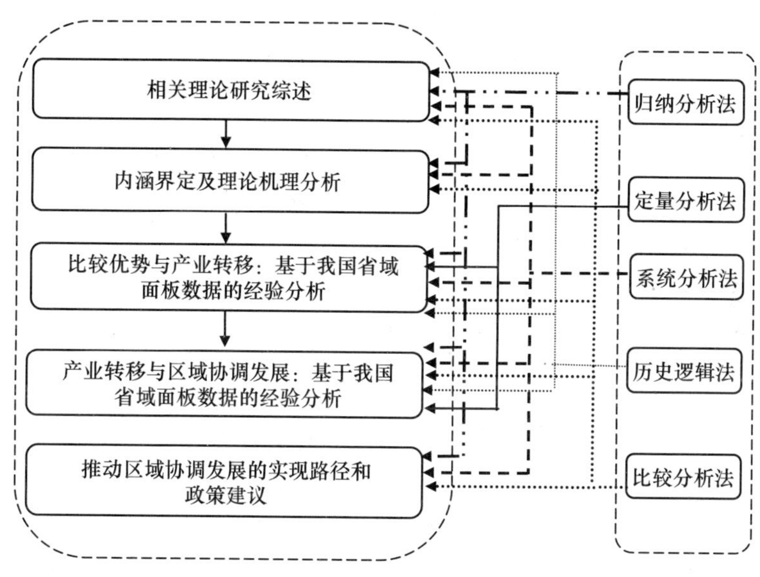

图1—2　技术路线流程

系统分析法：系统分析法是指对所研究问题中各项要素及相关关系进行系统化综合分析，从而得到解决方案的分析方法。在本书的研究中多次使用了系统分析方法，本书不仅在比较优势评价指标体系构建中对衡量我国区域比较优势的各项指标进行了系统分析，而且在对比较优势、产业转移与区域协调发展的理论机理分析中也进行了系统分析。

比较分析法：比较分析法是对研究对象之间存在的相似性和差异性进行分析判定的逻辑思维方法。由于本书的几个关键概念，如比较优势、区域协调发展等，本身就是建立在比较的基础上，通过比较而得出的，因此，比较分析法是本书在研究中重点采用的研究方法之一。在理论分析中不仅对不同层面比较优势对于产业转移的驱动作用差异进行比较分析，而且对产业转移对于不同类型区域的影响机制差异进行比较分析，此外，在现实分析中还对我国区域具有的比较优势与现阶段产业转移发展现状进行了比较分析，并对不同类型区域及行为主体在推进区域协调发展中应采取的发展路径及政策选择进行比较分析。

定量分析法：在本书研究中，综合使用了因子分析法、面板数据固定效应及回归效应回归方法、随机前沿分析方法等计量分析方法。其中，利用因子分析法构建了比较优势的综合评价指标体系，对我国区域具有的比较优势及动态变动进行评估；利用面板数据回归方法对我国比较优势与产业转移之间的相关关系进行了实证分析；利用随机前沿分析方法对我国区域经济的增长质量及可持续发展进行了测算。

第三节　主要研究内容及框架

基于上述的研究背景、研究思路及研究方法，本节中主要对本书的主要研究内容及研究框架进行介绍。

一　主要研究内容

本书在中国现阶段空间层面区域发展差距较大以及时间层面区域发展方式亟待优化的背景下，以推动区域协调发展为目标，通过对国内外经典理论研究的综述和现阶段研究观点的梳理，在对立足比较优势进行产业转移发展的有效性，以及利用产业转移推动区域协调发展的可行性，进行理论机理论证和实现机制分析的基础上，通过对中国各区域所具有的比较优势和产业转移发展趋势之间的差异性进行对比研究，从经济发展总量和经济增长质量论证和分析产业转移对于区域协调发展中的推动作用和影响因素，进而为落后区域和发达区域两个方面设计了推进区域协调发展的实现路径，并从中央政府和地方政府的层面提出了相应的政策建议。在本书的研究中，具体的章节安排如下。

第一章，导论。主要对本书的研究背景及意义、研究思路与主要研究方法、主要研究内容及框架、可能的创新点等内容进行介绍。

第二章，相关理论研究综述。首先从理论历史演进和现阶段分歧两方面分析入手，分别对比较优势理论、产业转移理论以及区域协调发展理论的演进和发展进行综述，而后对比较优势与产业转移以及产业转移与区域协调发展之间的相关性研究进行了综述，并基于现有研究观点中存在的分歧，提出了本书在理论部分需要研究和讨论的问题，即基于比较优势进行产业转移发展的有效性，以及利用产业转移推动区域协调发展的可行性。

第三章，内涵界定及理论机理分析。首先，结合现阶段理论研究演进和观点分歧，对本书所研究的三个主要概念，即比较优势、产业转移以及区域协调发展的理论内涵进行界定；其次，分别从参与主体、作用机制以及实现机理等三个层面对比较优势推动产业转移以及产业转移推动区域协调发展的内在理论机理进行分析，从而不仅从理论层面验证了第二章中所提出的两个理论假说：即基于比较优势进行产业转移发展具有有效性，以及利用产业转移推动区域协调发展具有可行性，构建了以比较优势为动因、产业转移为手段、推动区域协调发展为目标的理论传导机制和逻辑框架，并为全书的后续研究奠定了理论基础。

第四章，比较优势与产业转移：基于中国省域面板数据的经验分析。首先，分别从新古典经济学及新经济地理学的视角构建比较优势推动产业转移的理论分析模型；其次，通过构建评判指标体系对我国地区间的比较优势进行横向对比和纵向发展分析，综合利用统计性分析方法对我国现阶段产业转移发展现状进行综合评判和特征分析，并对比较优势与产业转移之间的差异性进行了对比分析；最后，通过构建实证计量模型，对于产业转移与比较优势的相关关系进行实证研究，分别从全国和四大板块的角度分析不同层面比较优势对于产业转移的影响机理和驱动作用。

第五章，产业转移与区域协调发展：基于中国省域面板数据的经验分析。首先，通过构建基于地方政府的基准博弈模型及在中央政府参与下基于区域协调发展目标约束的扩展博弈模型，结合博弈过程分析产业转移对于地方经济发展的影响作用和机理；其次，从区域协调发展在空间层面和时间层面相协调的内涵界定出发，分别构建计量模型，对于产业转移与区域经济增长总量趋同的相关关系，以及产业转移与区域经济增长质量提升的相关关系进行实证研究，为后续相关发展路径及政策建议的设计提供了现实基础。

第六章，推动区域协调发展的实现路径及政策建议。基于全书在理论与实证分析中的研究结论，本章首先从落后地区立足比较优势实现跨越式发展，以及发达地区优化发展方式实现可持续发展两个层面设计了推动区域协调发展的实现路径，这同时也是对全书研究所源于的两个现实问题的分析和回答；其次，基于中央政府和地方政府之间有差异性的发展目标和职能定位，分别提出了相应的政策建议。

第七章，研究结论与展望。总结概括全书在理论研究和经验分析中得到的结论，并简要说明研究中的不足之处，为未来进一步研究提供方向。

二　研究框架

本书以比较优势、产业转移与区域协调发展为题进行研究，基于上述的研究内容和研究方法，将以如图 1—3 所示的框架展开进行研究。

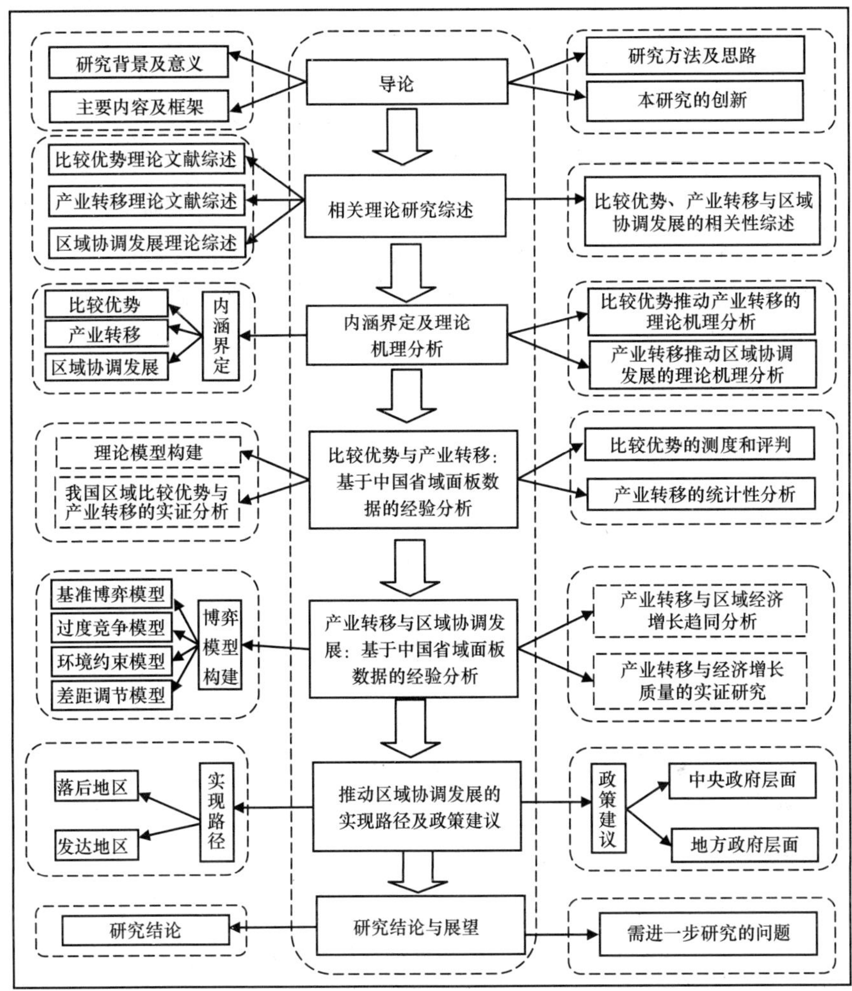

图 1—3 研究框架结构

第四节 可能的创新点

本书可能的创新点主要集中在以下几个方面。

一 研究视角的创新

对于区域协调发展问题进行了基于比较优势进行产业转移视角下

的分析。在我国区域间经济发展差距不断扩大的背景下，区域协调发展问题是我国学术界关注的重点问题之一。在现有研究中，普遍从外在干预手段及区域发展战略的角度提出改善路径，例如国家协调论（司正家[①]；黎鹏[②]；谢伏瞻[③]；张可云[④]等）；地方政府制度创新论（陈栋生[⑤]；马宏伟[⑥]；陈栋生[⑦]等）；城镇化推进论（胡鞍钢[⑧]；孙久文、杨维凤[⑨]；李小建、罗庆[⑩]等）；财政金融发展论（肖金成[⑪]；谢德保[⑫]；夏江敬[⑬]；安体富[⑭]等）等。而在产业转移的现有研究中，主要集中在对产业发展目标（于治贤[⑮]；程李梅等[⑯]；宋炳林[⑰]等）；产业发展影响（冯南平、杨善林[⑱]；豆建民、沈艳兵[⑲]）；产业发展路径

---

① 司正家：《论我国区域经济实行“适度不平衡—协调发展”战略》，《社会科学》1996 年第 6 期。

② 黎鹏：《区域经济协同发展及其理论依据与实施途径》，《地理与地理信息科学》2005 年第 6 期。

③ 谢伏瞻：《完善政策促进区域经济协调发展》，《中国流通经济》2006 年第 7 期。

④ 张可云等：《区域协调发展中的政府体制改革思路》，《中州学刊》2017 年第 1 期。

⑤ 陈栋生：《制度创新是加快中西部发展的主动力》，《学术交流》2000 年第 1 期。

⑥ 马宏伟：《经济发展与制度创新》，《经济评论》2003 年第 1 期。

⑦ 陈栋生：《论构建协调发展的区域经济新格局》，《当代财经》2008 年第 3 期。

⑧ 胡鞍钢：《中国走向区域协调发展》，《城市经济、区域经济》2004 年第 6 期。

⑨ 孙久文、杨维凤：《我国城镇化发展中的区域协调问题》，《生态经济》2008 年第 11 期。

⑩ 李小建、罗庆：《新型城镇化中的协调思想分析》，《中国人口·资源与环境》2014 年第 2 期。

⑪ 肖金成：《加快体制创新　促进区域经济发展》，《宏观经济管理》2004 年第 3 期。

⑫ 谢德保：《论政府在区域经济协调发展中的作用》，《北方经贸》2005 年第 5 期。

⑬ 夏江敬：《区域经济协调发展政策研究》，《科技进步与对策》2007 年第 12 期。

⑭ 安体富：《促进区域经济协调发展的财税政策选择》，《税务研究》2008 年第 5 期。

⑮ 于治贤：《论世界经济产业结构调整和产业转移》，《社会科学辑刊》2000 年第 3 期。

⑯ 程李梅等：《产业链空间演化与西部承接产业转移的“陷阱”突破》，《中国工业经济》2013 年第 8 期。

⑰ 宋炳林：《我国区际产业转移的动力机制及其耦合》，《华东经济管理》2014 年第 1 期。

⑱ 冯南平、杨善林：《产业转移对区域自主创新能力的影响分析——来自中国的经验证据》，《经济学动态》2012 年 8 月。

⑲ 豆建民、沈艳兵：《产业转移对中国中部地区的环境影响研究》，《中国人口·资源与环境》2014 年第 11 期。

（翟松天、徐建龙[①]；张仁枫、王莹莹[②]）等层面的分析上。在本书的研究中，基于现阶段我国区域经济发展不协调的背景，突破传统区域协调发展路径的研究视角，将产业转移的效用机制与区域协调发展目标约束相结合，从基于比较优势进行产业转移的视角，对区域协调发展问题进行研究。从理论分析和实证检验两个层面论证了立足比较优势、利用产业转移、推动区域协调发展的可行性，并结合中国发展实际设计了相应的实现路径和政策建议，在研究视角层面具有一定的创新性。

二 理论方面的创新

第一，在对传统比较优势理论内涵进行扩展的基础上，对比较优势理论有效性的争论进行了基于动态视角的解释。现阶段关于比较优势理论研究的重要分歧在于比较优势理论是否适用。其中，比较优势适用论的代表学者林毅夫认为落后地区应该基于比较优势进行产业布局，以促进落后区域经济发展。比较优势不适用论的代表学者洪银兴认为，基于生产要素密度逆转、区域之间要素自由流动、利用低等级生产要素发展具有劣势性等原因，存在比较优势陷阱。面对上述争论，本书从生产要素密度逆转的普遍性、区域要素流动成本以及基于比较优势进行产业生产布局的有效性层面对比较优势陷阱论的适用范围进行了分析，认为出现这种分歧和争论的原因在于用传统的研究视角研究区域比较优势，只将研究视角静态地关注于传统生产要素。本书对于传统比较优势概念内涵进行了扩展，认为比较优势来源于两个层面：其一是生产成本层面，包含要素富裕程度、技术规模效应等；其二是交易费用层面，包含制度环境、交通运输条件等。在这一界定下，结合以动态视角进行分析和评判，不仅能够对关于比较优势陷阱以及“里昂惕夫之谜”等争论做出解释，而且使传统比较优势理论

① 翟松天、徐建龙：《中国东西部产业结构联动升级中的产业对接模式研究》，《青海师范大学学报》（哲学社会科学版）1999 年第 5 期。

② 张仁枫、王莹莹：《承接产业转移视角的区域协同创新机理分析——兼论欠发达地区跨越式发展的路径创新》，《科技进步与对策》2013 年第 7 期。

的运用更具有现实性和实践意义。

第二，基于现有研究中的争论，结合对产业转移理论内涵的重新界定，初步构建了以比较优势为动因，产业转移为手段，推动区域协调发展为目标的理论传导机制和逻辑框架。现有部分关于产业转移的研究将产业转移界定为以企业迁移为重要载体经济活动（魏后凯①；陈建军②；陈秀山③等），这种界定狭义化了产业转移的研究范畴，并在理论界产生了类似于："基于迁出与转入区域利益分歧以及企业迁移成本，产业转移能否实现"；"承接产业转移与发展本地企业之间是否矛盾"等一系列争论。在此背景下，本书认为应从区域发展的视角对产业转移进行界定，即当区域中的产业生产布局发生改变时，就产生了产业转移。因此，产业转移是一种长期存在、动态发生的经济行为，其不仅包含传统意义上的企业迁移，而且对于落后区域而言，能够通过培育自身企业的产生和发展，实现和完成产业转移，从而就能够解释现阶段的理论争论。在此基础上，本书通过对利用比较优势进行产业转移发展的有效性，以及产业转移推动区域协调发展的可行性两个理论问题的讨论，初步构建了以比较优势为动因、产业转移为手段、推动区域协调发展为目标的理论传导机制和逻辑框架。

三　实证分析的创新

第一，为衡量区域的比较优势提供了基于动态性及综合性评价思路的探索。现阶段对于区域比较优势的测度方法主要可分为两种思路：一是基于李嘉图的比较成本视角，通过经济行为的成本差异或在市场竞争中获得的比较利益的多寡为标准，区域在使用成本较低的要素方面具有比较优势；二是基于赫克歇尔和俄林的要素禀赋视角，通

① 魏后凯：《产业转移的发展趋势及其对竞争力的影响》，《福建论坛》（经济社会版）2003年第4期。

② 陈建军：《中国现阶段的产业区域转移及其动力机制》，《理论参考》2005年第11期。

③ 陈秀山、张若：《对外开放、贸易成本与中国制造业聚集》，《经济理论与经济管理》2007年第1期。

过比较生产要素的潜在供给数量，区域在供给丰裕的要素方面具有比较优势。但是，基于市场行为的人为扭曲、不确定性以及数据统计的不完善性，导致上述两种测度方法都具有一定的弊端。而在测度内容方面，传统研究多将研究重点放在传统经济要素方面，而对于影响区域产业布局和发展的其他因素研究较少。在此背景下，结合本书对于比较优势的内涵界定，综合上述两种测度方法的测度思路，从生产成本和交易费用层面综合构建了区域比较优势评判指标体系，其中不仅从要素资源禀赋、要素成本价格、要素使用效率等方面综合评判区域在生产要素层面的比较优势，而且对包含基础条件和发展环境的交易费用比较优势进行衡量。上述指标体系的构建，为区域比较优势进行综合性衡量提供了一种思路和尝试。

第二，综合构建博弈体系，对区域协调发展约束下产业转移中地方政府之间的竞争行为进行分析。通过对现有文献进行梳理发现，在现有研究中，对产业转移中各参与主体行为的分析多采用定性研究（李应博、刘震涛[①]；谢仁寿[②]；孙浩进、樊欣[③]；宋炳林[④]等），在定量研究中，也多以产业转出方与产业转入方的讨价还价式博弈模型进行研究，这与现实经济具有较大差异。而在本书研究中，构建了在完全市场状态下由两个地方政府构成的竞争博弈基准模型，之后基于区域协调发展的总体目标要求，通过放松相关假设，分别构建了存在政治收益、放松环境约束、中央政府调节约束三个扩展状态下的博弈模型，通过博弈模型均衡结果之间的对比，对区域协调发展约束下产业转移中地方政府之间的竞争行为进行分析，不仅使模型分析更贴近于现实，具有实践意义，而且为相关竞争问题的博弈分析提供了一定的借鉴价值。

---

① 李应博、刘震涛：《国际产业转移背景下两岸产业协调发展：现况、机制与对策》，《国际经济评论》2011 年第 5 期。

② 谢仁寿：《广东完善产业转移与农村劳动力转移互动机制探析》，《岭南学刊》2012 年第 7 期。

③ 孙浩进、樊欣：《我国产业转移的现状分析、模式构建与政策支持》，《河南师范大学学报》（哲学社会科学版）2013 年第 3 期。

④ 宋炳林：《我国区际产业转移的社会网络机制》，《经济问题探索》2014 年第 4 期。

第二章　相关理论研究综述

本章作为理论综述部分，对全书研究中的三个关键词，即比较优势、产业转移和区域协调发展的相关研究进行回顾和梳理。在具体研究中，首先，分别从研究起源演进及发展争论等层面对现阶段国内外比较优势、产业转移以及区域协调发展的相关研究进行综述；其次，对上述理论之间的相关关系进行综述，着重对比不同学术观点之间的差异性及原因；最后，对现阶段相关理论研究进行整体述评，并提出本书在理论研究部分着力解决的重点问题。通过本章的理论综述，不仅为后续的理论研究指明重点和方向，而且为全书的研究奠定理论基础。

第一节　比较优势理论研究综述

在本节中，首先从绝对优势理论、相对优势理论以及要素禀赋优势理论等层面对比较优势理论的发展及演进进行回顾；其次，对现阶段比较优势理论发展中所面临的“里昂惕夫之谜”“新贸易理论”“竞争优势替代论”等争论进行梳理和综述。

一　经典理论回顾

比较优势理论的研究起源于亚当·斯密（Adam Smith）所提出的绝对优势理论，此后，经历了大卫·李嘉图（David Ricardo）以及赫克歇尔（E. Heckscher）和俄林（B. Ohlin）等人的发展和演进，而逐步形成较为完善的理论体系。

（一）绝对优势理论

1776 年，亚当·斯密在《国富论》[①] 中提出，每一个精明的家长都知道，家中所使用的东西自己生产远比外部购买所花费的成本高，就好比鞋匠不会自己制作衣服，而裁缝不会自己做鞋，他们都会选择从对方处购买，因为他们都知道，处于自身利益的考虑，应当把精力集中在较他人而言更有利的地方，同时，用个人劳动所得购买他人成果。将上述思想进行概括，即在市场经济中，所有市场主体都将根据自己的特长进行分工，从而通过基于专业化分工的市场交易而实现社会整体福利的最大化。之后，他将这一分析结论扩展到地区层面，基于古典经济学的视角建立如下模型，假设 A、B 为两个国家，X 和 Y 为两个国家均可以生产的两种可以交易的商品，其投入都只需要劳动 L 一种投入要素，并存在下列三方面的假设前提条件。

第一，在完全竞争市场条件下，市场规模报酬恒定，且不考虑交易费用、最大需求等因素。

第二，假设存在两个地区 A、B 生产两种产品 X、Y，且 X、Y 两种产品在 A、B 两国的生产技术各有优势，假设两种产品的边际产量分别为 α 、β ，由于不存在规模递增，所以 α 、β 值恒定，用 α_A 、α_B 和 β_A 、β_B 分别表示 A、B 两国对于 X、Y 产品的边际产量，则假设有 $\alpha_A > \alpha_B$ ，$\beta_A < \beta_B$ 。

第三，用 X_A 、X_B 和 Y_A 、Y_B 分别表示 X、Y 两种产品在 A、B 两国的产量，并用 L_{XA} 、L_{YA} 和 L_{XB} 、L_{YB} 表示 A、B 两国生产 X、Y 两种产品时所需要投入的劳动量。

则有：

当 A、B 两国在 X、Y 两种产品中投入量相等时，$X_A = L_{XA} \times \alpha_A > X_B = L_{XB} \times \alpha_B$ ，$Y_A = L_{YA} \times \beta_A < Y_B = L_{YB} \times \beta_B$ ，从此能反映出在同样劳动投入下产量的差异。

在同样劳动投入前提下，在 A、B 两国分工前，X，Y 产品的总

---

① ［英］亚当·斯密：《国富论》，胡长明译，人民日报出版社 2009 年版，第 63—84 页。

产量分别为：

$X_1 = X_A + X_B = L_{XA} \times (\alpha_A + \alpha_B)$；$Y_1 = Y_A + Y_B = L_{YB} \times (\beta_A + \beta_B)$

在 A、B 两国分工后，即每个国家都只生产具有优势的产品时：

$X_2 = X_A + X_B = 2L_{XA} \times \alpha_A$；$Y_2 = Y_A + Y_B = 2L_{XB} \times \beta_B$

从而可得：

$X_1 = L_{XA} \times (\alpha_A + \alpha_B) < X_2 = 2L_{XA} \times \alpha_A$；$Y_2 = L_{YB} \times (\beta_A + \beta_B) < Y_2 = 2L_{YB} \times \beta_B$

由上述模型分析能够看出，在绝对优势基础上进行的分工，能够提高总产量，即绝对有利的生产条件作为每个地区进行生产特定产品选择的标准，在此条件下的地区生产成本最低，生产率最高，资源得到最有效的配置。

（二）相对优势理论

亚当·斯密所提出的绝对优势理论，其假设前提是参与贸易的区域之间在生产产品时各有优势，即只有互有优势才能产生区域贸易，这种优势为绝对优势。但是在现实中，有的国家并不一定存在这种绝对优势，但是仍然能够参与贸易。基于这种现象，大卫·李嘉图提出，一些必要的生产要素如劳动力，不能在地区之间实现完全的流动，因此绝对优势在现实中具有局限性，应当以比较优势的概念进行区域分工的评判。

他基于以下假设前提构建模型：假设两个国家 A、B，生产两种产品 X、Y，而生产两种产品都只需要一种劳动要素 L。当 A、B 两个国家在生产 X、Y 两种产品时，在相同劳动投入的前提下，存在 $X_A/X_B > Y_A/Y_B$。这时对于 A 国家而言，生产 X 产品具有相对优势，而 B 国家在生产 Y 产品具有相对优势。在这种情况下，在 A 国家生产 X 产品而在 B 国家生产 Y 产品时，对于两个国家而言将具有最大收益。

由上述模型中能够看出，李嘉图比较优势理论成为亚当·斯密绝对比较优势的一个扩展状态，即在李嘉图相对比较优势模型中，存在生产产品均具有绝对优势的强势区域和均不具有优势的弱势区域，当强势区域生产某一种产品优势弱化到小于弱势区域生产该产品的生产率时，李嘉图相对比较优势模型转化为亚当·斯密绝对比较优势模型。

李嘉图的相对比较优势理论论证了即使某一个区域在生产所有产品中都不具有绝对优势，但是只要按照比较优势进行生产，同样能够通过国际贸易获利，其现实意义在于，为广大落后地区谋划出一条通过区域间贸易实现发展的道路，并对于通过区域间贸易促进各类区域的生产力水平具有积极作用。

（三）要素禀赋优势理论

赫克歇尔和俄林提出的要素禀赋理论认为，当地区间具有的要素结构有差异性且生产的要素投入比例也不同时，地区应选择充分利用自身相对丰裕的要素进行生产，而进口由自身不丰裕要素生产的产品，从而能够提升自身收益，获得比较利益。

在大卫·李嘉图模型的基础上，赫克歇尔和俄林建立如下模型：假设两个区域 A、B，生产两种产品 X、Y，两种生产要素 K、L，在生产两种商品时，两个区域之间存在投入要素生产率之间的差异，假设 $L_x/K_x > L_y/K_y$，即生产 X 产品的劳动资本的投入比高于生产 Y 产品的比例。用 W 表示劳动的工资率，r 表示资本的利率，C 表示区域中劳动和资本的使用成本，P 表示产品的投入中资本与劳动投入比，D 表示区域劳动资本的要素价格比。则区域中单位要素成本可以表示为：

$$C_{XA} = L_X \times W_A + K_X \times r_A = L_X \times W_A \times \left(1 + \frac{K_X \times r_A}{L_X \times W_A}\right) = L_X \times W_A \times \left(1 + \frac{P_X}{D_A}\right)$$

$$C_{YA} = L_Y \times W_A + K_Y \times r_A = L_Y \times W_A \times \left(1 + \frac{K_Y \times r_A}{L_Y \times W_A}\right) = L_Y \times W_A \times \left(1 + \frac{P_Y}{D_A}\right)$$

$$C_{XB} = L_X \times W_B + K_X \times r_B = L_X \times W_B \times \left(1 + \frac{K_X \times r_B}{L_X \times W_B}\right) = L_X \times W_B \times \left(1 + \frac{P_X}{D_B}\right)$$

$$C_{YB} = L_Y \times W_B + K_Y \times r_B = L_Y \times W_B \times \left(1 + \frac{K_Y \times r_B}{L_Y \times W_B}\right) = L_Y \times W_B \times \left(1 + \frac{P_Y}{D_B}\right)$$

将两个区域之间的要素成本进行对比：

$$\frac{C_{XA}}{C_{YA}} - \frac{C_{XB}}{C_{YB}} = \frac{L_X \times W_A(1 + P_X/D_A)}{L_Y \times W_A(1 + P_Y/D_A)} - \frac{L_X \times W_B(1 + P_X/D_B)}{L_Y \times W_B(1 + P_Y/D_B)} = \frac{L_X(P_X - P_Y)(D_B - D_A)}{L_Y(D_A + P_Y)(D_B + P_Y)}$$

这时模型做出进一步假设，即两个地区之间存在要素禀赋差异，假设A区域在劳动力要素层面具有比较优势，B区域在资本层面具有比较优势，则有：

$W_A/W_B > r_A/r_B$，则有 $D_A < D_B$，$D_B - D_A > 0$

根据模型的初始假设，有：

$L_x/K_x > L_y/K_y$，则有 $P_x < P_y$，$P_x - P_y < 0$

因此：

$$\frac{C_{XA}}{C_{YA}} - \frac{C_{XB}}{C_{YB}} = \frac{L_X(P_X - P_Y)(D_B - D_A)}{L_Y(D_A + P_Y)(D_B + P_Y)} < 0\text{，则有}\frac{C_{XA}}{C_{YA}} < \frac{C_{XB}}{C_{YB}}$$

通过上述模型分析能够看出，区域A在生产X产品时相对成本较低，具有基于要素价格的比较优势，同理，区域B在生产Y产品时具有基于要素相对价格的比较优势。因此，在区域生产产品的选择中，如果选择以较为富裕的生产要素为投入的产品时，生产成本较低，进而在区域贸易中具有比较优势，而在此基础上分工生产，将实现资源配置的最优化。

二　现有研究述评

随着理论研究的不断深入，比较优势理论也逐渐受到了来自“里昂惕夫之谜”、新贸易理论等的挑战。

在国外研究方面，里昂惕夫利用投入产出法，将美国1953年200余个产业发展的劳动力与资本进行统计，按照资源禀赋优势理论将美国进口与出口产品的品种和数量进行统计分析，得到结论显示，美国作为资本集聚和劳动力富裕的国家，出口的却是劳动力密集型产品，进口的是技术密集型产品，这与资源禀赋优势理论的分析结果相反。对于这一现象，学术界展开了热烈的讨论，并给出了类似于产品周期理论、人力资本论等解释。

克鲁格曼在对区域之间贸易理论进行综述和提炼的基础上，提出了新贸易理论，他于1980年通过实证研究得出结论认为区域内市场规模会影响比较优势，具有较大厂商的区域能够更好地利用规模优势。之后，他于1990年进一步将产业组织理论纳入研究视角，提出不完全市场竞争、规模报酬因素都是影响传统比较优势理论的重要因素。他认为，通过政府提出一系列贸易保护政策，通过内部和外部的规模经济及“干中学”等要素，能够形成某种基于垄断基础上的比较优势。因此，如果某一国家总是按照资源禀赋优势理论规划去生产产品，将长期生产产品附加价值低、技术含量低的产品，进而会陷入“比较优势陷阱”的恶性循环。

克鲁格曼通过建立如下模型分析了规模经济等外部要素对于区域比较优势的重要性。假设用 C_i 与 X_i 分别表示第 i 个产品消费量和产量，I_i 表示生产第 i 个产品所需要的投入量，u 表示效用，则有：

$$u = \sum_i C_i^{\theta}, 0 < \theta < 1 ; I_j = a + \beta X_i , \alpha, \beta > 0$$

在效用函数中，当消费品消费总量和消费支出一定时，消费者的效用会随着所消费品种的不断增加而提高，而对于区域而言，进行分工之后将具有更低的生产成本。综上，新贸易理论通过产品的差异化、市场的不完全竞争以及生产的规模报酬递增，就能进行产业内的专业化生产而规避规模报酬差异，使得在资源禀赋相似的地区之间进行相似生产要素产品的交换成为可能。在上述的条件下，生产规模效应将取代要素成本成为影响区域分工和国际贸易的关键。但是，新贸易理论并不是对传统比较优势理论的全盘否定和颠覆，因为在传统比较优势理论的假设前提中指出，假设不存在要素投入规模效益递增的情况。因此，新贸易理论只能看作是对传统比较优势理论的发展和延续。

综上所述，后续研究中，类似于“里昂惕夫之谜”、新贸易理论等研究成果并不是对传统比较优势的全盘否定和颠覆，而是在一些层面上放松了对传统理论的假设前提，使得传统比较优势理论更切合于实际，也是对传统比较优势理论的扩展和延续。

在国内研究方面，陈琦伟最早开展了关于比较优势理论的研究，他指出绝对优势与比较优势都有合理之处。之后，国内对于比较优势理论的研究基本可分为比较优势有效论、比较优势不适用论两种。

比较优势有效论的代表学者是林毅夫教授。他在《中国的奇迹：发展战略与经济改革》一书中详细地阐述并论证了比较优势战略，在国内理论界产生了较大的影响。此后，林毅夫、蔡昉、李周[①]；林毅夫、蔡昉、李周[②]；林毅夫[③]；林毅夫、刘明兴[④]等发表一系列研究成果，认为，欠发达国家将比较优势作为标准进行产业分工和生产布局，能够加快地区经济增长并推动发达国家之间的经济收敛。林毅夫、孙希芳认为比较优势理论不仅能够运用于国家之间，而且在国家地区之间、产业之间都适用，此外，日本经济崛起、亚洲四小龙以及中国东部地区改革开放等发展的成功实践都能够归结于比较优势战略的实施[⑤]。在国内的实证研究方面，陶俊验证了我国显性比较优势指数与劳动力禀赋的一致性[⑥]。岳昌君[⑦]以我国改革开放后的出口商品变化为指标进行测度，认为其符合我国具有的比较优势。傅朝阳等利用比较优势理论对我国出口产品进行测度，通过测算结果验证了比较优势理论对于指导区域产业布局和分工的可行性[⑧]。

---

① 林毅夫、蔡昉、李周：《对赶超战略的反思》，《战略与管理》1994 年第 12 期。

② 林毅夫、蔡昉、李周：《比较优势与发展战略——对“东亚奇迹”的再解释》，《中国社会科学》1999 年第 9 期。

③ 林毅夫：《要素禀赋比较优势与经济发展》，《中国改革》1999 年第 8 期。

④ 林毅夫、刘明兴：《经济发展战略与中国的工业化》，《经济研究》2004 年第 7 期。

⑤ 林毅夫、孙希芳：《经济发展的比较优势战略理论》，《国际经济评论》2003 年第 12 期。

⑥ 陶俊：《从显性比较优势看中国后发优势》，《世界经济研究》2005 年第 1 期。

⑦ 岳昌君：《遵循动态比较优势——中美两国产业内贸易对比实证分析》，《国际贸易》2000 年第 3 期。

⑧ 傅朝阳、陈煜：《中国出口商品比较优势：1980—2000》，《经济学》（季刊）2006 年第 1 期。

比较优势不适用论的代表学者是洪银兴教授。洪银兴认为中国实施的生产劳动力密集产品的发展战略将阻碍我国产业竞争力的提升，若长期坚持，将使中国陷入比较优势陷阱①。张小蒂等指出，自主创新能力是落后地区实现后发优势的关键路径，依托比较优势可能会使区域依赖于技术引进，阻碍自主创新，进而无法发挥后发优势，使经济长期处于落后地位②。王佃凯则指出，由于比较优势战略所强调的价格优势，会使地区忽视自主创新、经济结构调整和产业结构优化，阻碍地区经济的长期发展，而与此同时，他也指出，上述问题是由于以静态的视角坚持比较优势，而忽视了动态发展的视角，从而使区域陷入比较优势陷阱③。林建红等指出，基于当前新贸易形式和区域分工形式的多样化，对传统比较优势理论进行优化改造，使之适应于新时期发展要求，具有必要性④。洪银兴⑤、谢娟⑥指出只有将传统比较优势转化为竞争优势，才能在区域分工及国际贸易竞争中胜出。

通过上述综述能够看到，现阶段关于比较优势适用性的争论亦可以归结为比较优势与竞争优势之争。冀名峰⑦、符正平认为对传统比较优势理论产生挑战的新贸易理论的实质是竞争优势理论，而竞争优势具有与比较优势的互补性，并更加适应于现阶段的发展需要⑧。盛晓白直接指出竞争优势将代替比较优势成为未来国际贸易及区域分工

---

① 洪银兴：《从比较优势到竞争优势——兼论国际贸易的比较利益理论的缺陷》，《经济研究》1997 年第 6 期。

② 张小蒂、李晓钟：《我国外贸产品比较优势的实证分析》，《数量经济技术经济研究》2001 年第 12 期。

③ 王佃凯：《比较优势陷阱与中国贸易战略选择》，《经济评论》2002 年第 3 期。

④ 林建红、徐元康：《比较优势战略在我国经济发展中的不适应性研究》，《国际贸易问题》2003 年第 10 期。

⑤ 洪银兴：《从比较优势到竞争优势——兼论国际贸易的比较利益理论的缺陷》，《经济研究》1997 年第 6 期。

⑥ 谢娟：《比较优势与竞争优势的对比研究》，《国际经贸探索》2001 年第 8 期。

⑦ 冀名峰：《我国粮食的比较优势和竞争优势》，《中国农村观察》1995 年第 3 期。

⑧ 符正平：《新竞争经济学及其启示——评波特竞争优势理论》，《管理世界》1999 年第 5 期。

的基本准则[①]。另外，熊贤良[②]、王浩[③]则认为竞争优势与比较优势在研究内涵层面具有统一性。张小蒂等[④]提出广义的比较优势理论能够兼容竞争优势。林毅夫等指出竞争优势理论支持者将比较优势理论的研究范畴局限于传统比较优势，并且将比较优势与竞争优势相对立，从而否定比较优势理论的观点是错误的[⑤]。很多学者从扩展传统比较优势理论的视角，将比较优势与竞争优势纳入统一的分析框架。王勇、徐元国[⑥]、纪昀[⑦]将比较优势分为包含土地、劳动力等要素的外生比较优势以及资本、技术、人力资本等要素的内生比较优势。王世军从生产优势、交易优势以及需求优势层面构建综合比较优势的评价体系[⑧]。李钢、董敏杰、金碚利用中国制造业数据论证了地区比较优势与竞争优势的一致性[⑨]。此外，鞠建东等[⑩]、陈钊与熊瑞祥[⑪]、邓向荣与曹红[⑫]等学者分别从比较优势的外在表现、来源以及评价要素等层面分析了比较优势与竞争优势的一致性。

综上所述，突破比较优势和竞争优势之争，在具体研究中，借鉴竞争优势的分析方法，结合理论研究进展和现实发展需要，扩展传统比较优势的假设前提、涵盖内容和分析方法，以客观评价区域所具有

---

① 盛晓白：《简评竞争优势理论》，《国际贸易问题》1998 年第 9 期。

② 熊贤良：《比较优势战略与大国的经济发展》，《南开经济研究》1995 年第 4 期。

③ 王浩：《国家竞争优势理论的哲与思》，《市场研究》2005 年第 3 期。

④ 张小蒂、李晓钟：《我国外贸产品比较优势的实证分析》，《数量经济技术经济研究》2001 年第 12 期。

⑤ 林毅夫、孙希芳：《经济发展的比较优势战略理论》，《国际经济评论》2003 年第 12 期。

⑥ 王勇、徐元国：《比较优势来源分析》，《经济与社会发展》2003 年第 2 期。

⑦ 纪昀：《论复合比较优势》，《世界经济研究》2003 年第 6 期。

⑧ 王世军：《综合比较优势理论与实证研究》，博士学位论文，浙江大学，2006 年，第 47—71 页。

⑨ 李钢、董敏杰、金碚：《比较优势与竞争优势是对立的吗？——基于中国制造业的实证研究》，《财贸经济》2009 年第 9 期。

⑩ 鞠建东等：《中美贸易的反比较优势之谜》，《经济学》（季刊）2012 年第 2 期。

⑪ 陈钊、熊瑞祥：《比较优势与产业政策效果——来自出口加工区准实验的证据》，《管理世界》2015 年第 8 期。

⑫ 邓向荣、曹红：《产业升级路径选择：遵循抑或偏离比较优势——基于产品空间结构的实证分析》，《中国工业经济》2016 年第 2 期。

的综合发展优势，为区域间生产布局优化提供依据为目标，是比较优势理论未来应有的发展方向。

第二节　产业转移理论研究综述

在本节中，将从国外研究演进和国内研究综述两个方面对产业转移的相关演进进行梳理和回顾，在具体研究中，首先从古典区位论、新经济地理论、雁行模式理论、产品生命周期理论、追赶型产业周期理论、国际生产折衷理论等层面对国外关于产业转移的研究演进进行梳理；其次，从发展目标、发展影响和发展路径层面对国内产业转移的相关研究进行总结。

一　经典理论回顾

产业转移理论起源于古典区位理论的研究。李嘉图[①]基于土地质量即相对肥力基础上建立了农业地理理论。杜能[②]在假定土地是匀质的前提下，考虑到运输成本，形成了杜能圈的区域分工布局理论。之后，随着工业生产的进步和国际贸易的兴起，奥尔夫雷得·韦伯（Alfred Weber，1909）对区域之间工业生产的区位分工进行研究，提出了工业区位论。1977 年，迪科斯特和斯蒂格利茨（Dixit & Stieglitz）放松了完全竞争和产品同质性的前提假设，从更贴近于现实发展的角度进行分析，发表在《美国经济评论》上的《垄断竞争与最优产品多样性》论文标志着新经济地理理论和新贸易理论的兴起[③]。之后，伯格曼（Bergman）、克鲁格曼（Krugman）、马丁（Martin）、阿明（Amin）、弗塞尔（Feser）、瓦尔兹（Walz）等学者对此进行了深入的研究。葛斯柏赤和赤木斯勒（Gersbach & Schmutzler，1999）

---

① Ricardo, David. On the Principles of Political Economy and Taxation. John Murray. 1821.

② ［德］杜能：《孤立国同农业和国民经济的关系》，吴衡康译，商务印书馆 1990 年版，第 117—130 页。

③ Avinash K. Dixit, Joseph E. Stiglitz, "Monopolistic Competition and Optimum of Product Diversity", *The American Economic Review*, Vol. 67, No. 3, June 1977.

在产业溢出效应的前提假设下分析了产业生产及创新的地理布局[1]。爱丽丝和罗格斯从博弈论的角度，提出各地区之间为了争取产业生产布局而提供相应优惠政策和激励机制，进而对产业布局变化产生的影响和地区可能面临的囚徒困境进行分析[2]。

现代产业转移的理论起源于日本学者赤松要（Akamatsu）提出的雁行模式，他通过对20世纪日本棉纺织工业的发展进行分析，认为产业发展的过程能够分为进口、进口替代、国内生产、出口等阶段，由于各阶段以图表标志类似于大雁飞行的阵形，因此称为雁行模式。日本学者山泽逸平（Wikipedia）进一步发展了雁行模式，将其细化为“产业引进—进口成长—出口替代—发展成熟—逆进口”等阶段，这更加清晰地展示出落后国家或地区通过产业转移实现地区经济增长以及跨越式发展的发展路径，即由产品生产或技术引进为起点，通过在本地区进行生产，经过产业发展，实现满足国内需求，再达到实现出口的过程。落后地区经过这一产业发展过程，最终将实现跨越式发展和地区经济的腾飞。

1966年，弗农（Raymond Vernon）利用产品生命周期解释国际产业分工和布局，认为由于地区之间在产品生命周期中处于不同位置，且具有动态性，而产业的基础是产品，生产企业为了追随地区之间变动的产业生命周期，而以外商直接投资等形式进行跨地区生产，因此能够解释产业在区域之间的梯度转移以及发达国家或地区向落后地区进行产业转移的原因。综上，弗农认为，地区之间存在的产品周期差异是区域产业转移的根本原因。1973年，小岛清（Kojmia）将雁行模式与产品周期理论相结合，并结合新古典国际贸易理论，提出了“赶超型产业周期理论”。在地区经济发展中，一些不具有比较优势的产业即为边际产业。而对外直接投资作为产业转移的主要形式，将

---

① Gersbach H, Schmutzler A. “External Spillovers, Internal Spillovers and the Geography of Production and Innovation”. *Regional Science & Urban Economics*, 1999, 29 (6).

② S. Ellis & C. Rogers. Local Economic Development as a Game: Where Caught in a Trap, I can't Walk Out. The Regional Research Institute Working Paper, West Virginia University, Prepared for the Southern Regional Science Association Meetings, 1997.

首先从这些边际产业开始。对于地区经济而言，产业升级的过程就是边际产业不断扩张的过程，其推动了产业转移的不断发展。此外，企业作为区域产业转移的微观主体，近年来也得到了理论界的重视。邓宁（Dunning，1988）提出了“国际生产折衷理论”来解释企业的对外投资和生产布局的变动过程[①]。在具体分析中，构建了O—L—I模型，其中，“O”（Ownership）代表产业中所有权优势，“L”（Location）代表区域中要素禀赋优势，“I”（Internalization）代表交易费用层面的内部化优势，上述三种优势共同决定了企业的转移投资和生产布局调整。上述产业转移研究的主要理论观点如表2—1所示。

表2—1 **产业转移理论演进及对比**

学者	产业转移理论	特点及意义
刘易斯（Lewis）	劳动密集型产业在原有地区人口率下降的背景下，将生产活动转移至劳动要素相对富集、劳动力成本较低的地区。[②]	一是以发展经济学的角度在大量现象分析基础上得出；二是解释了以要素禀赋为基础的产业转移活动。
小岛清（Kojmia）	边际产业转移理论：区域中不具有比较优势的产业会向其他地区转移。[③]	一是以新古典增长理论框架进行分析；二是扩大研究对象范围，即使发展中国家也存在产业转移。
弗农（Vernon）	产业生命周期理论：根据产业发展中所处的创新期、成熟期以及标准化期，将产生相应的空间及层次移动。[④]	一是理论来源于对跨国公司的直接投资行为的总结；二是认识到产业转移过程是不断发生的。
邓宁（Dunning）	国际生产折衷理论：跨区域企业在生产中所具有资源禀赋优势、所有权优势以及内部化优势共同作用下决定产业的区位选择。[⑤]	一是从企业视角模拟产业转移的发展演进路径；二是从发达区域、落后区域等多角度细化产业转移的成因。

① Dunning, J. “The Paradigm of International Production”, *Journal of International Business Studies*, 1988 (spring).

② Lewis, W. A. *The Evolution of the International Economic Order.* New Jersey: Princeton University Press, 1978.

③ Kojma K. *Direct Foreign Investment: A Japanese Model of Multinational Business Operations.* London: Croom Helm, 1978.

④ Vernon R. “International Investment and International Trade in the Productcycle”. *The Quarterly Journal of Economics*, 1966, 80 (1).

⑤ Dunning J. “The Eclectic Paradigm of International Production: A Restatement and Some Possible Extensions”. *Journal of International Business Studies*, 1988, 19 (1).

续表

学者	产业转移理论	特点及意义
赤松要（Akamatsu）	雁行理论：产业发展是按照进口、进口替代、国内生产、出口等阶段进行，区域在产业发展的不同阶段承担不同的分工，从而导致产业转移的产生。①	一是从产业转移的过程及路径入手进行分析；二是分析产业转移中后进国家对发达国家的赶超作用。

二　现有研究述评

在我国最早关于产业转移理论进行相关研究的是卢根鑫（1994），他结合马克思主义经济学理论，从理论层面分析了国外产业转移的内在理论机理②。而后，随着我国国民经济的发展和参与国际产业链分工水平的提升，关于产业转移的研究也随之发展，主要集中在以下三个方面。

产业转移发展目标方面：于治贤认为产业转移的目标主要体现在产业结构调整、国际分工体系优化和经济格局改变三个层面③；任太增④指出由于产业结构的升级将推动区域经济的发展水平和质量的提升，因此通过产业转移带动产业结构的升级是区域经济总量和质量提升的动力来源；王兴化和王小敏以香港为研究对象，结合对未来发展方向、发展优势及障碍因素的分析，指出香港产业转移的目标是在保持经济高速增长的同时树立新的主导产业优势，在具体路径方面，可以通过向内地转移投资来实现⑤。

产业转移的发展影响方面：刘明以国外对我国产业转移发展的外部影响为研究对象，得到研究结论为，欧美企业依靠自身技术优势，在产业转移中表现出技术的扩散效应，而日本企业在我国的产业转移

① Akamatsu K. "A Historical Pattern of Economic Growth in Developing Countries", *The Developing Economies*, 1962（1）.

② 卢根鑫：《试论国际产业转移的经济动因及其效应》，《上海社会科学院学术季刊》1994年第4期。

③ 于治贤：《论世界经济产业结构调整和产业转移》，《社会科学辑刊》2000年第2期。

④ 任太增：《比较优势理论与梯级产业转移》，《当代经济研究》2001年第11期。

⑤ 王兴化、王小敏：《香港产业结构调整的目标、方式与障碍》，《当代亚太》2001年第5期。

多集中于资本密集型的产业，表现出规模效应。冯南平、杨善林结合计量模型对我国产业转移与区域创新能力之间的相关性进行实证研究，检验结果表明产业转移对于区域间具有明显差异，对于西部地区而言能够推动创新投入和创新产出的增长①。豆建民、沈艳兵对产业转移与区域环境保护的相关性进行实证研究②。汪占熬③对台湾向大陆的产业转移进行研究发现，产业转移的对象从以传统产业为主向以技术和资本密集型产业为主转变。

产业转移的发展路径方面：翟松天等提出了我国产业转移的三种发展路径，即知名企业生产扩展型、产业链延伸迁移型以及特色资源开发利用型④。王礼茂以我国纺织业在东西部的产业转移为研究对象，认为产业转移的动力来源于四个方面，即制度环境、要素禀赋、竞争压力和分工合作需要，而具体发展路径是上述动力共同作用的结果，基于上述分析，在中国的发展实际中，纺织业的棉纺织工业表现出向西部转移的特征，而化纤和棉纺织业却未表现出相应特征⑤。张仁枫、王莹莹从企业、高校、政府和技术中介等组织职能定位入手，对协同创新下产业转移的路径进行规划⑥。

结合上述的梳理和归纳，在现阶段产业转移的相关研究中，仍存在以下三个方面的不足。

第一，对传统机制研究较多，对新经济问题研究较少。对产业转移问题的研究起源于农业和工业经济时代，动力是地区之间在生产要素层面所具有的比较优势。由于区域之间具有生产要素的比较

① 冯南平、杨善林：《产业转移对区域自主创新能力的影响分析——来自中国的经验证据》，《经济学动态》2012 年第 8 期。

② 豆建民、沈艳兵：《产业转移对中国中部地区的环境影响研究》，《中国人口·资源与环境》2014 年第 11 期。

③ 汪占熬：《两岸产业转移空间布局演化及微观机制研究》，《社会科学战线》2014 年第 5 期。

④ 翟松天、徐建龙：《中国东西部产业结构联动升级中的产业对接模式研究》，《青海师范大学学报》（哲学社会科学版）1999 年第 5 期。

⑤ 王礼茂：《我国纺织工业东、西部合作与产业转移》，《经济地理》2000 年第 12 期。

⑥ 张仁枫、王莹莹：《承接产业转移视角的区域协同创新机理分析——兼论欠发达地区跨越式发展的路径创新》，《科技进步与对策》2013 年第 7 期。

成本差异，推动了区域分工基础上的产业分工和转移，这既是传统产业转移机制，也是现阶段研究中的主要思路。但是，在现阶段新经济和知识经济蓬勃发展的背景下，不仅表现为影响产业转移的各种要素的扩展，而且产业转移的形式也进一步多样化。而以传统生产要素的比较成本差异的视角对产业转移进行研究，不仅对于现实发展的解释力度有限，而且在相关发展路径和政策建立的设计方面也将存在偏颇。因此，这就要求在对现阶段产业转移的研究中，应结合发展中面临的新情况和新问题，从对产业转移驱动因素的全面分析入手，在对产业转移新内涵的深化扩展的基础上，进一步分析实现机理和影响机制。

第二，对国际机制验证研究较多，对国内问题研究较少。在国内的现有研究中，娄晓黎①、张孝锋②、唐根年等③大量学者都从赤松要的雁行模式理论、弗农的产品生命周期理论与追赶型产业周期理论、邓宁的国际生产折衷理论等角度出发，以我国具体发展实践对国际的现代产业转移理论的验证为重点，对我国的产业转移发展进行分析并提出相关政策建议。但我国的发展背景及实践与国外相关理论的形成背景存在差异，无法照搬硬套。此外，在现有研究中，部分将区域经济开发与产业转移相混淆，将区域经济开发作为关注重点，而忽视了产业转移对于不同地区之间影响机制的差异及有效应用。

第三，对发达地区研究较多，对欠发达地区研究较少。在产业转移经典理论中，如小岛清的边际产业扩张论、弗农的产业生命周期理论、邓宁的国际生产折衷理论的研究背景都是基于工业化国家或发达国家的产业转型升级，这导致了依托于经典产业转移理论的相关研究中，将经济发达地区的产业生命周期延伸、产业升级及对外扩张作为

① 娄晓黎：《地域梯级分工模型与产业区域转移的空间机制分析》，《当代经济研究》2004 年第 7 期。

② 张孝锋：《以产业转移推进区域协调发展的政策建议》，《经济研究参考》2006 年第 3 期。

③ 唐根年等：《产业转移、空间效率改进与中国异质性大国区间“雁阵模式”》，《经济学家》2015 年第 7 期。

研究重点，而对于欠发达地区如何利用产业转移实现自身后发优势和经济跨越式发展的研究不足。

综上所述，基于现有研究中，存在对传统机制研究较多，对新经济问题研究较少；对国际机制验证研究较多，对国内问题研究较少；对发达地区研究较多，对欠发达地区研究较少等问题。针对上述问题，要求在未来研究中，强化新发展环境下我国发展现实的研究，特别是对我国落后地区如何有效利用产业转移实现自身跨越式发展的研究，更应成为研究重点。

第三节　区域协调发展研究综述

区域协调发展不仅是国民经济平稳快速发展的基础和前提，而且是区域经济长期发展的重要目标之一，它还关系到国民权益的公平和社会的稳定，因此，它是区域经济学科中一个重要的研究内容。

一　经典理论回顾

对区域协调发展的研究，起源于罗丹的极端均衡发展理论，后经过纳克斯、斯特里顿等学者的发展。在此，本部分将从区域经济发展关系的角度，对区域协调发展的相关经典理论进行回顾。根据区域之间的发展关系，可以分为区域平衡发展理论和区域非平衡发展理论。

（一）区域平衡发展理论

关于区域平衡发展理论按其平衡程度划分，有“极端的”平衡发展理论、“温和的”平衡发展理论、“完善的”平衡发展理论等三个代表性的思想。

第一，罗森斯坦·罗丹（Paul Rosenstein-Rodan）的大推进论。1943 年，罗丹在《东欧和东南欧国家工业化问题》一文中指出，工业化是落后地区快速发展的关键路径，但是对于落后地区而言，存在资本总量的不足与工业化发展中大量生产要素及投资需求之间的矛盾，因此，他提出了应在区域中进行大量投资，以满足区域发展的基本要求[①]。同时，他提出，为了防止区域中生产与需求之间的不匹配以及产品过剩，应采取区域中投资的整体推进，以相同的投资率向各个区域中进行投资，以保证区域之间协调均衡发展，并使区域发展中的生产和需求达到平衡。由于罗丹主张在区域发展中采取相同的投资率进行发展，因此，被称为极端的平衡发展理论。

第二，罗格纳·纳克斯（Ragnar Nurkse）的落后循环论和平衡增长理论。1953 年，纳克斯在《不发达国家的资本形成问题》[②] 一书中指出，落后地区存在供给和需求两个层面的恶性循环，其中，供给层面的恶性循环起点是低收入带来的较低水平的储蓄率，低储蓄率会造成资本不足，从而抑制生产率的提升；需求层面的恶性循环起点是生产率低带来的较低的收入水平，会抑制购买力提升，从而导致生产率较低。上述两个层面的恶性循环会阻碍落后地区的发展，应采取平衡增长战略。但是，由于纳克斯主张在区域发展中按需求价格弹性和收入弹性的不同比例来确定投资率，而并不应采取相同的投资率，因此，被称为温和的平衡发展理论。

第三，保罗·斯特里顿（P. Streeten）的完善平衡发展理论。1959 年，斯特里顿在《不平衡增长》中认为，一方面应当扩大投资规模以应对地区投资最低发展需求，推动地区经济的发展，同时也强调区域平衡发展；另一方面，他认为应当在地区之间以及国民经济的部门之间，按照具有差异性的投资比例和收益率进行投资，利用一些地区和部门的优先发展来解决经济发展中的困境，实现区域整体平衡增长的目标。总体而言，斯特里顿的观点既承认上述两种观点的基本假设，所提出的发展观点也介于上述两种观点之间，因此，被称为完善的平衡发展理论。

上述平衡发展理论的基本观点是，认为均衡发展能够防止区域经济发展差异造成的恶性循环及马太效应，因此，应通过均衡布局生产力和

---

① Paul Rosenstein-Rodan, "Problems of Industrialization of Eastern and South-Eastern Europe", *Economic Journal*, Vol. 53, No. 210/211, (1943).

② ［美］R. 纳克斯：《不发达国家的资本形成问题》，谨斋译，商务印书馆 1966 年版，第 71—85 页。

投资率，以推动区域之间以及区域国民经济中各部门之间的均衡发展。

（二）区域非平衡发展理论

随着理论研究的发展，区域平衡发展理论也存在一些弊端，一是对各区域经济发展进行理想化抽象，由于各区域在发展初期就存在要素禀赋、区位条件等层面的客观差异，因此，无论是政府还是市场都很难做到在各时期保障区域均衡发展；二是对区域之间分工及贸易条件考虑不足，从而导致对事实的解释力度不强，进而也产生了与此相对立的区域非平衡发展理论，具体有以下几种代表性的研究观点。

一是佩鲁（Francois Perroux）增长极理论。1955 年，佩鲁将物理学理论运用于经济学发展中，他指出，区域整体由一个空间中心和力场构成，在力场中则由离心力和向心力构成。他认为，经济增长并不是同时发生于所有区域中，而是率先发展于某些空间中，之后通过力场中向心力和离心力的相互作用，共同对区域的发展产生作用。这些空间中心被称为增长极。在佩鲁增长极理论的指导下，在区域整体的发展中应率先发展具有要素禀赋、区位优势的区域，形成增长极，而后通过增长极的带动作用，推动区域整体的协调发展。

二是缪尔达尔（Gunnar Myrda）循环累积因果论。1957 年，缪尔达尔提出了循环累积因果论，即区域中增长极具有扩散效应和极化效应两种作用，其中，扩散效应是指增长极对于周边地区发展的推动作用，极化作用是指增长极对于周边地区生产要素产生的集聚和吸引作用，从而阻碍周边地区的发展。增长极对于周边地区的影响取决于上述两方面的共同作用。循环积累因果论是对增长极理论的补充，因为在区域中增长极形成之后，必然形成发达地区与欠发达地区的二元结构，而循环积累因果理论就是对增长极理论中，对于增长极如何向外扩张以促进区域协调发展方面所做的补充。

三是赫希曼（A. O. Hirschman）不平衡增长理论。1958 年，赫希曼在《经济发展战略》① 中提出不平衡增长理论，以解释发达地区与

① ［美］艾伯特·赫希曼：《经济发展战略》，潘照东译，经济科学出版社 1992 年重印版，第 55—63 页。

欠发达地区之间的经济关系。他认为，地区经济增长会率先在一些区域发生，这些区域成为发达地区，而其他区域为欠发达地区。发达地区对于欠发达地区具有极化效应和涓流效应。其中，极化作用表现在发达地区对生产要素的吸引、在贸易地位中的强势地位等方面，极化作用会使落后地区的发展受到阻碍；涓流作用是指发达地区在生产技术、市场观念以及市场需求层面的溢出作用，从而为落后地区的发展提供机会。从长期上来看，由于国家生产资源的充分利用、整体市场的形成以及国家整体利益的需要，涓流作用会超过极化作用，即发达地区的发展将推动落后地区的发展，最终将缩小地区之间的发展差距。

四是弗里德曼（John Friedmann）中心—外围论。劳尔·普雷维什（Raul Prebisch）从发达国家与欠发达国家政治关系的角度，提出世界范围内的国家之间存在中心与外围的关系，其中，发达国家位于中心地位，欠发达国家处于外围地位，依附于中心，受中心发达国家的剥削。相对于普雷维什从不平等体系和政治关系层面分析国家之间的相互关系，弗里德曼将中心—外围的思想纳入区域经济关系的研究中，他认为，区域经济发展是由一系列创新不断累积的过程，其中，在区域中创新的中心通常是具有良好基础条件的城市，在发展中由城市向外围区域不断扩散。而核心区域对于外围区域的作用主要在于自身发展的市场效应、供给效应、信息效应、自我强化效应等集聚机制，与此同时，随着中心与外围区域之间信息交流的增强，创新将超越核心区的范围，而推动原先外围区的发展，在此作用下，将会使新的核心区域产生，从而打破原有的核心外围的界限，推动区域共同发展。

五是汤普森（J. H. Thompson）区域生命周期理论。区域生命周期理论起源于弗农所提出的产品生命周期理论，他认为，产品生产过程中会经历开发阶段、新产品阶段、成熟阶段以及衰退阶段，是按照梯度进行的周期性的发展。区域生命周期理论认为随着产品生命周期的更替，在新产品生产地区由于大规模的生产而形成规模经济，与此同时，由于技术外溢及模仿率的提升，会逐步面临来自其他地区的竞争。当产品进入成熟期后，由于标准化生产的普及，地区中所具有的劳动力及其他生产要素的比较优势成为决定地区分工的要素，使生产分工不断向其他地区转移，从而带动其他地区的发展。因此，每个区域也存在同产品发展生命周期一样的变化规律，即由年轻阶段到成熟阶段再到衰老阶段，而区域经济发展中的技术和产业也会跟随经济发展阶段的差异而变化。

六是威廉姆逊（Williamson）倒“U”型理论。1965 年，威廉姆逊通过以时间序列分析区域空间结构变动，得到结论认为，区域发展阶段与区域发展差异之间存在倒 U 型的相关关系，这表明，区域间经济发展差异是区域发展中的必然阶段，与此同时，这种经济发展差异也将随着区域经济的发展而缩小。结合赫希曼的不平衡增长理论，在区域发展的初期，极化作用明显，使区域之间发展差距不断扩大，而随着区域经济发展水平的提高，涓流作用的效果将不断显现，使区域差距缩小，而达到区域协调发展的目标。倒“U”型理论的主要观点有两个方面：其一是区域内发展差距扩大是区域整体发展中不可逾越的阶段；其二是区域发展差距缩小是区域整体发展的必要条件。

上述非平衡的区域经济发展关系理论认为，区域协调发展是宏观层面的发展目标，而在现实发展中，必然经历区域间发展差距扩大的阶段，但是，随着整体经济发展水平的提高以及外部因素的推动，将最终达到协调发展的目标。因为只有在区域协调发展的条件下，才能解决非平衡发展中产生的经济结构失衡以及资源结构性短缺等问题。艾伯特·赫希曼（A. O. Hirschman，1991）认为，非平衡发展是区域经济发展的初级阶段，是实现区域经济平衡发展目标的一个重要手段。

二 现有研究述评

在本节的研究中，将首先对经济增长理论进行回顾和梳理，以总结驱动经济增长要素；其次对关于我国区域协调发展影响因素的相关研究进行梳理，为后续章节中关于我国区域协调发展的研究奠定理论基础。

罗伯特·索罗（Robert Solow）提出的索罗模型是关于经济增长理论的经典研究之一。在区域经济发展差异方面，他认为在生产要素自由流动、边际收益递减以及规模效应不变的前提假设下，当经济增长中只有资本和劳动力两种驱动要素时，在经济稳定状态，资本与劳动力投入的比例将趋于稳定，而人均收入也将趋近于某个固定值。在长期发展中，在不考虑外部干扰因素的前提下，市场机制将对要素进行最优化配置，对于落后地区而言，具有较低的人均资本存量和较高的资本边际收益率，因此，落后地区将具有较高的经济增长率，此外，通过区域之间要素的自由流动将缩小发展初期的经济发展差距，使得区域经济发展逐步趋同协调。但是在实证分析中，大量的区域数据都无法证明经济发展速度与初始经济状态之间存在负相关关系，此外，还有大量的数据表明落后区域在现实发展中与发达地区的差距不断扩大。正如蔡玉胜指出，新古典经济学家所设想的区域经济简单收敛及趋同发展在现实中很难实现①。

古典及新古典增长理论的局限在于，一是假设限定规模效益不变，将技术作为外生变量，从而忽视了经济发达区域在长期发展中具有的知识外溢、“干中学”等内生驱动因素；二是将制度因素排除在理论分析框架之外，只考虑市场机制对要素分配及区域经济增长的驱动，这与现实发展不相符。针对上述第一个局限，罗默（Romer，P.）、卢卡斯（Lucas，R.）为代表的经济学家将人力资本及技术变化纳入内生变量进行分析，提出新经济增长理论。新经济增长理论的核心在于，经济增长的根本原因并不只包含古典及新古典增长理论中提出的要素投入，还包含人力资本投入、干中学、专业化等在内的内生技术变化因素。因此，新经济增长理论打破了关于边际收益不变和要素收益递减的假设，从而为解释区域间经济增长率差异、设计区域协调发展路径提供了新的思路。正如许先进、陈苏白、刘永跃指出的，基于新经济增长理论所提出的重视人力资本积

① 蔡玉胜：《地区经济差距变动研究的焦点及最新进展》，《探索》2005 年第 10 期。

累、技术创新及进步等政策对于落后地区实现赶超式发展具有重要的启发意义①。

基于上述第二个局限，在新经济增长理论的基础上，克鲁格曼（Krugman）、藤田（Fujita）等学者提出了新经济地理学理论，他们认为经济增长来源于技术因素和制度环境，这是传统古典及新古典经济增长理论研究中所忽视的，因此，新经济地理学将研究重点放在以技术内生、规模经济、不完全竞争的假设前提下区域经济增长的动态收敛变化方面，认为路径依赖、要素流动成本、制度环境对于区域经济发展具有重要的影响。其中，路径依赖是指由于历史上某一特殊因素，使得某些区域在产业发展方面具有优势，得到了优先发展，而在后期发展中，若要素流动成本较小时，通过规模效益递增，则发达地区将进一步巩固领先优势。要素流动成本的变化具有两方面的作用：一是从短期看，较低的要素流动成本将促使生产要素向发达地区集中，从而巩固发达地区的发展优势，形成路径依赖；二是从长期来看，在制度环境等其他因素转变的前提下，有助于相关产业向落后地区转移，从而有利于落后区域经济发展。对于制度环境而言，它在实施中具有时滞性、阶段性及双向性等特性，例如在对落后地区幼小企业进行扶持时，在短期来看，制度环境的扶持能够使幼小产业具有良好的发展环境获得增长，在长期来看，贸易壁垒将限制产业的发展空间。上述新经济地理学的研究观点，对于调控区域经济发展差距，推动区域协调发展提供了理论指导及政策建议。

在对中国区域协调发展的研究中，学术界的普遍研究思路是从区域经济发展差距的形成原因入手，分析区域协调发展的路径。在此，主要对我国区域经济差距的影响因素研究进行梳理，其中，具有代表性的观点有以下几类。

第一，宏观政策调控论。这种观点认为造成中国区域经济发展差距的主要因素是中央政府所采取的倾斜性的宏观调控政策，具体表现

---

① 许先进、陈苏白、刘永跃：《新增长理论的思想与启示》，《华东经济管理》2001年第10期。

在中央转移支付和政策支持两个层面。Fleisher and Chen[①]，Demurger et al.[②]认为改革开放以来中央政府对东部与西部地区之间采取的差异性的宏观调控政策是造成现阶段区域经济发展差异的根本原因。此外，厉以宁、夏小娟、廖瑾、彭小辉、张可、殷胜磊、卓建等学者认为我国采取的非均衡发展战略是造成现阶段区域之间发展差距较大的根本原因。王铮通过对国家转移支付数据进行测算发现，20 世纪 90 年代以来，东部地区所获得的转移支付数额高于西部地区[③]。林毅夫等指出，为了缩小地区之间的发展差距，现阶段落后地区采取了重工业优先发展战略，但是这种战略与地区自身所具有的比较优势相违背，使得区域中企业过分依赖于政策扶持，而缺乏自身发展能力以及缺乏对地区经济真正的推动作用[④]。

第二，微观制度创新论。这种观点认为地区之间存在的正式制度及非正式制度差异是区域经济发展差异的重要因素。魏后凯认为制度作为保障人才、技术等新经济增长理论中生产要素发挥效用的重要因素，在现阶段区域经济发展中起着重要的作用[⑤]。曹阳认为相对于传统生产要素，区域间存在的制度差异是构成经济发展差异的重要因素，而制度差异中非正式制度层面的差异更是对区域经济的长期发展具有深层次影响。严汉平从制度层面入手进行分析，认为在制度差异造成区域经济发展差距的同时，落后地区在正式制度与非正式制度方面缺乏创新，造成制度供给不足，是区域经济发展差距不断扩大的一个重要原因。孙敬水、熊璐在对我国发达地区与落后地区的制度供给差异分析后，得出结论认为，区域间制度差异是造成经济发展差异的

---

① Fleisher, Belton M. and Jian Chen, 1997, The Coast-Noncoast Income Gap, Productivity, and Regional Economic Policy in China, Journal of Comparative Economics: 25 (2), 220 - 236.

② Demurger, S., Jeffrey D. Sachs, Wing T. Woo, Shaming Bao, Gene Chang and Angrew Mellinger, 2001, Geography, Economic Policy and Regional Development in China. CID Working Paper, No. 77.

③ 王铮：《中国区域经济发展的多重均衡态与转变前兆》，《中国社会科学》2002 年第 4 期。

④ 林毅夫、刘培林：《中国的经济发展战略与地区收入差距》，《经济研究》2003 年第 3 期。

⑤ 魏后凯：《当前区域经济研究的理论前沿》，《开发研究》1998 年第 1 期。

重要影响因素[①]。此外，胡鞍钢等[②]、邵晖[③]、罗富政与罗能生[④]等学者也提出了类似的观点。

第三，市场发育水平论。这种观点认为区域中市场发育水平高低影响区域经济发展水平。张奎、周民良、武国友等学者都指出，区域之间在劳动力市场、金融市场等方面存在的差异是造成区域经济发展差距的重要因素。方立认为，落后地区市场发育水平差距主要体现在市场主体灵敏度、市场环境、市场体系及技术层面的差异。蔡昉认为区域间在市场发育水平上的差异，特别是要素市场的差异，会导致区域间在要素使用效率上的差异，外在体现于区域经济发展水平的差异[⑤]。文启湘、周昌林认为西部地区经济发展水平落后的原因在于市场发育水平的滞后，具体体现在产权制度、信用制度、市场规则制度以及激励机制等方面[⑥]。此外，徐现祥与李郇[⑦]、范剑勇与谢强强[⑧]、吴洁等[⑨]学者也提出了类似的观点。

第四，要素配置效率论。这种观点认为区域经济发展差距来源于区域间生产要素的配置及使用效率差异。罗默（Romor）和卢卡斯（Lucas）认为地区劳动力存量会影响区域全要素生产率，因此，劳动力存量大的地区具有较高的经济增长率。阿罗认为相对于人力资本、物质要素以及技术进步等生产要素，社会资本的丰裕程度对于东亚的

① 孙敬水、熊璐：《区域经济发展差距的制度性因素分析》，《特区经济》2005 年第 12 期。

② 胡鞍钢、王绍光、康晓光：《中国地区差异报告》，辽宁人民出版社 1995 年版，第 82—107 页。

③ 邵晖：《我国区域协调发展的制度障碍》，《经济体制改革》2011 年第 11 期。

④ 罗富政、罗能生：《地方政府行为与区域经济协调发展——非正式制度歧视的新视角》，《经济学动态》2016 年第 2 期。

⑤ 蔡昉：《比较优势差异、变化及其对地区差距的影响》，《中国社会科学》2002 年第 5 期。

⑥ 文启湘、周昌林：《流通速度与经济增长——对索罗经济增长解释框架的扩展》，《当代经济科学》2003 年第 4 期。

⑦ 徐现祥、李郇：《市场一体化与区域协调发展》，《经济研究》2005 年第 12 期。

⑧ 范剑勇、谢强强：《地区间产业分布的本地市场效应及其对区域协调发展的启示》，《经济研究》2010 年第 4 期。

⑨ 吴洁、夏炎、范英、刘婧宇：《全国碳市场与区域经济协调发展》，《中国人口·资源与环境》2015 年第 9 期。

崛起具有较高的解释程度。郭剑雄以人力资本及生育率为切入点，对城乡收入差距进行了实证分析，认为高生育率和低人力资本累计率是落后地区收入增长困难的重要成因[①]。严汉平指出对中国区域协调发展的研究应当从投入要素、要素配置及使用效率等层面进行分析。倪鹏飞等从证券市场培育的角度，对资本要素在空间领域的配置情况与区域经济协调发展的作用机制进行实证分析[②]。

以上分别从经典理论研究和现有研究观点的层面对区域协调发展的相关研究进行综述，为后续相关性的研究提供了一些有价值的观点和研究思路。第一，在经典理论回顾的综述中，通过对以罗森斯坦·罗丹、纳克斯、斯特里顿等学者的观点为代表的区域平衡发展理论以及以佩鲁、廖尔达尔、赫希曼等学者的观点为代表的非平衡发展理论进行综述，认为区域协调发展是区域整体在长期发展中所追求的目标，但是在现实发展中，由于区域要素禀赋、区位条件、历史发展沿革等因素，区域之间分工有所差异，必然会经历区域非平衡发展阶段。第二，在现有理论研究述评中可以看出，随着对经济理论研究的进一步深化发现，边际效益递减前提假设下的区域经济收敛在现实中很难实现。在技术水平内生化的新经济增长理论及新经济地理学观点中，对于经济发展落后的地区而言，应当在赶超战略中重视人力资本积累和区域技术水平的提升，此外，还应重视制度环境带来的集聚效应、路径依赖效应。

综上所述，区域协调发展作为宏观层面的重要发展目标，要求充分发挥区域内各要素的优势和潜力，使各区域都具有较强的自我发展能力和潜力，以实现各区域在经济总量和发展趋势层面上的协调。

第四节　相关理论研究的相关性综述

在本章的上述小节中，分别对本书研究中所涉及的三个主要理

① 郭剑雄：《人力资本、生育率与城乡收入差距的收敛》，《中国社会科学》2005 年第 3 期。

② 倪鹏飞、刘伟、黄斯赫：《证券市场、资本空间配置与区域经济协调发展——基于空间经济学的研究视角》，《经济研究》2014 年第 5 期。

论，即比较优势、产业转移以及区域协调发展的相关研究演进和发展进行了梳理和总结。在本节中，将着重从理论相关关系的角度出发，对比较优势与产业转移以及产业转移对区域协调发展的相关性研究进行综述。

一　比较优势与产业转移的相关性综述

近年来，比较优势理论是我国区域和产业发展理论界研究的重要领域。现阶段，我国理论界讨论的重点是在新的发展条件下，我国能否遵循比较优势进行产业的生产布局以及推进区域经济发展，特别是落后区域的经济发展。从学术观点来看可分为两类，即利用比较优势进行产业转移论以及规避比较优势进行跨越式发展论。

第一，利用比较优势进行产业转移论。这一观点中有代表性的是林毅夫所提出的比较优势发展战略理论，该观点认为，区域所具有的要素禀赋对于经济结构和产业结构具有决定性作用，而经济结构决定国民收入水平，由此可得，提升国民收入水平必须先提升要素禀赋的结构水平和使用效率。因此，按照区域要素禀赋结构决定的比较优势进行产业分工和经济结构的选择，能够使区域经济发展速度更快。对于落后地区而言，首先应通过发挥要素层面的比较优势来选择和发展相关产业，例如通过发展劳动密集型产业，获得相对丰裕的社会资本，而在比较优势转移到资本层面后，再发展资本密集型及技术密集型产业。因此，在区域发展中，应基于比较优势进行产业的生产布局，并根据比较优势的变动进行产业转移以及区域发展战略调整，以推动地区经济的快速发展。任太增①、李国政②、刘新争③、杨亚平与周泳宏④、韩峰与柯善咨⑤

---

① 任太增：《比较优势理论与梯级产业转移》，《当代经济研究》2001 年第 11 期。

② 李国政：《比较优势、产业转移及经济发展——兼论四川承接产业转移问题研究》，《华东经济管理》2011 年第 2 期。

③ 刘新争：《比较优势、劳动力流动与产业转移》，《经济学家》2012 年第 2 期。

④ 杨亚平、周泳宏：《成本上升、产业转移与结构升级——基于全国大中城市的实证研究》，《中国工业经济》2013 年第 7 期。

⑤ 韩峰、柯善咨：《空间外部性、比较优势与制造业集聚——基于中国地级市面板数据的实证分析》，《数量经济技术经济研究》2013 年第 1 期。

等大量学者都基于比较优势战略，对我国特定区域或特定产业的转移发展战略进行了分析。

第二，规避比较优势进行跨越式发展论。这一观点中有代表性的是洪银兴清晰阐述的比较优势陷阱论。该观点认为在“里昂惕夫之谜”的讨论中，已经论证了产业的生产方式在不同地区具有差异性，即生产同样一种产品，在不同的地区中，可能由劳动密集型生产，也可能由资本密集型生产。因此，劳动密集型和资本密集型并不是由产业本身决定，而是由地区中产业投入要素来决定的。在此背景下，对于具有劳动力比较优势的落后地区，虽然具有劳动力成本较低的特征，但是对于发达国家而言，出于本国就业的压力，会设置相应的进入壁垒而抵消落后地区的比较优势，这将使以劳动密集型和资源密集型为产业定位的地区在分工中处于不利位置，从而陷入比较优势陷阱。而后，关于比较优势陷阱论以及超越比较陷阱的路径成为产业分工及产业转移理论的研究热点。而对于比较优势陷阱的规避路径，以洪银兴为代表的主流观点认为，应通过将劳动密集等比较优势与高新技术相结合，实现落后地区的跨越式发展。此外，王佃凯①、杨高举与黄先海②、丁溪与韩秋③等学者基于规避比较优势陷阱的视角，分别从区域发展、产业转移与布局等层面研究了落后区域及产业的发展路径。

综上所述，现有研究观点的分析是基于本章第一小节中关于比较优势有效论的讨论，而分歧主要在于利用比较优势进行产业转移是否必然陷入比较优势陷阱。而本书认为，比较优势陷阱理论有以下几方面可商榷之处。

第一，要素密集度逆转的普遍性及对比较优势的挑战性。要素密集度逆转是指特定产业产品在不同地区具有不同的生产方式，可能是资本密集型也可能是劳动力密集型，这与地区所具有的生产要素层面

① 王佃凯：《比较优势陷阱与中国贸易战略选择》，《经济评论》2002 年第 3 期。

② 杨高举、黄先海：《中国会陷入比较优势陷阱吗?》，《管理世界》2014 年第 5 期。

③ 丁溪、韩秋：《比较优势与比较优势陷阱——基于黑龙江省外贸进出口数据分析》，《国际贸易问题》2015 年第 2 期。

比较优势有关。如张明志、张振川等学者的研究，要素密集度逆转的普遍性是一个值得商榷的地方。里昂惕夫（W. Leontief）和鲍尔（D. P. S. Ball）等学者研究表明，要素密集度逆转在现实世界中不具有普遍性[①]。此外，假设存在要素密集度逆转，导致发达地区能够利用相关高级要素优势抵消落后地区在低等级要素层面具有的比较优势，进而产生在各产业上的绝对优势，但是在此情况下，根据比较优势理论的观点，落后地区和发达地区仍应选择其具有比较优势的产业进行发展，因此，产业转移的成立基础并没有改变。

第二，贸易壁垒的阻碍性及超越比较优势的可能性。发达地区出于自身充分就业的考虑，通过建立贸易壁垒阻止落后地区的劳动力密集型产品进入市场，从而使以劳动力或能源等比较优势进行产业分工的落后地区处于不利位置。这种观点值得推敲之处在于，发达地区选择以贸易壁垒阻碍劳动密集型产品进入是不是最优选择。因为发达地区建立贸易壁垒减少进口时，可能会造成落后地区报复性的政策而导致出口减少。此外，张明志等学者指出，若出于生产劳动密集型产业地区在国际贸易中较为被动的原因，而促使落后地区一味提倡资本密集型或技术密集型产业的发展，则可能导致严重的后果，苏联就是例子[②]。蔡昉以意大利南部与德国东部的发展教训为例，认为上述落后地区长期处于落后地位的原因在于采取了与资源禀赋不相适应的产业结构及经济发展方式，导致在享有大规模中央政府扶持政策的同时，仍难以实现后发优势，并将这种现象称为“梅佐乔诺陷阱”[③]。因此，对于落后地区而言，基于要素禀赋，发挥自身比较优势，才能够为产业升级和参与更高层次的产业分工奠定基础，也才能实现区域的科学发展。

综上所述，本书认为比较优势陷阱具有一定的客观存在性，但是

---

① 梁琦、张二震：《比较利益理论再探讨》，《经济学季刊》2002 年第 10 期。

② 张志明：《比较优势理论与中国产业发展》，博士学位论文，厦门大学，2002 年，第 78—101 页。

③ 参见蔡昉《谨防“梅佐乔诺陷阱”》，《中国改革》2010 年第 1 期；蔡昉《区域发展警惕“梅佐乔诺陷阱”》，《中国经济导报》2010 年 12 月 18 日。

不能作为落后地区利用比较优势的阻碍，即不能因为比较优势陷阱的存在，而否定落后地区劳动密集型产业的竞争力以及所形成的产业分工格局，正如余婧、江小涓[①]、李晓西、陆文聪和许为[②]等学者指出，比较优势陷阱的实质在于警示落后地区不能僵化静止地看待比较优势理论。如果利用发展的视角和动态的观点去研究比较优势，并在此基础上进行产业转移及布局，将有利于落后地区的快速发展以及国民经济的整体平稳发展。

二 产业转移与区域协调发展相关性综述

近年来，随着全球一体化进程的深入和我国社会主义市场经济体制的建立和完善，以及中央及部分中西部省市出台的促进产业转移发展的相关政策推动，现阶段我国产业发展中呈现出一定的产业转移态势。在此背景下，结合我国现阶段区域发展差距不断扩大的发展趋势，许多学者从产业转移与区域协调发展之间的相关机理研究入手，分析产业转移对于区域协调发展的作用机制。现阶段的研究可分为产业转移阻碍区域协调发展论以及产业转移促进区域协调发展论。

产业转移阻碍区域协调发展论认为，落后地区通过承接产业转移方式进行发展将长期处于追随式发展的困境，无法实现跨越式发展，也将阻碍区域协调发展的实现。王新奎认为，发展中国家基于自身比较优势进行产业转移，而参与国家产业分工，将长期处于不利地位[③]。蒋新祺认为，落后地区依靠承接产业转移方式发展，将无法参与国际竞争，只能是追赶式的发展，而应当依靠培育自身优势产业进行发展。尹翔硕、徐建斌通过基于两国贸易的均衡分析指出，落后地区在利用自身比较优势进行产业分工和布局的同时，应当加强技术进步的投入，以实现跨越式发展。陈亮基于技术发展的视角，对产业转移式

---

① 江小涓：《我国出口商品结构的决定因素和变化趋势》，《经济研究》2007 年第 5 期。

② 陆文聪、许为：《中国落入“比较优势陷阱”了吗?》，《数量经济技术经济研究》2015 年第 5 期。

③ 王新奎：《90 年代中国对外贸易发展的方向》，《国际贸易》1994 年第 6 期。

区域发展模式提出质疑，认为应通过扶持高新技术产业的发展，推动落后地区的跨越式发展①。

产业转移促进区域协调发展论认为，产业转移是推进落后地区实现跨越式发展和实现区域协调发展的有效途径。主要观点可以分为两个方面：其一是区域协调发展目标下产业转移的产生机理方面：陈建军认为产业转移的基础是区域之间存在经济技术层面的差异，产业转移的条件是产业与技术具有高梯度向低梯度区域扩散的趋势②。而在区域协调发展的目标约束下，区域间经济技术差是区域协调发展的客观基础，技术与产业由发达地区向落后地区的扩散是区域协调发展的实现路径，从而构成了产业转移的产生机理。肖灿夫认为，当区域间存在发展条件及发展水平的差异时，由于企业对扩大市场以及对最大化利润的追求，将产生产业转移③。宋哲指出区域之间发展水平及要素平复差异是产业转移的成因，而产业转移则是落后地区经济跨越式发展的动因④。因此，区域协调发展的目标为产业转移的产生提供了基础。其二是产业转移对区域协调发展的推动作用方面：陈计旺认为，产业转移对于发达地区与落后地区之间具有不同影响机制，其中，通过产业转移为落后地区带来的资本要素以及企业家精神等，能够打破发达地区发展中的引致效应，以缩小区域经济发展差距⑤。魏后凯从区域竞争力角度进行分析认为，产业转移短期内会导致产业转出区就业机会减少，但是能够在长期中促进产业优化升级；对于产业转入区而言，能够增加就业机会提升区域经济竞争力。因此，产业转移对于推动区域协调发展具有重要推动作用。陈红儿认为，产业转移

① 陈亮：《中国跨越“中等收入陷阱”的开放创新——从比较优势向竞争优势转变》，《马克思主义研究》2011 年第 3 期。

② 陈建军：《中国现阶段的产业区域转移及其动力机制》，《中国工业经济》2002 年第 8 期。

③ 肖灿夫：《我国产业转移的影响因素分析》，《理论参考》2005 年第 11 期。

④ 宋哲：《我国产业转移的动因与效应分析》，博士学位论文，武汉大学，2013 年，第 11—45 页。

⑤ 陈计旺：《东部地区产业转移与中部地区经济发展》，《山西师大学报》（社会科学版）2003 年第 8 期。

能够推动发达地区与落后地区之间的经济合作，从而带动落后地区的经济快速发展[①]。刘红光等认为有序的产业转移不仅能够缩小我国区域间的经济发展差距，而且能够推动全国产业结构升级，对提升国民经济整体的发展水平具有推动作用[②]。金碚指出，产业转移并不是生产能力及技术水平在空间上的移动，而是产业分工深化、经济结构调整及生产方式优化的过程[③]。

综上所述，本书认为，上述观点的差异根源在于以静态和短期的视角来考察产业转移的效应。在对我国现实问题的分析中，应分别从短期和长期的视角，从产业转移对我国产业转出区和产业转入区的不同影响机制入手，从而分析产业转移与区域协调发展的相关关系。

第五节　本章小结

本章是全书的理论研究综述部分，在研究中，首先从理论历史演进和现阶段分歧两方面分析入手，分别对比较优势理论、产业转移理论以及区域协调发展理论的演进和发展进行综述，而后对比较优势与产业转移以及产业转移与区域协调发展之间的相关关系进行了综述。通过对上述理论研究梳理和总结发现，现阶段研究的主要分歧有两个方面。

第一，利用比较优势进行产业转移发展是否有效。通过上述综述能够看出，现阶段研究中存在利用比较优势的产业转移发展论与比较优势陷阱论，两种观点的主要分歧在于利用比较优势进行产业转移发展是否会陷入不利于落后地区发展的比较优势陷阱。而本书认为，出现这种分歧和争论的原因在于用传统的研究视角研究区域比较优势，若只将研究视角静态地关注于传统生产要素，并依此进行区域产业转

---

① 陈红儿：《区际产业转移的内涵、机制、效应》，《内蒙古社会科学》2002 年第 1 期。

② 刘红光、王云平、季璐：《中国区域间产业转移特征、机理与模式研究》，《经济地理》2014 年第 1 期。

③ 金碚：《现阶段我国推进产业结构调整的战略方向》，《求是》2013 年第 2 期。

移和布局发展研究，将必然导致区域陷入比较优势陷阱。在此背景下，如何利用动态和发展的视角研究区域比较优势，并分析与产业转移之间的作用机制，将是本书理论研究的切入点之一。

第二，利用产业转移推动区域协调发展是否可行。由上述产业转移与区域协调发展相关研究的分歧能够看出，现阶段利用产业转移推进区域协调发展尚未形成共识，而分歧在于，在区域协调发展目标下，产业转移的效用以及与培育自身产业发展之间的取舍关系。其中产业转移阻碍区域协调发展论认为，通过培育自身优势产业发展，能够更好地利用科技进步，推动落后地区经济发展。而产业转移与培育自身产业发展之间是否矛盾，能否将传统产业转移与培育自身产业发展相统一，以综合促进区域协调发展，将是本书研究的切入点之二。此外，在现有研究中，还表现出对发达地区的产业转移发展机制研究较多，对落后地区产业转移发展研究较少的特点，因此，通过分别评判产业转移对落后地区及发达地区发展的影响机制，以综合分析产业转移推动区域协调发展的实现机理也将是本书理论层面的研究重点。

通过上述理论研究背景的综述能够看到，由于现阶段研究对于比较优势下产业转移的可行性以及产业转移对于区域协调发展的作用机制方面存在分歧，因此，在本书的后续章节中，将首先从内涵界定出发，对比较优势、产业转移以及区域协调发展的内在理论机理进行分析，从理论上解释和回答上述分歧；其次，将从实证研究的角度，对现阶段我国区域比较优势与产业转移的差异性进行分析，寻找区域协调发展中存在的困境，以期寻找到一条切实可行、高效科学的基于比较优势的产业转移推进区域协调发展之路。

综上所述，本书的研究不仅从丰富比较优势、产业转移及区域协调发展现有理论研究的角度进行探索，而且着力于从理论机理及实践经验层面解释和回答现阶段的研究分歧。

第三章　内涵界定及理论机理分析

在本书第二章中，通过对比较优势、产业转移以及区域协调发展的相关理论研究进行梳理和综述，得到本书理论部分两个需要着力分析和讨论的问题，即在区域经济中利用比较优势进行产业转移发展是否有效；利用产业转移能否实现区域协调发展。在本章中，将在比较优势、产业转移和区域协调发展的理论内涵进行界定的基础上，从行为主体、作用机制及实现机理等层面对上述两个问题进行理论层面的分析和探讨。

第一节　相关概念界定

在本节中，将在对现阶段理论研究内涵进行梳理总结的基础上，分析其中存在的共性及差异性，并结合本书的研究背景和目的，对比较优势、产业转移以及区域协调发展三个概念的内涵进行界定。

一　比较优势

正如第二章第一节中对比较优势的研究综述，比较优势理论是建立在区域分工的基础上，最先由大卫·李嘉图提出，突破了亚当·斯密所提出的绝对优势理论，认为在进行国际贸易时，即使某一国家或地区不具有生产任何一种产品的绝对优势，但是也应通过相对产品成本价格比进行分工，从而获得更大的相对优势和更小的相对劣势。比较优势理论为落后国家或地区参与国际产业分工和国际贸易提供理论解释。而后，学术界对于比较优势理论的研究呈现出不断演化、递进的趋势，其中，有代表性学者的观点如表3—1所示。

表3—1 比较优势理论演进对比

学者	比较优势界定	特点
亚当·斯密 Adam Smith 1776①	市场经济中，只要一国在生产某一产品方面成本较低，那么其他国家从该国家购买该产品比自己生产该产品有利。	基于"看不见的手"机制，可通过分工合作，打破重商主义者的零和博弈，实现分工贸易双方双赢。
大卫·李嘉图 David Ricardo 1817②	不同国家之间在生产商品时存在的劳动率或者成本差异，是国家之间产品交换的基础，各国都应当生产各自具有相对优势的产品。	突破亚当·斯密比较优势理论中的绝对成本差异，为不具有绝对优势的落后国家参与国际分工和贸易提供了依据。
穆勒 John Stuart Mill 1848③	比较优势取决于由供给和需求情况共同衡量的商品国际价值，因此，应考虑区域间贸易条件对于区域比较优势的影响。	一是考虑非完全市场经济条件下对于区域比较优势的影响；二是提出政府通过贸易条件改变干预比较优势的条件及原则。
赫克歇尔及俄林 E. Heckscher & B. Ohlin 1933④	将国家按资本、劳动力、土地及自然资源等四种要素资源禀赋差异进行划分。某一国家将在密集使用丰裕度高要素的产业上具有比较优势。	一是详细论证资源禀赋对国家之间比较优势的影响；二是将以资源禀赋为主的比较优势看作是外生的及相对静止的。
克鲁格曼 Paul R. Krugman 1980⑤	基于新贸易理论，将区域内市场规模、规模经济、边际报酬、贸易条件等因素引入区域比较优势的衡量。	一是分析要素及条件更趋近于客观事实；二是绕开一般均衡，从规模经济的角度分析区域比较优势。
迈克尔·波特 Michael E. Porter 1980⑥	影响国家产业发展的关键因素有要素条件、需求条件、相关支撑产业及企业组织、竞争，共同构成国家竞争理论。	一是解释国际贸易中的决胜因素；二是建立四个要素相互促进、相互制约的钻石模型；三是国家竞争优势通常由竞争优势产业所体现。

① ［英］亚当·斯密：《国民财富的性质和原因的研究》，郭大力、王亚南译，商务印书馆1972年版，第72—87页。

② ［英］大卫·李嘉图：《政治经济学及赋税原理》，丰俊功译，光明日报出版社2009年版，第22—52页。

③ ［英］约翰·斯图亚特·穆勒：《政治经济学原理》，金镝译，华夏出版社2013年版，第26—37页。

④ ［瑞典］贝蒂尔·俄林：《地区间贸易与国际贸易》，王继祖译，首都经济贸易大学出版社2001年版，第105—119页；Heckscher E. F. "The Effect of Foreign Trade on the Distribution of National Income". Ekonomisk Tidskrift, 1919, 21.

⑤ Krugman P. "Scale Economies, Product Differentiation, and the Pattern of Trade". *American Economic Review*, 1980, 70 (5).

⑥ Porter M. E. "Competitive Strategy: Techniques for Analyzing Industries and Competitors". *Social Science Electronic Publishing*, 1980 (2).

续表

学者	比较优势界定	特点
杨小凯 1998①	将传统比较优势理论分为外生比较优势与内生比较优势，通过专业化分工、学习效应等能够培育内生比较优势，从而实现区域经济持续增长。	一是以超边际分析方法将传统外生比较优势的来源因素内生化；二是将比较优势的衡量动态化。

在本节的研究中，将主要从以下几个方面对本书研究的比较优势进行界定。

第一，比较优势的来源方面：纵观表3—1中的界定，关于比较优势来源的问题，即什么构成了比较优势，是理论界关于比较优势研究的核心问题。在李嘉图的经典比较优势理论中，将区域间劳动生产率差异作为比较优势的来源；赫克歇尔和俄林提出的H—O定理，以区域中要素资源禀赋为研究对象，认为要素丰裕度和要素价格构成了区域比较优势；杨小凯将传统比较优势归结为外生比较优势，将后天的专业化分工、学习效应作为区域内生比较优势，这不仅极大地扩展了比较优势的研究内涵，而且对于传统比较优势理论分析框架下产生的“比较优势与竞争优势之争”具有很强的解释力。在本书的研究中，认为比较优势来源于多个因素的共同作用，具体而言，比较优势可分为生产成本与交易费用②两个层面的比较优势，其中，在生产成

① 杨小凯、黄有光：《专业化与经济组织》，经济科学出版社1999年版，第352—387页。

② “交易费用”这一概念最早由科斯（Ronald Harry Coase，1937）提出，即“市场以价格机制配置资源并不是没有成本的，其中最直接的一项是发现价格的成本”；此后，他进一步说明“为了在市场上成功进行交易，而存在寻找交易对象、谈判条件、达成契约等步骤，这些步骤中所耗费的成本阻碍了可能成功的交易”。但是，科斯并没有明确交易费用的定义。此后，阿启安和都穆塞茨（Alchian & Domsetz，1972）、威廉姆森（Williamson，1971）、张五常（Cheung Steven，1983）等学者都对交易费用理论进行深入研究。其中，威廉姆森的研究理论具有一定的代表性（王洪涛，2004），他认为，交易不仅是所有权的转移，而与交易直接相关的组织内外部活动都应是交易费用的来源。因此，在交易费用的范畴中，应包含事前交易成本、事中交易成本以及事后交易成本等三方面内容。在本书的研究中，借鉴威廉姆森的研究观点，将区域中产业发展除了生产成本之外的部分，界定为区域产业发展的交易费用，而区域之间产业交易费用层面的差异则为区域间交易费用比较优势。可参见王洪涛《威廉姆森交易费用理论述评》，《经济经纬》2004年第7期。

本层面，比较优势主要集中在生产所需要素丰裕度、要素相对价格等直接因素；在交易费用方面，包括产业发展环境、制度因素、区位优势及交通运输条件等间接因素。在这种界定下，比较优势衡量的基础为产业中产品的相对价格，这里的相对价格是由生产成本与交易费用两个层面因素构成，相对价格的高低决定了产业区位选择，同时也是区域之间分工和交易的基础。

第二，比较优势的状态方面：无论是亚当·斯密、李嘉图的研究，还是赫克歇尔及俄林等学者的研究，比较优势都是区域发展中的外生变量，具有稳定性及静态性的特点，因此，基于比较优势理论产生的区域分工评判结论是静态的，也正是由于这个原因，在学术界产生了“里昂惕夫之谜”的争论。近年来，随着克鲁格曼的新贸易理论及杨小凯的新古典经济学研究的兴起，学术界逐步在传统研究外生的区位条件、要素禀赋、气候条件等自然优势的基础上，将产业发展中所需要的其他因素，例如规模效应、专业化程度、“干中学”、需求等因素，都纳入了比较优势的研究范畴，从而使区域的比较优势具有动态性。同时，马克思主义哲学也教导我们，主要矛盾和矛盾的主要方面不是固定的，应当是动态变化的，如果以静止、孤立、呆滞的视角去研究问题，将不可避免地陷入形而上学的错误中。因此，结合第一点中对比较优势来源的界定，本书认为比较优势应当是动态的，在研究中，也应当采用动态的、发展的视角进行研究。具体而言，其中包含两个层面含义：一是区域比较优势中存在相对静态性的因素，如要素丰裕度、相对要素价格等，这保障了立足于比较优势制定的产业政策的相对稳定性；二是区域中产业发展环境、市场需求因素、物流交通、制度条件等因素相对容易改变，具有一定的动态性，这为以静态与动态结合的视角、发展的眼光研究比较优势提供了依据。

第三，比较优势的适用范围方面：其一是在使用条件方面，传统的比较优势理论都是建立在完全竞争的市场条件下，同时假设区域之间对于分工和贸易不存在政策层面的干预，这种假设的优点在于模型简单，重点突出明确，易于分析，但是缺点也很明显，即模型与现实相距较远，模型分析结论静止单一，难以对现实统计中的现象进行有效解释。而在本书的研究中，将比较优势界定为由相对静态的生产成本层面比较优势和相对动态的交易费用层面比较优势共同构成，从而使比较优势成为动态发展的一种相对优势。在这种界定下，能够将政府出台的、对自由市场进行干预的制度纳入研究范畴，作为交易费用层面的比较优势进行研究，因此，在一定程度上拓宽了研究范畴，使之更加贴近区域经济发展现实。其二是在使用对象方面，在现阶段关于比较优势的研究中，研究对象可分为区域、产业和企业三类。其中，以企业作为研究对象的研究中，大多采取管理学的波特钻石模型作为理论框架构建研究模型，这使得比较优势与竞争力理论相混淆。而本书将比较优势的研究对象界定为区域，以区域中的特定产业作为比较优势的外在特征，这符合传统比较优势理论的适用对象。此外，采用这种研究对象界定的另一个优势在于，对于区域比较优势的分析只能得到区域发展哪一类产业具有相对优势，然而具体到某一个产业的发展优势，就需要政府制度和市场调节的共同作用。

综上所述，在本书的研究中，将区域中所具有的比较优势界定为，区域中对区域间贸易与分工具有基础性决定作用的内生变量与外生要素的相对优势，其内部反映在决定区域内产业的生产成本与交易费用，外部表现对区域产业结构和产业的生产布局产生影响，总体而言，具有静态性与动态性相统一、综合性与特征性相一致的特点。这一界定的特征及意义有以下几个方面：一是在实践层面，本书中将传统比较优势的涵盖范围扩大化，不仅在测度要素方面突破经典模型中以单一要素为主流的研究方法，而且在使用条件方面通过将发展环境的制度因素纳入考虑范畴，突破了传统研究中以完全竞争市场的假设前提，使得对比较优势的研究更具有现实性和实践意义；二是在理论层面，比较优势理论从对区域单一要素分析到多要素研究、从外生变量分析到内生变量研究、从完全竞争条件到考虑政府制度因素的研究。归纳而言，其中一个核心问题是比较优势的来源界定，在只考虑传统生产要素比较优势的分析中，可能会陷入比较优势陷阱且无法解释“里昂惕夫之谜”；在只考虑制度因素的研究中，又将政府引导和制度环境放在异常重要地位，导致背离市场的政府干预主导论。而本书的界定中，认为区域比较优势来源于两个层面，其一是生产成本层面，其中包含要素富裕程度、技术规模效应等；其二是交易费用层面，包含制度环境、区域发展条件等。其中，生产成本一般由当期要素决定，具有相对的稳定性；而交易费用具有一定的动态效应。因此，以动态与静态相结合的研究视角能够规避上述两种误区，以此为视角深入研究，将具有一定的理论价值。

二　产业转移

工业革命以来，生产力水平不断提高，社会分工不断细化，在此背景下，产业转移成为国际经济发展中的一个重要的经济现象，特别是近年来，随着经济全球化、一体化进程的不断深化以及各类国际贸易组织的成立，这为产业转移提供了良好的发展环境。在这一期间，无论从产业转移的范围、层次、规模等方面都得到了较大的发展，同时在学术界，对于产业转移也做了大量的理论研究。在本书的第二章中，已经对产业转移的相关基础理论的研究和演进进行了回顾和梳理，在此，仅对国内学者关于产业转移的概念界定进行梳理，如表3—2所示。

表3—2　**产业转移概念界定的国内研究对比**

学者	产业转移界定	核心思想
陈红儿（2002）①	产业转移是指企业基于区域的比较优势，通过跨区域投资的方式，在欠发达区域构建新企业，所表现出的区域间产业移动。	一是产业转移的主体是企业；二是产业转移的主要方式是企业跨区域的直接投资。
陈建军（2002）②	产业转移是在时间和空间的双重维度下，包含跨区域投资和贸易的区域间产业分工的变动过程。	一是产业转移过程包含时间和空间两个层面；二是区域产业转移基本要素是跨区域投资和贸易。

① 陈红儿：《区际产业转移的内涵、机制、效应》，《内蒙古社会科学》2002年第6期。

② 陈建军：《中国现阶段的产业区域转移及其动力机制》，《中国工业经济》2002年第8期。

续表

学者	产业转移界定	核心思想
魏后凯（2003）①	产业转移的实质是企业生产空间的变动，即企业的再定位及企业区位调整的过程。	产业转移的实质是企业为主体的区位调整的过程。
顾朝林（2003）②	产业转移不仅是空间范畴内变动，而且是时间范畴内的动态变化过程，不仅包含了对不同产业部门发展历程的描述，也是对随之发生的生产要素变动过程的总结和梳理。	一是产业转移是在时间和空间双重维度之下；二是产业转移包含产业的空间变动以及伴随其中带来的经济效应。
王文成、杨树旺（2004）③	产业转移是资源流动的过程，其实质是资源的优化配置过程。	资源的最优化配置是产业转移的最终目的。
王忠平、王怀宇（2007）④	产业转移是产业基于区域比较优势而移动的过程，其中，比较优势来源于区域经济发展、资源以及制度条件。	区域间多种要素构成比较优势差异进而影响产业分工及布局。
马子红（2010）⑤	产业转移是由于区域之间资源供给与产品需求差异而引起的产业由一个区域向另一个区域转移的经济行为和发展过程。	一是产业转移来源于供求差异；二是产业转移带来的经济效应具有复杂性和长期动态性。

根据辞海的解释，“产业”作为社会生产力不断增长下社会分工的产物，是指各类制造或供应货物、劳务等产品的，具有一方面共同特征的企业或组织的统称。“转移”即转换，迁移或改变，尤指从一地转往另一地或指从一种状态向另一种状态的改变。因此，从字面意义来看，产业转移具有共同特征的企业或组织在时间或空间范畴的转变。而在本书的研究中，将从以下三个方面对产业转移的内涵进行界定。

① 魏后凯：《产业转移的发展趋势及其对竞争力的影响》，《福建论坛》（社会经济版）2003 年第 4 期。

② 顾朝林：《产业结构重构与转移——长江三角洲地区主要城市比较研究》，江苏人民出版社 2003 年版，第 73—79 页。

③ 王文成、杨树旺：《中国产业转移的经济动因及其效应》，《中国经济评论》2004 年第 8 期。

④ 王忠平、王怀宇：《区际产业转移形成的动力研究》，《大连理工大学学报》（社会科学版）2007 年第 1 期。

⑤ 马子红等：《产业转移与产业集聚的实证分析》，《经济问题探索》2010 年第 6 期。

第一，在产业转移的动因方面：在传统研究中，普遍将比较优势作为产业转移的主要动因。从本书第二章中关于产业转移的理论研究综述，产业转移理论起源于古典区位理论和新经济地理理论，其中，李嘉图（Ricardo）的农业地理理论建立在区域肥力的比较优势之上，杜能（Thünen）的匀质区域分工理论建立在运输成本的差异之上。之后，刘易斯（Lewis）对于劳动密集型产业的产业转移规律进行分析得到，产业转移来自于区域间劳动力成本的差异。小岛清（Kojmia）提出的边际比较优势理论认为比较优势是跨区域直接投资和产业转移的根本原则。在现阶段研究中，对于产业转移动因的认识纷繁，主要可以分为以下几个类型：一是企业利润驱动论，王先庆提出区域之间的产业主体存在利润差促使各类产业向利润最大化区域转移①。陈建军指出我国区际产业转移的根本动力是企业市场扩张、边际效益最大化以及成长发展的需求②。此外，魏后凯③、符正平与曾素英④、刘力与张建⑤、彭志胜⑥等学者也提出了类似观点。二是区域要素禀赋驱动论，戴宏伟、王云平认为区域之间由于自然资源、劳动力资源等要素存在差异，带动生产要素的重新组合及经济合作，从而推进了区域产业转移⑦。三是区域制度驱动论，普雷维什（Raul Prebisch）指出区域政策差异对于产业转移具有重大的影响⑧。综合上述观点，结合

① 王先庆：《产业扩张》，广东经济出版社 1998 年版，第 45—61 页。

② 陈建军：《中国现阶段的产业区域转移及其动力机制》，《中国工业经济》2002 年第 8 期。

③ 魏后凯：《产业转移的发展趋势及其对竞争力的影响》，《福建论坛》（社会经济版）2003 年第 4 期。

④ 符正平、曾素英：《集群产业转移中的转移模式与行动特征——基于企业社会网络视角的分析》，《管理世界》2008 年第 12 期。

⑤ 刘力、张建：《珠三角企业迁移调查与区域产业转移效应分析》，《国际经贸探索》2008 年第 10 期。

⑥ 彭志胜：《工业的空间分布及产业转移影响因素的实证分析》，《统计与决策》2014 年第 4 期。

⑦ 戴宏伟、王云平：《产业转移与区域产业结构调整的分析关系》，《当代财经》2008 年第 2 期。

⑧ Prebisch R. Structural Change Within the South-Dialogue for a New Order. Dialogue for A New Order, 1980.

本书在第一小节中对于比较优势做出的界定，能够看出，前两种观点，无论是区域要素禀赋论还是企业利润最大化论，都是建立在区域之间存在利益差的基础上，通过发挥外在比较优势实现产业转移。而第三种观点，即强调区域制度差异对产业转移的驱动，这正体现了区域内在比较优势的驱动。因此，本书将产业转移的动因归纳为区域所具有的比较优势[①]，其中既包含生产成本层面的比较优势，也包含交易费用层面的比较优势。

第二，在产业转移的研究范畴方面：现阶段的研究中，对于产业转移的界定并没有形成共识，主要有两种主要观点，一是从企业层面入手，对企业层面的区位选择变动进行研究，魏后凯认为产业转移实质上是企业的在区位层面的再定位[②]。此外，陈计旺[③]、刘力和张建、彭志胜等学者都从企业层面对产业转移进行研究。二是从产业整体入手，以产业层面的空间变动为研究范畴，可见于胡俊文、张孝峰、刘英基、张辽等学者的研究。陈刚、刘珊珊将上述两种观点进行归纳总结，认为产业转移能够分为狭义和广义两个层面，其中，狭义的产业转移是指企业将部分或全部生产功能在空间上进行迁移；广义的产业转移是指由于基于区域比较优势而使产业发生区位选择重构[④]。而在本书的界定中，借鉴了广义产业转移的界定思路，认为产业转移应当包含两个层面的范畴，其一是由企业迁移或企业直接跨区域投资所形成的，能够直观看到产业变动路线，称为显性产业转移，迁出地与迁入地一般为一对多或多对一；其二是由于特定区域中消费或投资变动，而引起的特定产业生产能力或生产规模的变动，称为隐形的产业转移，转移对象可能存在多对多的情况。在上述两种产业转移中，隐形的产业转移不仅包含以企业迁移

---

① 这里的“比较优势”是本书在本章第一小节中所做出的关于比较优势的界定。

② 魏后凯：《产业转移的发展趋势及其对竞争力的影响》，《福建论坛》（社会经济版）2003 年第 4 期。

③ 陈计旺：《东部地区产业转移与中部地区经济发展》，《山西师大学报》（社会科学版）2003 年第 8 期。

④ 陈刚、刘珊珊：《产业转移理论研究：现状与展望》，《当代财经》2006 年第 10 期。

或转移投资所带来的显性产业转移，而且包含全部可能因素带来的区域产业中生产规模的变动，对其进行测度，能够更加全面地分析区域中产业转移状况。

第三，在产业转移的效应方面：现阶段国内外对于产业转移效应的研究很多，且研究视角差异也很大，传统研究视角是分别对迁入地与迁出地进行分析，以总结产业转移的效用。魏后凯指出，产业转移会造成转出地就业机会减少，产业竞争力下降①。而在本书的界定中，认为产业转移的效用应体现在空间与时间两个维度中，即不仅在空间上对迁出地及迁入地具有不同的经济效应，而且在时间上对不同区域具有短期及长期两个层面的效应。

综上所述，在本书的界定中，产业转移是区域中基于比较优势驱动下产业生产规模的变动过程，其具有时间和空间两个维度的综合效应。这一界定的特征及意义有以下几个方面：就驱动要素而言，区域之间存在的产业生产成本及交易费用层面比较优势是产业转移的直接驱动，其中既包括区域之间市场层面的要素价格差异，也包括区域之间制度层面的差异；就研究范畴而言，不仅包含以企业迁移为代表的显性产业转移，而且包含以产业生产规模变动为特征的隐形产业转移；就效应而言，产业转移不仅在空间层面对不同区域具有差异性效用，而且在时间层面也具有短期和长期的差异性效用。

三　区域协调发展

目前，关于区域协调发展的研究文献很多，但是其中关于区域协调发展概念的论述较少。由于对区域协调发展的概念的理解不同，因而做出的解释不同。一些学者从不同的角度对区域协调发展概念进行了阐述。表3—3中为部分有代表性的概念。

① 魏后凯：《产业转移的发展趋势及其对竞争力的影响》，《福建论坛》（社会经济版）2003年第4期。

表3—3　**区域协调发展概念界定的对比**

学者	定义	核心思想
朱永达（1993）①	区域协调发展是指区域内生产要素的配置效率达到最优的状态，并能够促进国民经济高速持续稳定发展。	生产要素持续保持较理想的空间配置。
蒋清海（1995）②	从系统论界定，认为区域协调发展是以其他区域为约束条件，每个区域利用自身生产要素，调整结构和功能，以适应其他区域发展，实现区域间要素互动，结构优化，最终推动各区域螺旋式上升的发展趋势。	调整结构，改变功能，区域要素更新。
陈亚军（1996）③	区域协调发展不等于区域间平衡发展，目标是降低区域间发展差距扩大的趋势。从一定意义上讲，区域协调发展是各地区保持一定差距上的均衡发展，从不平衡中求得相对平衡。	协调发展的目标是保持区域发展差距的均衡发展。
高志刚（2003）④	区域协调发展是指区域发展中达到两个目标的状态，其一是区域整体发展水平的提升；其二是区域内各部分的发展差距在合理范围内，并形成区域间合理分工、优势互补，共同发展的状态。	区域整体的平稳发展；各组成部分的发展差距缩小；优势互补，共同发展。
杨保军（2004）⑤	区域协调发展应当满足：一是遵循区域发展规律；二是符合区域间经济互动发展的要求；三是有效的区域间合作机制，实现良性竞争；四是区域经济、社会、环境等各要素之间相协调。	遵循区域发展规律；符合区域互动发展；有效的区域合作；要素协调。
陈秀山（2006）⑥	区域协调发展是指在保持国民经济整体快速增长的同时，推动各区域同步增长，并将区域发展差距控制在合理范围内的区域经济发展战略，总体目标是实现区域经济协调互动，同步增长。	区域经济整体的高效增长；地区间的发展差距界定在合理适度的范围内并逐渐收敛。
杜鹰（2008）⑦	区域协调发展应包含：一是区域间经济发展差距呈逐步收敛状态；二是区域比较优势得到发挥；三是区域之间良性竞争，互利互惠，共同发展；四是区域中经济发展与自然和谐共生等四方面主要内容。	区域发展差距收敛；发挥比较优势；区域间良性合作；与自然和谐相处。

通过上述关于区域协调发展内涵界定的对比分析能够得到，目前

① 朱永达：《区域经济的协调性》，《农业工程学报》1993年第5期。

② 蒋清海：《区域协调发展：对区域差距的分析与思考》，《贵州社会科学》1995年第4期。

③ 陈亚军：《我国区域协调发展的政策内涵》，《经济研究参考》1996年第1期。

④ 高志刚：《新疆区域经济协调发展模式研究》，《科学管理研究》2003年第4期。

⑤ 杨保军：《区域协调发展析论》，《规划研究》2004年第28期。

⑥ 陈秀山：《区域协调发展要健全区域互动机制》，《党政干部学刊》2006年第1期。

⑦ 杜鹰：《全面开创区域协调发展新局面》，《求是》2008年第4期。

存在以下三个方面的分歧。

第一个方面的分歧在于区域协调发展的目的是达到区域间的平衡发展，还是区域间保持一定差距的非平衡发展。就“协调”一词的本意而言，有“和谐平衡”之意，而区域协调发展正是基于区域间经济发展差距较大的背景提出的，因此，很容易将区域协调发展理解为区域经济平衡发展。而在上述对于区域协调发展的概念界定中，存在分歧，如高志刚“区域之间发展差距保持在合理范围内”①、陈秀山“区域之间发展差距保持在合理范围内并且不断收敛”② 等界定的内涵不尽相同，甚至能够从中看出关于这一概念的演进。在本书的研究中，认为区域协调发展不等于平衡发展，而应当在充分发挥区域比较优势的基础上，以将区域之间的发展差距保持在合理范围内并呈现出不断缩小趋势为目标。

第二个方面的分歧在于区域协调发展的进程中区域整体发展与区域内部发展差距缩小之间的关系，是以区域内部差距缩小为主，还是以区域的整体发展为中心。在现阶段的研究中，很多学者在关注区域之间发展差距缩小的同时，也提出以推动区域整体发展为目标。如朱永达“国民经济整体以较高的速度持续稳定发展”③、高志刚“区域整体经济平稳增长”④、陈秀山“高效增长”⑤。而在区域协调发展界定中，关于区域整体发展与区域内部发展差距缩小之间的关系，涉及“公平”和“效率”这一更加宽泛的争论，即在经济发展中，应当是“公平优先兼顾效率”还是“效率优先，兼顾公平”或是“公平与效率并重”。程必定⑥、覃成林与姜文仙⑦认为公平和效率是两个不同层面的概念，不能放在同一层面上进行取舍，应做到统筹兼顾。而在区

① 高志刚：《新疆区域经济协调发展模式研究》，《科学管理研究》2003 年第 4 期。

② 陈秀山：《区域协调发展要健全区域互动机制》，《党政干部学刊》2006 年第 1 期。

③ 朱永达：《区域经济的协调性》，《农业工程学报》1993 年第 5 期。

④ 高志刚：《新疆区域经济协调发展模式研究》，《科学管理研究》2003 年第 4 期。

⑤ 陈秀山：《区域协调发展要健全区域互动机制》，《党政干部学刊》2006 年第 1 期。

⑥ 程必定：《效率、公平与区域协调发展》，《财经科学》2007 年第 5 期。

⑦ 覃成林、姜文仙：《区域协调发展：内涵、动因与机制体系》，《开发研究》2011 年第 2 期。

域协调发展问题上，本书认为，“发展”是目的，“协调”是约束，约束是为了更好的发展，总体而言，应当以区域整体发展为总体目标，协调区域经济发展中的效率与公平的关系。

第三个方面的分歧在于区域协调发展追求的是状态的协调，或是过程的协调，还是两者兼备。在上述定义中，关于过程方面典型的是朱永达做出的定义，其重点在于区域经济发展的状态，是从发展过程协调的角度对区域协调发展的定义；陈亚军从发展目标，即发展状态的角度对区域协调发展做出定义；蒋清海从过程及状态的角度对区域协调发展进行界定，认为既包括发展过程的协调又包括发展目标的协调。这个分歧的中心在于基于什么样的视角观察问题，若采用动态的视角去观察问题，协调应当是发展过程中的协调，是连续的过程；若采用静态的视角，协调是一种状态，是一种可以转化成采用相关数据进行比较的形式。就协调发展的实质而言，协调发展是动态与静态相结合的，是关于过程和状态兼备的协调。

由上述层面的分歧能够看出，区域协调发展的理论研究在不断地完善进步，并呈现出几个特征：一是从目标来看，由注重经济总量的均衡到注重区域经济关系的均衡；二是从重点来看，由注重目标层面平衡发展到注重发展过程的动态均衡发展；三是从关系来看，从关注缩小区域之间发展差距到关注区域整体平稳发展下区域之间及区域自身经济发展调整；四是从视角来看，从静态的对比分析到动态的发展研究。

而本书认为，区域协调发展从宏观层面而言，应当包含区域之间横向协调发展和区域自身纵向协调发展两个层面。其中，横向协调方面将区域差异保持在社会可接受限度内或逐步呈现缩小趋势为目标，以保持区域整体发展为约束，充分利用区域中的要素禀赋及发展动力推动经济水平的提升。具体而言有两个层面的发展目标：一是区域之间经济发展水平即经济总量的趋同，或发展差距的不断缩小；二是区域之间经济发展关系协调，即通过区域之间生产要素互补，或是互为市场的优势产业互补，以实现区域之间优势互补、产业合作，达到区域之间减少重复建设和无谓竞争损失，推动区域整体经济发展。

在纵向协调方面，区域协调发展是以区域在时间序列上保持平稳快速发展为目标，这就要求区域的产业体系及产业分工按照合理的比较优势进行，既要避免为了建设大而全趋同化的产业体系而无法利用区域比较优势，也要避免为了单纯追求短期经济总量增长而限制生产要素的自由流动和有效配置，同时，还要避免以静态的标准衡量区域比较优势发展产业而陷入比较优势陷阱中。具体而言有以下几个层面的发展目标：一是能够利用区域在自然资源、技术水平、区位条件等层面具有的比较优势形成区域产业体系和产业分工；二是区域产业能够充分利用最新的科学技术，能够带动区域经济增长质量提升，具有赶超发展和可持续发展的能力；三是区域产业体系及产业分工能够实现可持续发展。

第二节 内在理论机理分析

在本章第一节中对于比较优势、产业转移以及区域协调发展的概念界定的基础上，本节中将着力于对比较优势与产业转移，产业转移与区域协调发展的内在理论机理进行分析。这也同时是从理论层面对本书第二章中所提出的，利用比较优势进行产业转移发展的有效性以及产业转移推动区域协调发展的可行性这两个问题进行解释和讨论。

一 比较优势推动产业转移内在机理

在本小节中，将首先从企业和政府的角度，对利用比较优势进行产业转移发展的参与主体及作用机制进行分析；其次，结合比较优势与产业转移的内涵界定，对它们之间的实现机理进行分析。

（一）参与主体

在上节对比较优势的界定中，比较优势是区域中资源禀赋、区位条件、发展历史等多种要素的综合体现，其中包含生产成本比较优势和交易费用比较优势两个层面，而生产成本比较优势包含要素富裕程度、技术规模效应等产业发展内生因素而直接影响生产成本，交易费用比较优势包含制度环境、交通运输条件等产业发展外生因素而间接影响交易费用。而比较优势转化为区域经济发展的动力，还需要相关主体的参与，具体而言，比较优势下产业转移的参与主体有以下几个层面。

1. 企业

企业是产业转移中最直接、最根本的行为主体。区域之间全部比较优势都必须通过企业这个主体来实现。根据微观经济学和区域经济学相关理论，企业在基于比较优势的产业转移中的主体作用是通过企业在发展中对生产成本最小化的追求、交易费用最小化的追求以及对利润最大化的追求来实现的。

第一，追求生产成本最小化。根据生产成本理论，企业生产的长期平均成本是短期平均成本的包络线，具体表现为随着生产产量的提高，生产成本曲线呈现出先下降后上升的“U”型。当企业生产产量小于临界产量时，随着生产产量的提高，所带来的规模效益使平均成本呈下降趋势；当企业生产产量大于临界产量时，随着生产产量的提高，由于管理成本、沟通成本、信息成本等的提升，企业生产的平均成本会随着产量的提升而增加，这时就处于生产的规模不经济阶段。企业平均成本由下降转变为上升的临界点即为企业生产的最优规模点。企业在最优规模点进行生产时，生产成本最低。在上述理论支持下，企业在具体的生产活动中，随着技术的提升和产量的不断扩大，具有规模无限扩展的冲动，而同时，又不愿意处于生产规模不经济的地位，在这种矛盾下，企业这个市场主体会做出另开分厂或将部分业务分出的选择，这种选择将形成产业转移。

第二，追求交易费用最小化。在本章第一节对比较优势的界定中，包含制度环境、市场条件等要素的外部比较优势将影响区域企业的交易费用。其一在制度环境方面，虽然企业的区位选择和运营决策是市场行为，但是其中也受到区域制度环境的影响。在区域经济发展中，受发展规划等因素的影响，一些符合远期发展规划和重点扶持条件的企业能够在用地、税收、配套设施等方面获得政策扶持，而不符合区域发展规划的企业，例如在发达地区的高投入、高排放企业，会因为制度环境的收紧而产生高税收、要素使用费等因素，逐步退出原有生产区域，从而产生产业转移。其二在市场条件方面，由于企业成本的优势最终还是要通过市场体现，因此市场条件对于企业的交易费用有着重要影响，具体体现在以下几个方面：一是市场规模吸引。随着区域经济水平的发展，消费水平和市场规模也在不断提升，在此背景下，企业由于市场规模的吸引，将产生区域间生产能力迁移或者跨区域投资，这样不仅能够降低运输成本，而且可以规避市场壁垒及政策风险，此外，能够更直接地了解市场需求变化并及时做出应对，从而降低交易费用。二是运输条件驱动。运输成本在企业交易费用中占有重要地位，因此在企业进行区位选择时，会选择运输条件较好、距产品市场运输成本较低的区域。三是产业链延伸。在市场经济中，任何产业都不是孤立存在的，根据上游所需原料与下游生产产品及相关产业相联系，而且随着经济发展水平的提高，产业链会越长，同时产业链内部的分工也会越细。当区域由于市场因素及制度环境改变，引进某一产业并发展到一定规模时，与该产业相关的上下游产业中的企业也将配套迁入，从而降低交易费用。综上所述，无论是制度环境，还是包含市场规模、运输成本以及产业链延伸在内的市场条件，都将通过影响企业的交易费用而对企业的区位选择产生影响。

第三，追求利润最大化。在市场经济中，对利润的追求是企业发展中最根本、最核心的动力，当企业在一个地区的生产能够带来更大的利润时，企业就会通过向该地区转移生产能力、转移投资等方式进行迁移，而在宏观层面看来，就形成了区域之间的产业转移。而利润是企业各项成本的综合反映，企业作为市场经济中的理性主体，在做出区位选择的具体决策时，要综合考虑成本与收益之间关系，若在可预计的时间范围内，转移后收益减去转移成本所得的利润高于不进行转移的利润时，企业将进行重新区位选择。因此，对于利润的追求推动广大企业进行跨区域的投资和生产能力转移具有直接和持续的推动作用。

2. 政府

在以市场对资源配置起决定性作用的市场经济中，政府参与的主要目的是弥补市场失灵，保证区域经济更好地发展。在此背景下，如何做到既有效提高经济运行效率，又不缺位、错位及越位，就成为政府这一主体在具体经济活动中的目标和准则。在此，从作用和手段两个层面对政府主体进行分析。

第一，在政府作用目标及功能方面：一是弥补市场失灵。由于市场在资源配置中存在外部性、公共产品非排他性等市场失灵特征，因此，如果单纯由市场进行资源配置，则会出现垄断、基础设施缺乏、不正当竞争等问题，这就需要政府进行有效的引导和规范。二是促进区域经济高质量发展。对于落后地区而言，只凭借市场机制实现区域经济高速发展将是一个漫长的过程，与此同时，对于发展条件相近的落后地区而言，通过政府作用，完善基础设施建设，构建良好的投资环境成为获得优先发展机会的必然选择。日本、韩国等新兴经济体的经济腾飞都与政府积极吸引外资、承接产业转移的产业政策相关。此外，对于发达地区而言，通过政府规划，及时淘汰落后产能，转变传统发展方式，推进产业结构转型升级是保持发达地区经济可持续发展的保障。三是优化资源配置效率。由于现实经济中很难达到信息完全对称，因此，市场对于资源配置具有盲目性和滞后性，其中就会造成重复建设、过度竞争等资源浪费问题。通过政府宏观调控和科学规划，能够避免资源的错配和浪费。与此同时，对于落后地区而言，可能在多个产业发展方面都具有比较优势，这就需要政府通过制定相关规划及实施相应的产业政策，对区域经济有带动作用的主导产业及支柱产业进行扶持，规避重复建设和过度竞争，提升产业资源的利用效率。四是维护区域经济安全。产业转移不仅对于落后地区是重要的发展途径，而且对于发达地区能够通过“腾笼换鸟”优化经济发展模式，提升经济发展质量。而与此同时，产业转移中也可能带来转出区的经济增速调整、工人结构性失业，转入区的高污染环境问题，这些问题都需要政府的主体作用进行调整和规制。此外，涉及国家国民经济安全的产业也应由政府进行保护以防止国外企业控制的威胁。

第二，政府作用机制及手段方面：基于上述对于政府作用层面必要性的分析，在基于比较优势的产业转移活动中，政府应以提升资源配置效率为目标，以不缺位、不错位、不越位为约束，从规划引导、政策规制、环境营造等层面入手，具体的手段有以下几个方面：一是规划引导。政府在对区域经济发展状况、发展潜力以及要素禀赋等方面具有的比较优势进行系统分析的基础上，通过制定科学的产业发展规划，向扶持的企业提供例如税收减免、用地优惠、优化公共服务、简化行政审批、完善配套基础设施等优惠政策，促进区域之外相关企业通过跨区域投资或企业迁移的方式进入本区域发展。二是政策规制。政府规制的对象主要是不符合本区域发展规划的、高污染、不具有长期发展潜力以及关系区域经济安全的产业，以采取许可证、审批以及限额等方式，对上述产业在本区域内的发展进行限制，推动不符合本区域发展要求的企业逐步退出。但是，在政策规制中，需要注意的是落后区域规制的对象选择，若将限制的对象扩大为本区域的弱势产业，那么将限制其他企业进入而成为以地方保护为特征的政府干预，这样可能在短期内能够提升区域经济总量，但在长期来看，对于提升区域经济长期发展能力具有明显弊端。三是环境营造。政府在区域经济发展环境营造方面的作用包括硬件环境和软件环境两个层面，其中，硬件环境是政府在基础设施、教育、卫生、科研等领域进行投资，从而为参与产业转移的企业发展提供良好的硬件层面环境；软件层面是指政府强化服务意识，规范权力管理边界，并简化审批事项和流程，为产业提供较为宽松的发展环境和优质的政府服务。上述硬件环境与软件环境虽然与产业转移不是直接相关，但是对于承接产业转移具有长期稳定的重要作用。

（二）作用机制

由上文中对于产业转移的界定和内涵分析可知，比较优势是产业转移的直接动力和根本原因。而比较优势是区域中资源禀赋、区位条件、发展历史等多种要素的综合体现，因此，本部分将从不同层面对区域比较优势下产业转移的动因进行分析，这不仅能够直观地反映出产业转移的产生背景和驱动机制，而且将为后文中对于推动产业转移实现机理的分析奠定基础。

1. 生产成本比较优势是产业转移的内在驱动

区域生产成本比较优势主要包括产业发展中所需要的资本、劳动力、技术等生产要素的差异，是区域产业转移的根本原因和客观驱动。区域之间要素差异会使得产业在不同区域之间的布局具有明显的成本差异。相对于高成本区域而言，产业布局在具有比较优势的低成本地区将具有更低的成本和更大的收益。因此，这种由于区域之间要素差异而产生的产业布局的差异性，将转化为产业转移的直接驱动力。

为了更加直观地审视区域之间要素差异对于产业转移的驱动机制，本部分将通过构建相关模型，对这种驱动机制进行描绘和刻画。假设只有两个区域 A、B，只有两种产业即生产两种产品 Y_i 、Y_j ，在生产中需要投入一系列生产要素，但是其中只有一项是可变的，记为 T_1 ，其他投入要素合称为 T_2 。为了突出重点，简化分析过程，假设产业具有统一的生产函数 F，则产品的生产产量与投入要素之间的关系为：

$$Y_{i,m} = F(T_{1,i,m}, T_{2,i,m}) ; Y_{j,m} = F(T_{1,j,m}, T_{2,j,m}) ; (m = A, B) \tag{3—1}$$

在模型中，假设市场为完全竞争的，且产业生产函数相同，对于可以流动的要素 T_1 而言，要素边际生产率将决定要素回报率，而要素回报率将决定要素的投入量，那么，在两个产业中，T_1 要素的回报量应当是相等的，则有：

$$F'(T_{1,i,m}, T_{2,i,m}) = P_m F'(T_{1,j,m}, T_{2,j,m}) \tag{3—2}$$

在式（3—2）中，$F'(T_{1,i,m}, T_{2,i,m})$ 表示特定区域某一产业中 T_1 要素的边际生产率，P_m 表示特定区域中两个产业产品之间的相对价格。

图 3—1 为 T_1 要素投入产出的关系图。其中横轴为要素 T_1 的投入量，纵轴为产业中产品的产出量。曲线 F 为要素 T_1 的投入量与产量 Y 之间的函数关系，则曲线 F 的切线为要素 T_1 的边际产量，而从坐标原点到曲线 F 上某一点的连线即为要素 T_1 的平均产量。由于模型中假设两个产业是完全竞争的，在长期的发展中，对于区域中的某一产业而言，在外界条件不改变时，对于某一要素的投入量将达到一个均

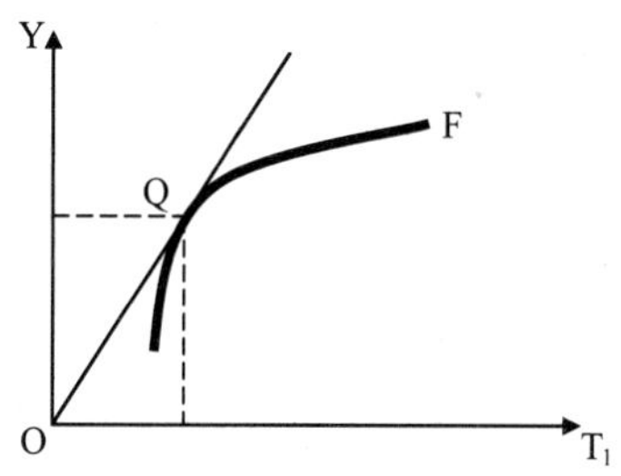

图 3—1　要素投入产出关系

衡状态，即达到要素的边际产量与平均产量相等，此时，新增加一单位要素带来的收益与原先全部要素投入得到的平均收益相等，鉴于要素边际报酬收益递减的规律，此时，在不考虑市场需求的假设下，产业将达到收益最大，此时，得到：

$$F'(T_{1,i,m},T_{2,i,m}) = F(T_{1,i,m},T_{2,i,m})/T_{1,i,m} \quad (3—3)$$

同理可得：$F'(T_{1,j,m},T_{2,j,m}) = F(T_{1,j,m},T_{2,j,m})/T_{1,j,m}$　　(3—4)

将式（3—3）与式（3—4）代入式（3—2），经过换算得到：

$$\begin{aligned} P_m &= F'(T_{1,i,m},T_{2,i,m})/F'(T_{1,j,m},T_{2,j,m}) \\ &= [F(T_{1,i,m},T_{2,i,m})/T_{1,i,m}]/[F(T_{1,j,m},T_{2,j,m})/T_{1,j,m}] \quad (3—5) \\ &= (T_{1,j,m}/T_{1,i,m})/[F(T_{1,j,m},T_{2,j,m})/F(T_{1,i,m},T_{2,i,m})] \end{aligned}$$

由式（3—5）中能够看出，区域中各产业的要素边际生产率之比等于要素在产业中的平均生产率，亦等于相对价格。

在前文对于产业转移的内涵界定中，提出本书研究的产业转移并不局限于传统意义上狭义的企业迁移，而是区域中产业生产布局的变化，具体来自于企业根据要素供给、市场需求等发展背景转变，实时做出的经营决策的改变。因此，其不仅包括传统意义上企业生产区域布局的转变，而且包括企业生产产品数量的变化，以及生产产品种类的改变。

基于上述内涵界定，在此，首先对特定要素资源布局下的区域中企业生产不同产品选择及数量决策进行分析。假设区域中两个行业生产中所需的某一可变要素资源为 $T_{1,m}$，则有：

$$T_{1,m} = T_{1,i,m} + T_{1,j,m} \tag{3—6}$$

由式（3—1）中，区域中生产两种产品 Y_i、Y_j 的产量分别为 $Y_{i,m}$、$Y_{j,m}$，将式（3—3）、式（3—4）代入，可得：

$$\begin{aligned} Y_{i,m} &= F(T_{1,i,m}, T_{2,i,m}) = F'(T_{1,i,m}, T_{2,i,m}) \cdot T_{1,i,m} \\ &= (T_{1,m} - T_{1,j,m}) \cdot F'(T_{1,i,m}, T_{2,i,m}) = T_{1,m} \cdot F'(T_{1,i,m}, T_{2,i,m}) \\ &- [F'(T_{1,i,m}, T_{2,i,m}) / F'(T_{1,j,m}, T_{2,j,m})] \cdot Y_{j,m} \end{aligned} \tag{3—7}$$

式（3—7）为模型假设的特定区域中的生产可能曲线，表示在特定区域中，两种行业的产品 Y_i、Y_j 之间存在以 $-F'(T_{1,i,m}, T_{2,i,m}) / F'(T_{1,j,m}, T_{2,j,m})$ 为斜率的函数关系。这就是说，在完全市场竞争条件下，要素在两个产业之间能够实现自由流动和自主配置，那么，在均衡状态中，产业将在生产费用最低点上进行生产，即为图 3—1 中的点 Q。而在这个调整过程中，市场将自觉地配置资源，假设当产业 i 生产产品过多而产业 j 生产产品有利可图，那么将会出现以下情况，一是产业 i 中的企业减少产量而产业 j 中的企业增加产量；二是随着调整程度的进一步加深，部分产业 i 的企业可能倒闭而产业 j 的企业会增加，或是部分产业 i 的企业调整为生产 j 产品的产业。上述两种情况均包含在本书所界定的区域内产业转移之中。

下面对区域之间产业转移的客观基础进行分析。假设区域 A、B 中要素 T 的含量分别为 T_A、T_B，存在 $T_A > T_B$，且 $P_{tA} < P_{tB}$，假设要素能够在区域之间自由流动，但是存在运输所需的冰山成本 P_{AB}，当 $P_{tA} + P_{AB} < P_{tB}$ 时，即当两地要素价格差异较大，且运输成本较小时，将会表现为以要素流动为主要形式，例如我国发展初期东西部地区之间的劳动力转移。但是，随着区域发展水平的进一步提高，区域之间要素差异逐步扩大，要素转移的边际成本逐步提高，当 $P_{tA} + P_{AB} > P_{tB}$ 时，将会出现以产业生产布局变化为表现的转移。

图 3—2 为区域之间要素比较优势下区域之间产业转移驱动图，在图中，LAC_A、LAC_B 为 A、B 地区产业的长期平均成本，它们是短期边际成本的包络线。对于 B 地区而言，起初该地区产品的价格为 P_{B1}，当 B 地区达到长期均衡状态时，产品价格会由 P_{B1} 下降到 P_{B0}，

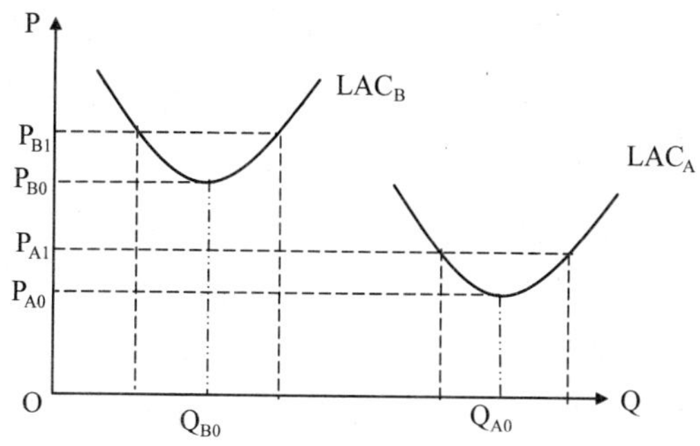

图 3—2　产业转移成本优势驱动

这时，生产成本在上述价格区间内的厂商将会被市场清出。而与此同时，对于区域 A 而言，由于其生产产品的要素资源富集，所以产业长期平均成本 $LAC_A < LAC_B$，由于具有成本优势，从区域 B 中转移出的企业在区域 A 能够获利，从而将增加区域 A 中产品的供给量，使供给曲线向右下方移动，从而实现了产业转移。需要说明的是，在最终均衡状态中，区域 A、B 的生产效率都将有所提高，由此可见，产业转移将提升区域整体的生产效率。

综上所述，通过上述模型分析能够看出，区域自身所具有的要素比较优势，将为区域之间的产业转移提供源源不断的动力支持。同时，需要指出的是，这里的要素不仅仅包含传统意义上的原材料、劳动力、资本，而且包含所有能够在产业生产投入中带来效益的要素，包含技术、管理等要素。此外，在本模型中，假设区域之间资源全部由市场机制配置，而在现实区域经济活动中，出于对本地区经济发展效益、就业压力以及考核体系中经济指标压力的影响，部分地区通过制造相关市场壁垒，保护地区内落后产能不被淘汰，这将为要素比较优势带来的产业转移驱动产生负效用。因此，在下一部分中将对交易费用层面比较优势对于产业转移的驱动机制进行分析。

2. 交易费用比较优势是产业转移的外在保障

在上节对区域生产成本比较优势驱动下产业转移模型分析中能够看到，在完全市场配置资源的前提下，区域间生产成本比较优势将对产业转移提供内在的驱动力。然而，在现实区域经济发展中，不仅区域之间在产业结构和产业发展方式方面存在较大差异性，而且区域之间在产业发展的交易费用方面也存在较大差异。当落后区域在产业发展配套条件、产业分工等方面处于不利地位时，将为产业转移提供负效应，这与生产成本比较优势带来的正效应相抵消。产业转移的最终结果将取决于这两种驱动效应的综合效果。因此，区域交易费用比较优势对于产业转移也具有重要的驱动作用。相对产业生产的直接投入要素而言，这些区域间交易费用层面差异对产业转移起到间接的外在作用。

结合本章在第一小节中关于交易费用比较优势的界定，在此，将生产成本之外影响产业在区域中发展的因素纳入交易费用影响因素，区域间这些因素的差异构成了区域交易费用层面的比较优势。在这一界定下，区域交易费用层面比较优势包含的内容众多，其中，对产业转移驱动效应最大、影响最直接的有以下几方面内容。

（1）区域发展条件

区域发展条件主要包含水、电、气、暖、交通、物流等产业发展基础设施。从产业发展来看，这些不仅是相关产业在转入区域立足的必要前提，也是相关产业可持续发展的根本保障。

从产业转移发展演进的进程来看，在短期中，产业在生产成本层面所具有的比较优势是产业转移的内在驱动，区域中良好的硬件、软件层面的产业发展配套条件能够产生相应的正效应，从而进一步推动产业转移的发展进程。然而，若产业发展配套条件不完善，那么在产业发展中企业需要花费额外的成本进行水、电、气、暖、交通、物流等硬件、软件层面的配套，这将为产业转移带来负效应。特别是当这种额外成本高于生产成本层面的比较优势时，将抵消要素比较优势带来的驱动效应，从而阻碍产业转移的进行。因此，突出区域自身发展特点，因地制宜，完善的产业发展配套条件能够有效地结合区域比较优势，从而推动产业转移的进程，实现产业转移的规模化和持续化。

（2）区域发展环境

区域发展环境主要包括产业园区规划、区域产业发展政策、社会文化、市场需求环境、人力资源及科研技术等内容。在本书的研究中，为了更加全面地分析区域发展环境所包含的内容，在分析中根据对产业转移影响的直接程度，将其划分为产业转移宏观发展环境和产业转移微观竞争环境。其中，宏观发展环境主要由区域中非正式制度与正式制度构成，非正式制度包含区域中社会文化、语言环境等，正式制度指区域出台的产业政策和法律体系环境。微观竞争环境主要包含区域能够为产业发展提供的科技服务、融资平台服务以及区域自身所具有的产业集群发展情况。

宏观发展环境包含非正式制度环境和正式制度环境。其中，区域非正式制度环境主要由社会文化、语言环境等要素构成。在社会文化差异中，市场化意识是重要的构成要素。现有大量研究表明，落后地区非正式制度供给不足，市场化意识淡薄，行政干预过多，是区域之间发展差距的成因之一。因此，若区域之间语言相通性高、文化差异小，则产业转移相对容易。例如我国香港之所以能够成为区域性中心城市以及世界的金融中心，这与英语在香港的普及有关。而由于文化的互通互融，香港企业的投资很多都会选择广东。同样，由于具有共同的文化背景和特殊的历史渊源，福建省在台湾对大陆投资中占有相当大的份额。现有相关研究表明，在现阶段东亚产业转移呈现出的雁行模式中，区域之间社会文化背景对于产业转移具有重要影响。区域正式制度环境主要包含区域法律环境和配套产业政策。区域法律环境包含区域法律的完善程度，这是区域中企业进行公平竞争的重要保障。而良好的区域配套产业政策能够提高企业市场预期，降低企业发展交易费用，促进产业转移的进程。

微观竞争环境主要指区域能够为产业发展中竞争力的提高而提供的发展环境，其中包括产业发展的科技平台服务、融资服务等，以及区域中产业集群的发展。近年来，落后地区日益认识到竞争环境对于推动产业转移、提升区域经济发展的重要性。例如陕西省立足于科技情报系统，构建跨企业、高校、科研机构的科技信息共享平台，其中不仅包含促进科技成果转化的信息共享平台，而且对于科研中所需的大型仪器设备也建立相关共享平台，这样将极大地降低企业研发成本[1]。此外，落后地区普遍采取建立经济技术开发区等形式的产业园区，通过相应政策倾斜和配套服务吸引企业投资落户，以期形成产业集聚，促进产业转移。但是在实际操作中，部分区域只关注于利用政策倾斜和配套服务将企业迁移至园区内，以短期园区经济总量提升评价园区发展状况。而产业集聚的核心并不是企业之间地理距离的拉近，而是要通过企业之间合作，形成虹吸效应和规模效应，提高资源的整合和产业链凝聚合作，这才是降低企业交易费用、提高竞争力、优化微观竞争环境的关键。

（三）实现机理分析

结合上述参与主体和内在机理层面的分析，本书认为由传统生产要素构成的生产成本层面比较优势是产业转移的内在推动，而由区域发展环境、发展条件构成的交易费用层面比较优势则起到了外在提升的作用，共同推进了产业转移的过程。在具体发展中，由企业和政府两个参与主体共同实现，其中，企业追求生产成本最小化、交易费用最小化和企业利润最大化，而成为产业转移的直接主体；政府则出于弥补市场失灵、推动区域经济总量及质量提升为目标，以规划引导、政策规制以及环境营造为作用手段，对区域交易费用层面比较优势进行干预，从而影响产业转移发展进程，总体实现机理如图3—3所示。

因此，对于地区发展而言，立足生产成本层面比较优势制定相应的产业发展规划，通过优化发展环境，提升交易费用层面比较优势，以承接产业转移，依托市场微观主体对于收益最大化的追求，能够获得最大的比较利益，从而利用资本积累突破纳克斯的“贫困恶性循环”，而在长期发展中，通过技术溢出、人力资源培育等方式，推动区域要素禀赋结构的提升和改善，以实现区域生产成本层面比较优势的优化，从而带动产业升级和地区经济的持续增长。

---

① 具体实践可参见相关报道：陕西新闻联播2014年7月24日，“陕西省科技资源统筹中心：为大型设备和企业牵线”，http：//news. ifeng. com/a/20140724/41297867_ 0. shtml；西部网2014年3月20日，“搭平台、给政策　加快科技资源统筹改革”，http：//news. cnwest. com/content/2014 - 03/20/content_ 10897315. htm。

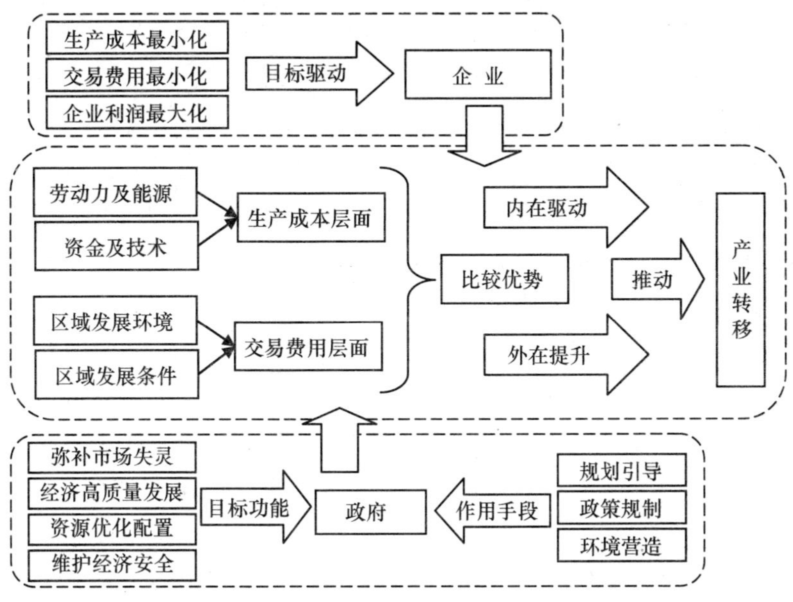

图 3—3　比较优势推动产业转移的实现机理

二　产业转移推动区域协调发展内在机理

在本小节中，仍采取上一小节的分析思路，即以参与主体、作用机制和实现机理三个层面分析产业转移与区域协调发展的相关关系。其中，在参与主体方面，在产业转移与区域协调发展中，参与主体由三部分构成，即宏观层面的中央政府、中观层面的地方政府以及微观层面的企业，而中观层面的地方政府又可分为产业的转出区政府和转入区政府。与此同时，对作用机制的分析中，也将对短期以及长期中，不同参与主体的作用机制和影响机制进行分析。综合参与主体与作用机制的分析，将总结归纳产业转移推动区域协调发展的实现机理。

（一）参与主体

在政治经济学理论中，经济活动包含生产、分配、交换、消费四个环节，劳动者、消费者等具有主观能动性的主体基于自身利益而推动了经济活动的运行。对于产业转移推动区域协调发展而言，对其具有推动作用的利益相关体构成了行为主体。相对于比较优势下产业转移中政府和企业共同构成的行为主体而言，由于区域协调发展是国家宏观层面的发展目标之一，其中中央政府与地方政府之间具有差异性的目标约束，因此产业转移下区域协调发展的主体应当由三部分构成，即宏观层面的中央政府、中观层面的地方政府以及微观层面的企业。其中，由职能分工来看，微观主体企业追求自身利益最大化，与追求本区域利益的地方政府共同推动了区域经济发展并为区域协调发展提供内部驱动，宏观层面中央政府以促进经济发展、社会稳定、民族团结为目标，通过各种宏观调控手段为区域协调发展提供外部约束；由组织结构来看，最上层是中央政府，通过权威的调控能力和资源配给方式，实现区域协调发展的实施战略及总体目标；中间层是地方政府，既是本区域经济发展的直接相关者，也受到中央政府的管理约束，就发展目标而言，既要推动本区域经济快速发展，同时也要完成中央政府宏观发展战略目标；最底层是企业，以追求自身利益最大化为目标，成为推动区域经济发展最直接的驱动力，由此可见，三层主体之间构成了自上而下的金字塔结构。在此，本节将分别对上述三类主体的特征及行为进行分析，以此更清晰地认识各主体在产业转移下区域协调发展中的作用和机理。

1. 宏观层面主体：中央政府

在西方经济学的研究中，政府是市场经济的“看门人”，职责和目的是消除市场失灵，实现资源配置的帕累托最优。但是，在现实中，政府不只做了市场经济监管者的角色，具体体现在，一是由于自身经济、社会、政治等多重职责目标的共同约束，导致政府不能单纯以追求经济效益作为行为准则，从而需要扮演经济运行干预者的角色，通过调节市场经济周期、制定经济社会发展目标战略、扶持新兴产业发展等方式，直接参与到具体经济运行之中；二是鉴于政府目标的多元化，导致政府在经济领域的具体决策中很难做到完全理性，也难以将交易费用最小化作为经济层面的衡量标准。因此，应当从目标利益约束的层面，对政府主体行为进行分析。

中央政府是管理全国整体事务的国家机构总称，集中掌握国家财政、经济、国防等职权。作为国家最高行政机关，中央政府具有统筹全国经济社会发展的权力和责任。对于我国而言，在宪法中明确提出"中华人民共和国国务院，即中央人民政府，是最高国家权力行政机关"，就职责权利方面"统一领导全国地方各级国家行政机关工作，规定中央和省、自治区、直辖市的国家行政机关职权的具体划分"，"遵循在中央统一领导下，充分发挥地方主动性，积极性的原则"。中央政府的目标驱动有两个方面，一是实现全国人民的经济、社会、文化、政治、生态环境等层面利益①；二是将各区域的具体管理事务分权给地方政府，并对地方政府进行约束和考核，这就形成了一种委托代理关系，在现有研究中，很多学者从中央政府与地方政府分权层面研究区域协调发展的相关问题。在此，本部分主要以中央政府对于区域协调发展的目标利益驱动出发，研究其在产业转移中的主体作用和行为。

就中央政府在区域协调发展中的目标驱动而言，主要有以下几个方面：第一，追求区域协调发展是保证国家经济平稳发展的基础。我国作为处于社会主义初级阶段的发展中国家，经济建设是我国现阶段及未来很长时间内的重要发展目标。而对于中央政府而言，不仅需要考虑全国经济总量的提升，各区域经济发展水平的共同提升也是需要考虑的一个重要方面。从长期来看，区域之间过大的发展差距会造成生产要素过度集聚，不利于宏观经济的平稳增长。第二，区域协调发展有助于推动社会和谐、政治稳定及民族团结。我国宪法规定我国公民具有平等的权利，而由于区域经济发展差距造成的区域间在公共服务、基础设施等方面差异过大，阻碍了公民享有平等的权利，此外，许多少数民族集聚区都处于经济欠发达地区，区域之间过大的发展差距也不利于政治稳定和民族团结。第三，区域协调发展是社会主义国家的必然选择。在区域发展初期，借鉴增长极的发展模式，采取政策

① 在中国政治体制中，中央人民政府受全国人民代表大会委托以实现全国人民利益，具体工作包含宪法中所列出的"领导和管理经济工作和城乡建设；领导和管理教育、科学、文化、卫生、体育和计划生育工作；领导和管理民政、公安、司法行政和监察等工作；领导和管理国防建设事业；领导和管理民族事务，保障少数民族的平等权利和民族自治地方的自治权利"等内容。

倾斜资源集中的方式让一部分地区先行发展。而在先行发展地区快速发展，国家区域间发展差距不断扩大的背景下，单凭市场机制很难实现区域经济的协调发展，同时在区域竞争和利益分割约束下的地方政府也难以起到协调发展推动者的作用，这就需要中央政府发挥主体作用，与此同时，社会主义"解放生产力、发展生产力、消灭剥削，消除两极分化，最终达到共同富裕"的本质也要求中央政府发挥主体责任，推动及实现区域协调发展。

要实现区域协调发展，产业发展是重要支撑。无论是经济欠发达地区实现经济跨越式发展，还是经济发达地区利用"腾笼换鸟"① 实现区域经济可持续发展，都需要依托产业发展。而利用产业转移②，不仅能发挥经济欠发达地区具有的比较优势，培育内生发展能力，而且能够推动经济发达地区的经济结构升级和经济发展方式转型，优化持续发展动力，从而达到区域经济发展差距的动态缩小，最终实现区域协调发展。就中央政府而言，其中的主体作用有直接影响和间接干预两部分，直接影响是指中央政府通过财税政策、产业政策、环境政策以及项目扶持、转移支付等方式直接干预影响现有区域经济发展和产业格局，推动区域间产业转移；间接干预是指中央政府利用委托代理关系，通过出台相应政策法规和绩效考核方案，以调整地方政府的利益目标，激励和约束地方政府为推动产业转移，促进区域协调发展而调整原有区域利益驱动下的政府行为。

2. 中观层面主体：地方政府

地方政府是相对于中央政府而言的下一级行政机构。由于中央政府的管理范围覆盖全国，管理事项纷繁复杂，很难凭借自身力量做到事无巨细管理地方具体事务，由于过高的管理成本，就需要委托地方政府进行分区域的具体管理。在此，对产业转移下区域协调发展中地方政府主体的分析中，仍将从地方政府的目标利益驱动出发，分析其

---

① 2014年3月6日习近平总书记在十二届全国人大会议参加广东代表团审议时，关于全面深化改革、优化产业布局、促进经济结构调整问题用了"腾笼换鸟"这四个字。

② 这里的"产业转移"是在本章第一小节中所界定的，以区域间产业生产能力变化为标志，其中包括企业迁移、跨区域投资等多种方式。

具体的主体行为。

地方政府的目标利益取决于其在经济运行中所扮演的角色，在以我国为例的中央集权制的政治体制下，地方政府所扮演的角色有三个方面，其一是中央政府所委托管理特定区域的代理人，区域中各项具体事权都由地方政府承担，特别是在行政分权和财政包干之后，赋予地方政府更大的行政空间和权利。其二是同级政府之间区域利益格局的竞争者，在现行的财政包干制度下，出于保障本区域内各项公共服务事业的基本支出和居民福利的目的，各地方政府在提升区域经济总量、扩大财源方面具有巨大的动力，从而形成地方政府之间的竞争。此外，中央政府下放行政职权的同时，却掌握着地方政府绩效考核和人事权，在这种委托代理关系下，各地方政府之间将形成激烈的竞争关系，这种竞争不仅体现在地方政府对于绩效考核之中具体指标数据的竞争，而且还表现为地方官员为仕途晋升而产生的竞争①。其三是区域内各微观经济主体的代表人，地方政府有维护区域内企业、公民等微观个体的责任和义务，具体而言，这表现在推动区域经济总量提升、公共服务水平及社会福利提高等方面。综上所述，地方政府在经济运行中扮演着多重角色，也具有不同的利益目标驱动。张可云（2001）指出，纵向的政府关系表现出的是政治和行政意义，横向的政府关系则表现出的是经济利益②。

结合上述对于地方政府政治和经济角色分析，在产业转移推动区域协调发展的进程中，地方政府可能会有正向推动和反向阻碍两方面的行为。其中，正向推动行为包括以下几个方面，其一是从地方政府间的经济竞争来看，基于对区域经济利益的追求，地方政府迫切需要利用产业为媒介将本区域的比较优势转化为经济效益，因此地方政府

① 周黎安将这种地方政府之间的竞争称为“政治锦标赛”，之后，何智美和王敬云、周飞舟等学者对其进行了进一步研究。可参见周黎安《晋升博弈中政府官员的激励与合作》，《经济研究》2004 年第 6 期；何智美、王敬云《地方保护主义探源——一个政治晋升博弈模型》，《山西财经大学学报》2007 年第 5 期；周飞舟《锦标赛体制》，《社会学研究》2009 年第 5 期。

② 张可云：《区域大战与区域关系》，民主与建设出版社 2001 年版，第 137—140 页。

会充分发挥主体作用和主观能动性，利用各种政策手段提升自身优势，推动产业转移，提升自身经济发展水平；其二是从中央政府与地方政府委托代理的政治关系来看，结合中央政府的主体行为分析，其具有推动区域协调发展的目标驱动，在此背景下，中央政府通过绩效考核评价及人事权督促地方政策采取相应具体举措，推动产业转移，以带动区域经济总量增长和质量提升。在反向作用方面，主要也体现在经济竞争和政治关系两个层面，其一，地方政府之间经济层面的竞争可能导致区域中形成地方保护主义，割裂经济一体化和全国市场的整体性，此外，由于地方政府竞争会导致区域间经济合作缺乏，生产要素无法实现最优配置，从而导致价格扭曲、重复建设及过度竞争，也将导致无效率。沈立人、戴园晨将这种地方政府间的竞争称为“诸侯经济”，并对这种竞争下的弊端进行梳理和总结，认为主要表现为短平快、重复建设、相互封锁和随机干预等四个方面[①]。杨灿明从条块经济割据、经济结构趋同的角度对地方政府竞争的影响进行分析[②]。其二，从政治关系上来看，与地方政府绩效考核及官员政治前途相联系的“政治锦标赛”，导致地方政府偏重于在绩效考核指标体系上下工夫，而忽视绩效考核指标难以顾及的区域经济联系、经济可持续发展能力等方面的建设，这对于推动产业转移、实现区域协调发展具有反向阻碍作用。

3. 微观层面主体：企业

在本节中，将企业作为产业转移推动区域协调发展的微观主体进行分析，而这里的企业是指包含所有生产者在内的市场运行微观主体的集合。在市场经济中，政府应当作为经济运行的监管者，而不是参与者。在经济运行中，市场在资源配置中起到决定性作用[③]，这就要

① 沈立人、戴园晨：《我国“诸侯经济”的形成及其弊端和根源》，《经济研究》1990 年第 4 期。

② 杨灿明：《地方政府行为与区域市场结构》，《经济研究》2000 年第 11 期。

③ 在党的十八届三中全会中做出的《中共中央关于全面深化改革若干重大问题的决定》中，将“市场在资源配置中起基础性作用”转变为“市场在资源配置中起到决定性作用”。

求微观层面的企业成为经济活动的主体。刘小玄指出企业作为市场经济活动的主体，市场均衡都是由企业的具体行为所实现的[1]。

在企业的目标利益驱动方面，最常见以及最具有普遍共识的是对利润的追求。在亚当·斯密理性人的假设下，在对微观市场中的经济活动进行分析时，将企业看作一个单纯追求利润最大化的个体，在完全理性的情况下，通过短期和长期的平均成本，进行资源调配，产量调节以及价格调整。随着企业分工的逐步细化以及产业链的延伸，学术界将研究关注点放在企业规模方面，特别是以科斯《企业的性质》为标志，将对于交易费用最小化的追求作为契约性企业的目标。随着研究假设的进一步放宽，在信息非完全对称的市场经济中，对于有限理性的企业而言，在现有信息下做出最优选择和决策是具体目标。由上述分析可见，虽然对于企业目标利益的分析观点有一定的差异，但是其中也具有一定的共性，即无论是完全市场下的利润追求，还是有限理性下的具体决策，或是契约性企业中的交易费用最小化，都是从企业自身利益而考虑的，而企业这种基于自身利益的决策是根据外部环境的差异性而改变的。

结合上述对企业目标利益的分析，企业作为微观主体在产业转移下区域协调发展中的行为有以下几个方面：其一是对于企业而言，追求自身利益是本质目标，而对于区域经济增长以及区域经济利益格局变化中的效应只是企业在正常市场经济活动中的“副产品”。这种“副产品”的效应既可能是推动企业生产进一步集中的极化效应，也可能是向外扩散的涓流效应，对于区域而言，既可能推动区域间经济贸易联系的加强，实现区域间经济发展水平共进的双赢，也可能使区域之间发展差距不断扩大。在这种条件下，只能通过外部环境及政策调控对企业的这种不确定的“副产品”效应进行引导，使其发挥正向作用。其二是对从产业角度而言，追求交易费用最低成为企业在产业分工以及区位选择中所考虑的重要因素之一。在第二章关于产业转

① 刘小玄：《中国转轨经济中的产权结构和市场结构——产业绩效水平的决定因素》，《经济研究》2003 年第 1 期。

移的文献综述中，克鲁格曼的中心—外围理论认为企业区位选择有三种模式，即市场接近效应、原料产地接近效应以及拥挤效应，在上述效应的综合作用下，结合交易费用最小化的目标约束，企业依然会做出在本地扩大生产或在外地转移生产两种决策，同时对于区域而言也会造成原有发达区域经济优势进一步扩大，或者原有欠发达区域赢得发展机会，区域经济利益格局改变两种效果。而这两种效果的具体实现取决于区域自身比较优势以及外部政府主体行为的引导。

（二）作用机制

回顾本章第一节中对于区域协调发展的界定，区域协调发展不仅包含区域横向之间经济发展差距的逐步缩小，而且包含区域纵向层面自身发展质量的提高。就本书所界定的产业转移而言，是指区域之间特定产业生产能力变动的过程，从产生的效用来看，包括空间和时间两个层面因素，其中，空间层面是指产业转移中对于产业转出区与转入区之间不同的效应；时间层面是指产业转移对于所涉及区域的效用而言，可以分为短期效用与长期效用，并且效用之间存在差异性。在上述界定的基础上，在此将采用包含空间效应和时间效应的双维分析框架，对产业转移的效应进行分析，以考察与区域协调发展的理论机理。

1. 产业转入区效应

关于产业转入地效用的研究是学术界关注的热点之一，而在传统研究中，大多从产业转移的正效应和负效应的角度进行分析，从而提出支持或驳斥产业转移的相关观点。本书以时间层面的视角，从短期和长期分析产业转移对于产业转入区的效应。其中，就短期而言，具有经济总量提升、技术溢出、产业集聚等效应，就长期来看，具有制度优化、竞争引致以及低端价值链锁定、资源阻碍等效应。

（1）短期层面

第一，经济总量提升效应。经济总量提升是产业转入区所追求的重要目标之一，同时也是产业转移区域层面的驱动来源。产业转移的基础是转入区所具有的比较优势，即转入区在自然要素、劳动力等对区域间分工和贸易起到基础性决定作用的内生变量与外部要素方面具有相对的优势。在经济运行现实中，如何利用这种比较优势，将其转变为经济发展，就需要产业作为媒介。作为区域产业转移的产业转入区而言，在比较优势基础上承接产业转移，不仅能够充分利用具有比较优势的资源要素，而且能够提升原有资源要素配置的效率，提升经济发展速度，此外，通过产业转移带来的基础设施、配套服务等层面的基础设施建设也能够利用产业链延伸效应带动地区经济发展。综上所述，对于区域经济发展总量的追求是产业转入区积极承接产业转移的根本动力。

第二，技术溢出效应。在新经济增长理论中将技术进步作为经济增长的内生变量。在产业转移的进程中，通常从处于高梯度的发达地区向低梯度的落后地区转移。在这种区域间的产业转移中，为产业转入区将带来技术溢出效应，具体体现在以下几个方面，一是从区域的角度来看，产业转移中为产业转入区带来先进的生产技术，通过在区域内的逐步模仿消化和借鉴吸收，从而产生区域后发优势，推动区域经济发展；二是从企业的角度来看，通过产业转移能够为转入区域带来先进的发展方式、经营理念、管理技术、品牌效应，从而为区域经济发展提供持续的发展动力；三是在区域产业转移的过程中，通过对区域产业链产业的带动效应，推动上下游产业技术水平的共同提升，从而带来更为广泛的技术溢出效应。

第三，产业集聚效应。产业集聚效应的成因有两个方面：一是政府主导型，即产业转入区政府为了吸引产业转移，在本地区比较优势的基础上，制定相应产业发展规划，对特定产业的发展进行扶持，以吸引相关产业转入该地区从而形成产业集聚，此外，政府还通过建立特定主体的产业园区，例如陶瓷产业园区、化工产业园等形式，从硬件层面推动产业集聚的形成；二是企业自发型，即随着产业转移的发展，带来的要素投入和技术溢出会吸引产业链上下游产业向其集中，以实现最小化交易费用的目标，在这种驱动下，最终将实现以转入区相关产业为中心的产业集聚。这种产业集聚效应能够为产业转入区带来以下几个方面的作用：其一是前向带动效应，即产业转移能够将先进的技术以及资本同转入区具有的基本生产要素相结合，从而提升资源利用效率，产生规模效益，降低生产成本；其二是后向带动效应，是指产业转移能够在产业转入区中增加特定产业生产中的要素投入，从而使供应相关投入品的产业获得发展机遇；其三是旁侧带动效应，即产业转移中转入区中产业链的发展和集聚将带动配套产业的发展，例如服务业、建筑业以及咨询行业等相关产业，从而推动区域经济总量的发展。

（2）长期层面

第一，竞争引致效应。产业转移中对于产业转入区的竞争引致效应表现在两个层面：其一是在区域层面，产业转移能够将产业转入区的资源禀赋比较优势与先进的技术及资金相结合，通过短期效应中产业集聚带来的前向带动、后向带动以及旁侧带动三个层面效应，充分利用区域比较优势，转变原先资源配置中价格扭曲及低效率的情况，通过在资源要素利用中的竞争引致效应，提升区域经济发展水平；其二是在产业层面，产业转入区通过产业转移，承接具有先进生产技术和管理水平的企业进行生产，将打破原有区域中相关产业生产低效率均衡状态。同时对于原有区域的企业而言，为了争夺市场，面对产业转移带来的竞争，必须提升生产率，采取新技术，创新生产方式，提升自身竞争力。综上所述，通过竞争引致效应带来的在资源配置以及市场争夺方面的竞争效应，不仅将提升产业转入区原有产业的竞争力，而且将提升区域经济发展的整体实力。

第二，制度优化效应。产业转移中对于产业转入区的制度优化效应体现在两个方面：一是从正式制度的角度来看，在区域比较优势中，不仅包含直接生产要素层面的优势，而且包含产业发展环境层面的优势。在产业转入区对于承接产业转移、发展本地区经济具有强烈驱动和意愿的背景下，就会通过优化投资环境来提升本地区在产业发展环境层面具有的比较优势，其中包含缩减审批事项、简化办事流程、减免税收等具体形式。而这种正式制度的改变不仅有利于吸引产业转移，而且对于本地区产业的发展也有积极的推动作用。二是从非正式制度层面来看，产业转移不仅能够为产业转入区带来经济效应和技术效应，而且能够改变落后地区存在的小富即安、小农经济思想以及缺乏创新、经济意识欠缺等非正式制度层面问题，而这些也正是阻碍地区经济发展的关键因素。因此，产业转移能够为产业转入区带来正式制度及非正式制度层面的优化效应。

第三，低端价值锁定效应。产业转移中对于产业转入区的低端价值锁定效应体现在以下几个方面：一是在产业分工方面，在传统产业转移中，通常是将处于价值链低端的产业进行转移，一般附加价值较低，在短期内对于提升产业转入区的经济总量有较大帮助，但是在长期来看，由于转入的企业出于保持自身高利润的目的，会采取对核心技术进行保护的措施，从而限制技术溢出效应。若缺乏政府层面的外部干预，将导致区域长期处于产业分工的末端。二是在资源使用方面，由于产业转入区一般具有资源相对富裕、价格较低的特点，从而在产业转移中可能会承接一些高投入、高污染产业，并且在产业具体生产中忽视环保、技改和可持续发展，从而在短期经济蓬勃发展背后造成区域资源浪费和环境污染。由上述分析得出，若产业转入区的地方政府缺乏对产业发展的长期规划，在单纯市场机制作用下将陷入低端价值锁定的困境之中。

第四，资源阻碍效应。资源阻碍效应最初是指具有资源富集优势的区域，通常在长期发展中，会陷入资源利用的怪圈，反而经济发展不如资源贫瘠的地区①。对于产业转出区而言，在产业转移中，资源要素层面的比较优势是区域经济发展的原始动力，产业转出区若长期处于产业低端加工的分工状态，则只能获得资源的较低要素报酬，无法获得可持续发展和跨越式发展。这就需要以动态发展的视角评判区域具有的比较优势，随着区域经济发展和人民生活水平提高，区域中

---

① 亦称为“资源诅咒”（Resource Curse）、“荷兰病”（Dutch Disease），在现实发展中包括尼日利亚、委内瑞拉以及众多海湾地区产油国，都出现过度依赖自然资源，而拖累经济增长速度，影响经济可持续发展的现象。关于产业转移中落后地区的资源诅咒现象，可参见胡援成等、姚予龙等、安虎森等学者的研究。可参见胡援成、肖德勇《经济发展门槛与自然资源诅咒——基于我国省际层面的面板数据实证研究》，《管理世界》2007 年第 4 期；姚予龙等《中国资源诅咒的区域差异及其驱动力剖析》，《资源科学》2011 年第 1 期；安虎森等《技术创新与特定要素约束视域的“资源诅咒”假说探析——基于我国的经验观察》，《南开经济研究》2012 年第 6 期。

生产要素供给和市场需求都会发生改变，这时，需要地方政府及时对区域中主导产业进行引导和规划，以避免陷入资源阻碍效应，保持区域可持续增长。

2. 产业转出区效应

对于产业转移中的产业转出区而言，在短期内可能具有经济增速受阻、产业空心化、失业困境等效应，但是在长期来看，具有提升资源利用效率、推动技术革新、优化产业结构以及提升竞争力等效应。

(1) 短期层面

第一，经济增速受阻。在产业转出区中，部分转移出的产业曾经是区域经济发展的重要支柱，虽然在现阶段的发展中不具有比较优势，但是在宏观经济体系中仍然占有一定的份额，由于原有经济中产业的向外迁出，必然会导致本区域原有经济发展水平受到影响。特别是原有产业迁出，而新兴经济增长点尚在孕育时，就会造成产业发展衔接不畅，出现经济发展的“换挡期”。对于以区域经济发展总量为评价指标的地方政府而言，虽然这种经济增长速度的调整是短期的，但是仍会产生抵触，从而阻碍区域间产业转移。

第二，产业空心化效应。产业空心化是指随着对外直接投资的发展，地区中的特定产业向外部转移发展而造成本地产业发展的萎缩和弱化现象。现有研究认为，在我国传统以制造业为中心的经济发展体系中，当制造业通过对外转移投资或企业迁移的方式向其他地区转移时，不仅会造成相关资本、生产要素等生产资料同时转移，而且会造成本地区物质生产和非物质生产之间的失衡①。但是，产业空心化并不是产业转移中的必然结果，只是在短期内由于向外转移的速度和规模不合理，转出区中产业成长效应逐步小于对外转移效应时才产生的。

第三，失业困境效应。在产业转出区中向外转移的产业大多属于要素投入密集型产业，伴随着产业转移，会造成原先产业以及产业链

① 可参见郑胜利等学者研究［郑胜利：《谨防产业转移造成产业空洞化》，中国宏观经济信息网（中宏特稿），2008 年 7 月 11 日，http：//www. macrochina. com. cn/zhtg/20080711091140. shtml］。

各环节中就业岗位的流失，从而导致大量失业。与此同时，产业转出区中取而代之的新兴产业通常为技术密集型产业，在就业岗位提供上，特别是对低端劳动力岗位上的需求会减少，从而造成产业转出区的失业困境。但是，这个失业困境也是在短期内存在的，原因有以下几个方面：一是大多产业转出区中自身并不具有劳动力层面的比较优势，之所以能够持续发展不具有比较优势的相关产业，就来自于外部要素的吸引和集聚，随着产业转移，劳动力等相关生产要素会伴随同步进行转移，因此不会体现在失业率的问题上；二是从长期来看，劳动者为了适应产业转出区中新型的劳动力需求要求，而产生内生自发的驱动来提升劳动技能和自身素质，与此同时，政府及社会力量的外部辅助性的培训能够为劳动者的技能素质提升提供帮助，在上述两方面的共同作用下，在长期中不仅不会造成短期中的失业困境，而且还能够提升区域中劳动力素质和就业结构。

（2）长期层面

第一，资源利用效率提升。在本章第一节中关于比较优势的内涵分析中认为，区域比较优势应当是动态发展的，而基于比较优势发展的产业在初期能够获得较高的发展增速，但是，随着比较优势的动态变化，当原有生产要素比较优势不存在时，原有产业即成为衰退产业。这时，对于区域而言，从长期发展层面来看，将衰退产业向外转移，引进符合比较优势的新兴产业发展所获得的收益，要优于通过外部要素注入或高投入技改维持原有产业生命周期①。在产业转移的过程中，对于产业转出区而言，在长期看来，原先产业转出所释放出的大量生产资源和要素，能够被具有比较优势的新兴产业更加高效地利用，从而不仅为新兴产业的发展提供更大发展空间，而且能够为区域经济可持续发展提供动力。

第二，技术革新效应。从产业层面看，在产业转出区中随着经济

① 这一论断在我国东部发达地区现阶段采取的“腾笼换鸟”政策中得到佐证（2014年3月6日习近平总书记在十二届全国人大会议参加广东代表团审议时，关于全面深化改革、促进经济结构调整问题用了“腾笼换鸟”这四个字）。

发展速度的加快，要素使用成本也在不断上升。在此背景下，原先区域中依靠传统生产方式进行生产的企业将面临市场竞争的选择和考验。若区域中不具有比较优势，那么企业将进行产业转移，并将原生产过程中的生产要素释放给区域中新兴产业，若通过技术改造能够维持比较优势，那么将推动原先产业中的整体技术水平提升。从区域层面来看，在产业转出区的产业转移中，通常转移出的产业都具有要素投入密度大、不具有比较优势的特点，而区域中新培育的产业通常在技术研发方面具有优势。在产业转出区土地、能源等要素总量约束的条件下，产业转移将为新兴产业提供更大的发展机遇，从而提升区域技术水平。

第三，产业结构优化效应。区域中产业转移的一般规律是将丧失比较优势的产业转移到具有比较优势的地区，为新兴产业提供发展空间①。而新兴产业的发展能够增加产业附加值，提升区域产业链分工地位，优化区域产业结构。从国际发展经验来看，纵观自 20 世纪 70 年代开展的四次国际产业转移浪潮，产业转移的对象从劳动密集型、资本密集型、知识技术密集型逐步升级②，而产业转出区的产业结构也从产业间和产业内两部分得到升级，其中产业间结构的升级表现在区域中劳动和资本密集型产业逐步降低，知识和技术密集型产业比重逐步提高；产业内结构的升级表现在产业中生产工序环节在区域中占比降低，研发环节在区域中占比提升③。

第四，区域竞争力提升效应。从产业发展的角度来看，面对产业转出区中不断提升的要素使用成本和市场竞争压力，区域中的产业必须寻求突破转型，利用整体转移或将生产环节转移等方式，优化生产结构，提升自身竞争力，而产业竞争力的提升将带动区域整体竞争力的提升；从区域发展的角度来看，对于产业转出区而言，在产业转移

① 参见叶琪《我国区域产业转移的态势与承接的竞争格局》，《经济地理》2014 年第 3 期。

② 参见潘悦《国际产业转移的四次浪潮及其影响》，《现代国际关系》2006 年第 4 期。

③ 参见孙浩进《国际产业转移的历史演进及新趋势的启示》，《人文杂志》2011 年第 3 期。

中，能够通过将不符合区域比较优势的产业向外转移，不仅能在生产要素层面提升要素的使用效率，实现劳动者素质和就业结构的优化升级，而且能够推动区域内产业的技术水平提升，此外，还能够优化区域产业结构。通过上述效应的共同作用，从长期来看，将提升产业转出区的区域竞争力。

（三）实现机理

通过上述从时间和空间两个维度对区域产业转移的效用进行分析能够看到，对于产业转入区而言，在短期内，具有经济总量提升、技术溢出及产业集聚效应，在长期中，具有竞争引致、制度优化、低端价值锁定以及资源阻碍效应（见图 3—4）。其中，短期内主要是促进区域经济增长的正效应，但值得注意的是，在长期中具有的低端价值锁定和资源阻碍效应将对产业转入区的经济持续发展造成阻碍。对于产业转出区而言，在短期中，具有经济增速受阻、产业空心化、失业困境等效应，在长期中，具有资源利用效率提升、技术革新、产业结构优化、区域竞争力提升等效应。其中，短期内主要是影响经济增速的负面效应，在其综合作用下，产业转出区将经历经济发展的“换挡期”，而在长期中，产业转移将为产业转出区带来多重方面的正效应，以提升区域经济综合竞争力，推动经济可持续发展。综合上述分析结论，结合区域协调发展在时间和空间层面协调的具体要求，产业转移推动区域协调发展的实现机理主要体现在以下几个方面。

其一，产业转移是短期内缩小区域经济发展差异的有效途径。根据纳克斯的“贫困恶性循环理论”，落后地区中资本缺乏是阻碍地区经济增长的主要约束，而通过产业转移，不仅能使落后地区基于自身比较优势获得最大的比较利益和资本积累，而且能够吸引外部转移投资，从而使落后地区利用“循环累计因果效应”，实现产业集聚，推动地区经济增长，具体推动机制如图 3—5 所示。与此同时，对于以发达地区为主体的产业转出区而言，产业转移在短期内对经济发展具有增速受阻、产业空心化以及失业困境等不利影响。在产业转移对于产业转出区和转入区所具有的正反两方面作用的共同作用下，短期内，区域之间经济发展差距将呈现出缩小的趋势。

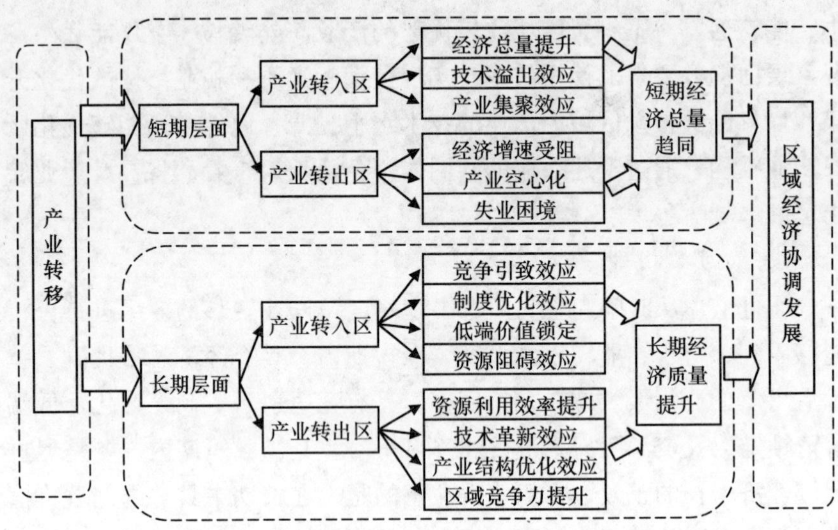

图 3—4　产业转移推动区域协调发展的实现机理

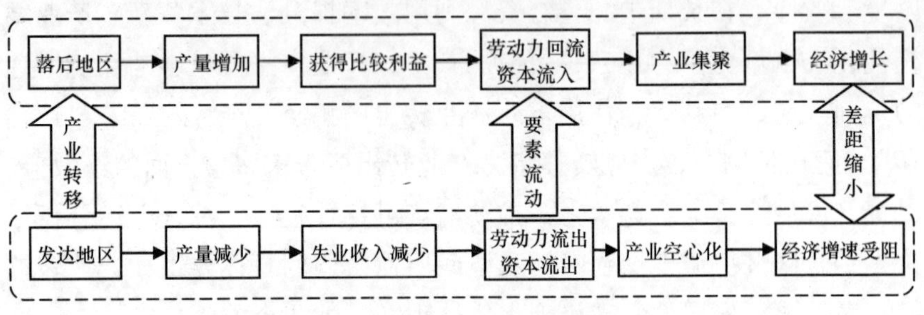

图 3—5　产业转移对区域经济发展短期作用机制

其二，产业转移是长期中推动区域经济发展质量提升的可行方式。在长期看来，产业转移对于产业转入区与转出区也具有不同的影响作用。首先，对于产业转入区而言，不仅具有能够改变区域经济运行和市场竞争状态的竞争引致效应，而且还能够通过正式制度和非正式制度层面的优化以改变区域经济的发展环境，为区域可持续发展提供动力。但与此同时，也要看到，产业转移对于转入区的长期经济发展也具有低端价值锁定和资源阻碍等弊端，这就需要地方政府发挥主体作用，全面动态地考量区域比较优势，利用合理产业规划和有效发展引导、规避上述弊端[①]。其次，对于产业转出区而言，虽然在短期中由于产业转移可能造成经济增速放缓，但是，在长期发展中，不仅能在生产要素层面提升要素的使用效率，实现劳动者素质和就业结构的优化升级，而且能够推动区域内产业的技术水平提升和产业结构的优化升级。通过上述正面效应的综合作用，为提升区域经济发展质量、推动区域经济可持续发展提供动力支持。

其三，产业转移是加强区域间经济发展联系的重要渠道。中国改革开放的总设计师邓小平指出："我们的政策是让一部分地区先富起来，以带动和帮助落后的地区，先进地区帮助落后地区是一个义务。"[②] 发挥先进地区带动作用的前提和基础是加强区域间的经济发展联系，而产业转移正是增强区域之间发展联系的重要渠道，具体表现在以下几个方面：一是产业转移能够强化区域间在产业中的分工，提升经济活动中的协作意识。在产业转移的作用下，各区域会更加重视本区域中比较优势的发挥和协作利益的获得，这将进一步推动区域间的经济联系。二是实现区域间产业转移的基础是打破区域之间市场的封闭垄断以及生产要素的行政障碍[③]。因此，通过产业转移能够强化区域间的经济发展联系，从而充分发挥发达区域的带动作用，推动区域协调发展。

其四，市场机制是以产业转移推动区域协调发展的实现基础。市场机制体现在两个方面：一是在市场主体的作用方面，作为微观市场主体的企业，以追求自身收益最大化为目标，在追求自身利益的同时，成为推动地区经济增长的主体。因此，发挥微观主体的作用，能够优化资源配置，提高经济发展效率。在党的十八届三中全会中做出的《中共中央关于全面深化改革若干重大问题的决定》中，将"市

---

① 因为单凭市场机制的作用，产业转移会对产业转出区及转入区的经济发展产生一些负面效应，若不依靠政府主体的调控作用，将阻碍区域协调发展，因此，本部分中将市场机制与政府调控的作用纳入"产业转移与区域协调发展的内在机理"中进行分析。

② 原文可见：邓小平于1985年10月23日会见美国时代公司组织的美国高级企业家代表团讲话，北京：人民网，http：//cpc. people. com. cn/GB/34136/2569304. html。

③ 蒋寒迪：《产业转移与区域协调发展的思考》，《中国井冈山干部学院学报》2006年第3期。

场在资源配置中起基础性作用”转变为“市场在资源配置中起到决定性作用”[①]，这也进一步凸显了市场在资源调配中的作用。二是在对于政府主体的作用方向方面，政府在产业规划的制定中，应基于区域实际，发展具有比较优势的相关产业，以获得最大化收益和资本积累，若发展依赖于不具有比较优势要素的产业，则不仅需要政府依托大量补贴维持发展，而且也可能陷入“梅佐乔诺陷阱”[②]。因而政府的作用方向应集中于提升发展条件、优化发展环境、降低产业发展交易费用层面。此外，在《国务院关于中西部地区承接产业转移的指导意见》（国发〔2010〕28 号）中要求，“坚持市场导向，遵循市场规律，尊重各类企业在产业转移中的主体地位”[③]。因此，充分发挥市场的主体作用，将使产业转出区与转入区之间形成分工合理、特色鲜明、优势明显的产业分工体系，实现区域间的有效互动，推动区域协调发展。

其五，政府调控是以产业转移推动区域协调发展的重要保障。首先，就必要性而言，产业转移对于产业转出区和转入区在短期及长期经济发展中具有部分负面效应，具体表现在对于产业转入区而言，长期内具有低端价值锁定和资源阻碍效应等弊端，对于产业转出区而言，在短期内具有产业空心化和失业困境等负面效应，这要求政府发挥主体作用，通过有效宏观调控进行规避。其次，就可行性而言，对于产业转移转入区和转出区的地方政府，以追求地区经济发展和官员政治收益为目标，对产业转移具有正向驱动和反向阻碍的双重作用。而宏观中央政府以区域协调发展为目标，通过宏观调控以及制度规制约束中观层面地方政府的行为[④]，利用对区域产业发展进行有效规划，

---

① 原文可见《中共中央关于全面深化改革若干重大问题的决定》，人民出版社 2013 年版，第 3—6 页。

② 可参见蔡昉《谨防“梅佐乔诺陷阱”》，《中国改革》2010 年第 1 期；蔡昉《区域发展警惕“梅佐乔诺陷阱”》，《中国经济导报》2010 年 12 月 18 日。

③ 原文可见《国务院关于中西部地区承接产业转移的指导意见》，人民出版社 2010 年版，第 1—3 页。

④ 在本书第五章第一节中，将通过构建博弈模型，对中央政府基于区域协调发展目标约束，规制地区政府承接产业转移的竞争行为进行分析。

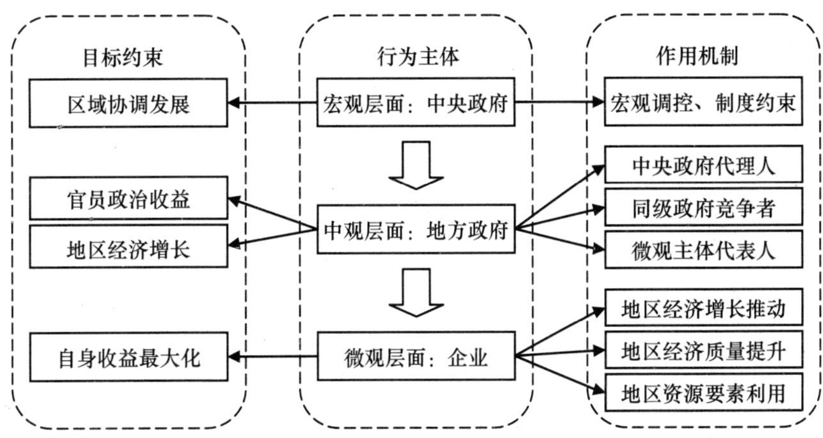

图 3—6　产业转移行为主体的目标差异及作用机制

有序引导产业转移[①]，规避市场机制自发运行以及地方政府竞争中存在的弊端；而且将产业转移与对口支援[②]和帮扶相结合，加快落后地区的发展等具体举措，从而推动产业转移，以实现区域协调发展（见图 3—6）。

综上所述，在时间和空间两个维度下，产业转移对于产业转出区和转入区具有多重效应。通过这些效应的共同作用，不仅能够在短期内缩小区域间的发展差距，在长期中推动区域经济发展质量的提升，而且能够增强区域之间的经济联系和发展带动作用，从而成为推动区域协调发展的重要渠道。与此同时，必须通过市场机制和政府调控的

① 2014 年 6 月 25 日，李克强总理在国务院常务会上，关于“确定促进产业转移和重点产业布局调整的政策措施”议题的讨论中指出，“产业转移需要政府的引导。通过引导东部部分产业向中西部有序转移，对于促进区域梯度、联动、协调发展，带动中西部新型城镇化和贫困地区致富，拓展就业和发展新空间，推动经济向中高端水平跃升，具有重大意义”。（李克强：以产业转移促进中国经济提质升级，中国政府网，2014 年 6 月 25 日，http：//www. gov. cn/xinwen/2014 -06/25/content_ 2708165. htm）。

② 相关实践活动包括国务院出台关于发达地区出台对口帮扶落后地区的整体指导意见及规划，例如《国务院办公厅关于印发发达省（市）对口支援四川云南甘肃省藏区经济社会发展工作方案的通知》（国办发〔2014〕41 号）中，将天津市、上海市、浙江省、广东省明确为相关落后地区的对口帮扶主体；此外，可参见《国务院办公厅关于开展对口帮扶贵州工作的指导意见》（国办发〔2013〕11 号）等文件。

有效结合，来保障以产业转移推进区域协调发展的高效实现。

第三节 本章小结

在本书第二章中，通过对学术界关于比较优势、产业转移以及区域协调发展的相关研究进行梳理和总结，得到本书理论部分两个需要着力分析和讨论的问题，即在区域经济中利用比较优势进行产业转移发展是否有效，利用产业转移能否实现区域协调发展。在本章的研究中，首先，结合现阶段发展演进，对本书所研究的三个主要概念，即比较优势、产业转移以及区域协调发展的理论内涵进行界定；其次，从参与主体、作用机制及实现机理等三个层面，对利用比较优势进行产业转移发展是否有效、利用产业转移推动区域协调发展的可行性两个问题进行理论层面的分析和讨论。

在第一节中，在对现阶段理论研究内涵进行梳理总结的基础上，通过分析其中的共性、差异性及演进规律，结合本书的研究目的，对比较优势、产业转移以及区域协调发展三个概念的理论内涵进行界定。

在比较优势方面，本书将区域比较优势的概念界定为区域中对区域间贸易与分工具有基础性决定作用的内在变量与外在要素的相对优势，通过区域中产业产品的相对平均价格体现。其一就具体来源而言，比较优势来源于多个因素的共同作用，具体而言可分为生产成本与交易费用两个层面，其中，在生产成本层面，比较优势主要集中在生产所需要素丰裕度、要素相对价格等直接因素；在交易费用方面，包括产业发展环境、制度因素、区位优势及交通运输条件等间接因素。其二就状态特征而言，比较优势具有静态与动态相结合的特征，其中，生产成本比较优势一般由当期要素决定，具有相对的稳定性和静态性；而交易费用比较优势相对容易改变，具有一定的动态效应。其三就使用范畴而言，扩展了传统完全竞争的前提假设，使比较优势理论能够在更宽泛、更贴近现实的条件中使用。

在产业转移方面，本书将产业转移的概念界定为区域中基于比较优势驱动下产业生产规模的变动过程，其具有时间和空间两个维度的综合效应。这一界定的特征及意义有以下几个方面：就驱动要素而言，区域之间存在的产业生产成本及交易费用层面比较优势是产业转移的驱动，其中既包括区域之间市场层面的要素价格差异，也包括区域之间制度层面的发展环境差异；就研究范畴而言，不仅包含以企业迁移为代表的显性产业转移，而且包含以产业生产规模变动为特征的隐形产业转移；就效应而言，产业转移不仅在空间层面根据不同区域具有差异性效用，而且在时间层面也具有短期和长期的差异性效用。

在区域协调发展方面，本书认为区域协调发展的内涵应包含横向层面和纵向层面两方面：其中横向层面以区域差异保持在社会可接受限度内或逐步呈现缩小趋势为目标，以保持区域整体发展为约束，充分利用区域中的要素禀赋及发展动力推动经济水平的提升；纵向层面以区域在时间序列上保持平稳、快速、可持续发展为目标，这就要求区域在追求经济总量提升的同时，优化经济增长方式，注重资源环境保护及经济增长质量的提升。

在第二节中，分别从参与主体、作用机制以及实现机理等层面对比较优势与产业转移以及产业转移与区域协调发展之间的内在理论机理进行分析，这不仅从理论层面分析回答了第二章中所提出的两个问题，而且为全书后续的研究奠定了理论基础。

在比较优势推动产业转移的理论机理层面，本书认为比较优势是产业转移的直接动因，其中，包含要素丰裕程度、技术规模效应等产业发展内部因素的生产成本比较优势是产业转移的内在驱动，包含区域发展环境、区域发展条件等产业发展外部因素的交易费用比较优势是产业转移的外在保障。而企业和政府是这一驱动机制的参与主体，其中，企业的驱动作用是通过企业在发展中对生产成本最小化的追求、交易费用最小化的追求以及对利润最大化的追求来实现的；而政府具有弥补市场失灵、促进区域经济高质量发展、优化资源配置效率、维护区域经济安全的目标，通过规划引导、政府规制以及环境营造的作用手段，能够规避理论研究中所提出的比较优势陷阱，保证依据比较优势推动产业转移的有效性。

在产业转移推动区域协调发展的理论机理层面，本书认为产业转移对于产业转出区及转入区在短期和长期中的效应差异是区域协调发展的实现基础。在短期中，产业转移对于产业转入区具有经济总量提升、技术溢出、产业集聚等效应，对于产业转出区具有经济增速受阻、产业空心化、失业困境等效应；在长期中，产业转移对于产业转入区具有竞争引致、制度优化、低端价值锁定、资源阻碍等效应，对于产业转出区具有资源利用效率提升、技术革新、产业结构优化、区域竞争力提升效应。因此，产业转移是短期内缩小区域经济发展差异的有效渠道，是长期中推动区域经济发展质量提升的可行方式。而产业转移中企业、地方政府以及中央政府等参与主体的目标差异是区域协调发展的实现保障。

通过本章的分析，从理论层面分析了比较优势与产业转移，产业转移与区域协调发展之间的相关关系，论证了依照比较优势进行产业转移发展的有效性和产业转移推动区域协调发展的可行性。在本书后续研究中，将从实证分析的角度，对上述两个命题进行基于计量模型的分析，并为我国基于比较优势进行产业转移推动区域协调发展的实现路径和政策建议的提出，提供了现实依据。

第四章　比较优势与产业转移：基于中国省域面板数据的经验分析

在第三章中，已经从参与主体、作用机制以及实现机理等三个方面对比较优势与产业转移的理论机理进行了分析，在本章中，将在对我国区域比较优势和现阶段产业转移发展进行分析评判的基础上，对我国地区比较优势与现阶段产业转移的相关关系进行实证研究，具体安排为，在第一节中构建比较优势与产业转移的理论模型；在第二节中通过构建评判指标体系对我国地区间的比较优势进行横向对比和纵向发展分析；在第三节中综合利用统计性分析方法对我国现阶段产业转移发展现状进行综合评判和特征分析；第四节在对前两节研究结论进行分析对比的基础上，通过构建相应计量模型，分析产业转移与区域比较优势之间的相关关系及具体影响因素，厘清其中的总体性效应及个体性差异。

第一节　理论模型构建

本节作为后续实证研究的理论基础，将通过构建理论模型对比较优势对产业转移的驱动作用进行分析。在具体研究中，将分别基于新古典经济学的视角构建基于封闭经济的 $2\times2\times2$ 模型，以及新经济地理学视角下的核心—边缘模型的分析框架进行建模分析。

一　基于新古典经济学视角的模型分析

在理论模型的构建中，为了更加清晰地对比传统生产要素对于产业转移的作用，本部分采用新古典经济学的研究视角，构建 2×2×2 模型进行分析。

假设两个地区具有相同生产函数和消费倾向，两个区域的生产函数用式（4—1）表示：

$$Y_{\mathrm{n,m}} = a_{n,m}T_{1,n,m}^{\partial}\left(b_{n,m}T_{n,i,m}\right)^{1-\partial};\ n = i,j,\ \mathrm{m} = A,B \tag{4—1}$$

在式（4—1）中，Y_i、Y_j 为地区 A、B 的两种产品，Y 为产量，$T_{1,m,i}$、$T_{2,m,i}$ 分别为区域 m 中进行产业 i 所需的两种生产要素，其产出的效率系数分别为 ∂ 和 $1-\partial$，同理，产业 j 中分别为 β 和 $1-\beta$，$a_{i,m}$ 和 $a_{j,m}$ 分别为两个产业生产中环境、技术等外生变量的影响。

以产品对于地区经济的贡献作为效用，假设两个地区中产业产品的产量对于经济发展的总效用相同，以管理学线性规划方式对区域总效用建立模型，如式（4—2）所示：

$$MaxU_{AB} = Y_{i,A}^{\ 1/4} \times Y_{i,B}^{\ 1/4} \times Y_{j,A}^{\ 1/4} \times Y_{j,B}^{\ 1/4}$$

$$\mathrm{s.\,t}\begin{cases} Y_{\mathrm{i,m}} = a_{i,m}T_{1,i,m}^{\partial}\left(b_{i,m}T_{2,i,m}\right)^{1-\partial} \\ Y_{\mathrm{j,m}} = a_{j,m}T_{1,j,m}^{\beta}\left(b_{j,m}T_{2,j,m}\right)^{1-\beta} \\ \quad T_{1,i,m} + T_{1,j,m} \leqslant T_1 \\ \quad T_{2,i,m} + T_{2,j,m} \leqslant T_2 \end{cases} \qquad m = A,B \tag{4—2}$$

在式（4—2）中，总体目标是区域总效用的最大化，而约束条件分别为生产能力约束和投入要素总量约束两部分，其中，在现有建模中为了简化模型及突出研究对象，假设生产函数规模不变，两个产业的生产函数构成了整体区域的生产能力约束；而由于研究对象限定于 A、B 两个区域，则两个产业在区域中投入要素量受区域中要素总含量的约束，这构成了投入要素总量约束。在这一模型构建基础上，为了分析产业转移对于区域整体效用的转变效应，本书将分为区域自给自足和区域市场配置两种情况进行对比分析。

在自给自足情况中，A、B 两个区域中处于封闭式的独立生产状态，则式（4—2）可转化为：

$$MaxU_A = Y_{i,A}{}^{1/2} \times Y_{j,A}{}^{1/2} \qquad MaxU_B = Y_{i,B}{}^{1/2} \times Y_{j,B}{}^{1/2}$$

$$\text{s. t}\begin{cases} Y_{i,A} = a_{i,A}T^{\partial}_{1,i,A}\,(b_{i,A}T_{2,i,A})^{1-\partial} \\ Y_{j,A} = a_{j,A}T^{\beta}_{1,j,A}\,(b_{j,A}T_{2,j,A})^{1-\beta} \\ T_{1,i,A} + T_{1,j,A} \leqslant T_{1,A} \\ T_{2,i,A} + T_{2,j,A} \leqslant T_{2,A} \end{cases}$$

$$\text{s. t}\begin{cases} Y_{i,B} = a_{i,B}T^{\partial}_{1,i,B}\,(b_{i,B}T_{2,i,B})^{1-\partial} \\ Y_{j,B} = a_{j,B}T^{\beta}_{1,j,B}\,(b_{j,B}T_{2,j,B})^{1-\beta} \\ T_{1,i,B} + T_{1,j,B} \leqslant T_{1,B} \\ T_{2,i,B} + T_{2,j,B} \leqslant T_{2,B} \end{cases} \tag{4—3}$$

对于式（4—3）的线性规划模型，利用卡罗胥—库恩—塔克条件（Karush-Kuhn-Tucker Conditions），可以得到上述两个区域 A、B 模型的解为：

$$\begin{cases} T_{1,i,A} = \dfrac{\partial}{\partial+\beta}T_{1,A} \\ T_{2,i,A} = \dfrac{1-\partial}{2-\partial-\beta}T_{2,A} \\ T_{1,j,A} = \dfrac{\beta}{\partial+\beta}T_{1,A} \\ T_{2,j,A} = \dfrac{1-\beta}{2-\partial-\beta}T_{2,A} \end{cases} \qquad \begin{cases} T_{1,i,B} = \dfrac{\partial}{\partial+\beta}T_{1,B} \\ T_{2,i,B} = \dfrac{1-\partial}{2-\partial-\beta}T_{2,B} \\ T_{1,j,B} = \dfrac{\beta}{\partial+\beta}T_{1,B} \\ T_{2,j,B} = \dfrac{1-\beta}{2-\partial-\beta}T_{2,B} \end{cases} \tag{4—4}$$

将式（4—4）的结果代入区域效用模型的目标函数中，得到 A、B 两地的效用为：

$$\begin{aligned} U_A &= Y_{i,A}{}^{1/2} \times Y_{j,A}{}^{1/2} \\ &= [a_{i,A}T^{\partial}_{1,i,A}(b_{i,A}T_{2,i,A})^{1-\partial}]^{1/2} \times [a_{j,A}T^{\beta}_{1,j,A}(b_{j,A}T_{2,j,A})^{1-\beta}]^{1/2} \\ &= \left[a_{i,A}\left(\frac{\partial}{\partial+\beta}T_{1,A}\right)^{\partial} \times \left(b_{i,A}\frac{1-\partial}{2-\partial-\beta}T_{2,A}\right)^{1-\partial}\right]^{1/2} \times \\ &\quad \left[a_{j,A}\left(\frac{\beta}{\partial+\beta}T_{1,A}\right)^{\beta} \times \left(b_{j,A}\frac{1-\beta}{2-\partial-\beta}T_{2,A}\right)^{1-\beta}\right]^{1/2} \end{aligned} \tag{4—5}$$

$$U_B = Y_{i,B}{}^{1/2} \times Y_{j,B}{}^{1/2}$$
$$= [a_{i,B}T_{1,i,B}^{\partial}(b_{i,B}T_{2,i,B})^{1-\partial}]^{1/2} \times [a_{j,B}T_{1,j,B}^{\beta}(b_{j,B}T_{2,j,B})^{1-\beta}]^{1/2}$$
$$= \left[a_{i,B}\left(\frac{\partial}{\partial+\beta}T_{1,B}\right)^{\partial}\left(b_{i,B}\frac{1-\partial}{2-\partial-\beta}T_{2,B}\right)^{1-\partial}\right]^{1/2} \times$$
$$\left[a_{j,B}\left(\frac{\beta}{\partial+\beta}T_{1,B}\right)^{\beta}\left(b_{j,B}\frac{1-\beta}{2-\partial-\beta}T_{2,B}\right)^{1-\beta}\right]^{1/2} \tag{4—6}$$

在自给自足模型中，A、B 两地各自效用之积即为整体区域的效用，因此有：

$$U_{AB} = U_A{}^{1/2} \times U_B{}^{1/2}$$
$$= (a_{i,A}a_{j,A}a_{i,B}a_{j,B})^{1/4}\left(\frac{\partial}{\partial+\beta}\right)^{\partial/2}\left(\frac{\beta}{\partial+\beta}\right)^{\beta/2}\left(\frac{1-\partial}{2-\partial-\beta}\right)^{(1-\partial)/2} \tag{4—7}$$
$$\left(\frac{1-\beta}{2-\partial-\beta}\right)^{(1-\beta)/2}(T_{1,A}T_{1,B})^{(\partial+\beta)/4}(T_{2,A}T_{2,B})^{(2-\partial-\beta)/4}$$

在区域市场配置情况中，两个区域之间基于市场机制的驱动，具有要素转移和生产能力转移的客观条件。这种情况中，当区域在生产某一个产业产品时具有比较优势时，则可能会出现专业分工，即某区域只生产具有比较优势的产业。将这一情况进行建模分析，则有：

假设区域 A 在生产 i 产业中具有生产资源要素及生产技术要素方面比较优势，而区域 B 在生产 j 产业中具有比较优势，这一假设用数学模型表示为：

$$\begin{cases} a_{i,A}b_{i,A}^{1-\partial} > a_{i,B}b_{i,B}^{1-\partial} \\ a_{j,A}b_{j,A}^{1-\beta} < a_{j,B}b_{j,B}^{1-\beta} \end{cases} \tag{4—8}$$

当区域进行基于比较优势的产业专业化生产时，基于前提假设，则区域 A 只进行 i 产业产品生产，区域 B 只进行 j 产业产品生产，那么，区域效用函数则转变为：

$$MaxU_{AB}^{*} = Y_{i,A}{}^{1/2}Y_{j,B}{}^{1/2}$$

$$\text{s.t.}\begin{cases} Y_{i,A}=a_{i,A}T_{1,i,A}^{\partial}(b_{i,A}T_{2,i,A})^{1-\partial} \\ Y_{j,B}=a_{j,B}T_{1,j,B}^{\beta}(b_{j,B}T_{2,j,B})^{1-\beta} \\ T_{1,i,A}+T_{1,j,B}\leqslant T_{1,A}+T_{1,B} \\ T_{2,i,A}+T_{2,j,B}\leqslant T_{2,A}+T_{2,B} \end{cases} \tag{4—9}$$

利用卡罗胥—库恩—塔克条件（Karush-Kuhn-Tucker Conditions）进行求解，可以得到式（4—9）的解为：

$$\begin{cases} T_{1,i,A}=\dfrac{\partial}{\partial+\beta}(T_{1,A}+T_{1,B}) \\ T_{2,i,A}=\dfrac{1-\partial}{2-\partial-\beta}(T_{2,A}+T_{2,B}) \\ T_{1,j,B}=\dfrac{\beta}{\partial+\beta}(T_{1,A}+T_{1,B}) \\ T_{2,j,B}=\dfrac{1-\beta}{2-\partial-\beta}(T_{2,A}+T_{2,B}) \end{cases} \tag{4—10}$$

由式（4—10）的结果能够看到，在市场配置资源的前提下，区域A生产i产业时所具有的 T_1 和 T_2 要素转移分别为 $\left|T_{1,A}-\dfrac{\partial}{\partial+\beta}(T_{1,A}+T_{1,B})\right|$，$\left|T_{2,A}-\dfrac{1-\partial}{2-\partial-\beta}(T_{2,A}+T_{2,B})\right|$。将式（4—10）的解代入目标函数之中，得到在市场配置情况中最大化的整体效用为：

$$\begin{aligned} U_{AB}^{*} &= Y_{i,A}{}^{1/2}Y_{j,B}{}^{1/2} \\ &= [a_{i,A}T_{1,i,A}^{\partial}(b_{i,A}T_{2,i,A})^{1-\partial}]^{1/2}\times[a_{j,B}T_{1,j,B}^{\beta}(b_{j,B}T_{2,j,B})^{1-\beta}]^{1/2} \\ &= \left\{a_{i,A}\left[\frac{\partial}{\partial+\beta}(T_{1,A}+T_{1,B})\right]^{\partial}\times\left[b_{i,A}\frac{1-\partial}{2-\partial-\beta}(T_{2,A}+T_{2,B})\right]^{1-\partial}\right\}^{1/2}\times \\ &\quad \left\{a_{j,B}\left[\frac{\beta}{\partial+\beta}(T_{1,A}+T_{1,B})\right]^{\beta}\times\left[b_{j,B}\frac{1-\beta}{2-\partial-\beta}(T_{2,A}+T_{2,B})\right]^{1-\beta}\right\}^{1/2} \\ &= a_{i,A}{}^{1/2}a_{j,B}{}^{1/2}b_{i,A}{}^{(1-\partial)/2}b_{j,B}{}^{(1-\beta)/2}\times\left(\frac{\partial}{\partial+\beta}\right)^{\partial/2}\times\left(\frac{1-\partial}{2-\partial-\beta}\right)^{(1-\partial)/2}\times \\ &\quad \left(\frac{\beta}{\partial+\beta}\right)^{\beta/2}\times\left(\frac{1-\beta}{2-\partial-\beta}\right)^{(1-\beta)/2}\times(T_{1,A}+T_{1,B})^{(\partial+\beta)/2}\times(T_{2,A}+ \\ &\quad T_{2,B})^{(2-\partial-\beta)/2} \end{aligned} \tag{4—11}$$

对比式（4—7）和式（4—11），可得到自给自足模式和区域市场配置模式下区域专业分工生产的整体效用对比，而由式（4—8）的假设，可以得到：

$$(T_{1,A}T_{1,B})^{(\partial+\beta)/4} \leqslant (T_{1,A}+T_{1,B})^{(\partial+\beta)/2} \quad (4—12)$$

$$(T_{2,A}T_{2,B})^{(2-\partial-\beta)/4} \leqslant (T_{2,A}+T_{2,B})^{(2-\partial-\beta)/2} \quad (4—13)$$

由式（4—12）和式（4—13）可得，无论其他条件如何变化，都有：$U_{AB} \leqslant U_{AB}^{*}$，即封闭式自给自足的生产模式对区域整体的效用小于区域市场配置条件下区域进行产业转移时对区域的整体效用，因此，在市场配置资源的前提下，区域之间基于要素差异而具有的比较优势将成为产业转移的基本驱动力。

在此，对上述理论模型研究结果进行扩展分析，能够得到以下结论。

一是在符合模型的前提假设下，区域具有的比较优势对于产业分工和转移具有正向推动作用，而通过产业转移将推动区域整体效用的提升。

二是在模型所研究的区域方面，可以扩展到多个区域，即在市场配置资源状态下，多个区域之间可能出现一对多、多对多、辐射状、网络化的产业转移模式，但在最优的均衡状态中，仍将是基于区域自身比较优势层面所做出的产业选择。

三是在模型所研究的要素方面，不仅仅局限于模型中所设定的两个要素，而是全体对产业生产有关联、有影响的要素，其中不仅包含传统意义上的生产投入要素，例如原材料、劳动力、资本等，而且区域发展环境、区域产业生产的技术水平、产地与需求市场的运输价格等外围要素也能够纳入本书模型的研究范畴，同时，上述两方面的要素都是区域比较优势的来源。

四是在模型的假设前提方面，在本模型中，为了突出研究对象而进行了简化假设，即各区域都只生产两种产品，而模型研究的最优结果是各区域都只生产具有比较优势的产业。而在现实中，任何区域中都具有居于产业链中不同地位的产业，其均衡结果具有复杂性。此外，模型假设资源单纯由市场机制进行配置，而对于区域而言，出于区域发展的自身利益、考核经济指标的依赖性、就业压力等因素，部分区域可能出台对于淘汰落后产能的保护措施及相关市场壁垒，这将影响和干预区域要素比较优势对产业转移的驱动力。

二　基于新经济地理学视角的模型分析

在上述新古典经济学模型中，对封闭经济中产业转移进行了模拟和分析。优点在于突出了特定条件下传统要素对于区域间产业转移的驱动机制，但是缺点在于封闭经济以及规模效应不变等前提假设与现实发展差距较大，因此可能遭遇现实解释力不足的质疑。

在现实发展中，发达地区中集聚了大量的企业，在推动发达地区经济发展的同时，也带来了包括劳动力在内的传统生产要素趋紧、生产成本提升、产业竞争力下降等问题①。这时，对于发达地区中的企业而言，既面临着由于企业间产业关联而带来的集聚化推动，又面临着由于拥挤和成本提升带来的分散化推动。在现有研究中，克鲁格曼以核心区与边缘区对区域整体进行划分，对核心区中本地资源约束下的企业拥挤效应进行分析，认为企业集聚会造成土地、劳动力等要素价格提升，推动企业生产成本上升，从而使追求利益最大化的企业产生向外迁移的推动②。阿斯里斯和里维拉（Asilis & Rivera）从消费者的角度进行分析，认为核心区的拥挤效应会带来生活成本提升及环境污染等一系列社会问题，消费者为了追求生活质量的提升，会选择向核心区以外的边缘区域迁移，而企业为了追随市场份额及降低运输成本，也会随之迁移，从而为核心区域带来分散效应③。在上述背景下，基于迪克西特和斯蒂格利茨（Dixit & Stiglitz）的垄断竞争模型，新经

---

① 近年来，我国东部发达地区招工难问题屡见报端，成为现阶段发达地区传统生产要素趋紧，倒逼产业生产转型升级的佐证。相关报道可见：新华网 2015 年 3 月 9 日报道："中国东部节后招工难加剧、新常态倒逼企业转型"，http：//news. xinhuanet. com/fortune/2015 - 03/09/c_ 1114577788. htm。

② Krugman, P. R. "Increasing Returns and Economic Geography", *Journal of Political Economy*, 1991, 99 (3).

③ Asilis. C. M. & Rivera. Batiz, L. A. 2003, Geography, Trade Patterns and Economic Policy. In the Location of Economic Activity: New Theories and Evidence, Consorcio da Zona Franca de Vigo and CEPR.

济地理学中将产品之间的替代性、产品生产运输的冰山成本等因素纳入研究范畴，使得模型分析更贴近实际。在此背景下，本书在此将结合新经济地理学的核心—边缘模型[①]，引入区域间区位差异、运输成本、要素禀赋等比较优势层面差异，对由发达地区向欠发达地区进行产业转移的推动机制进行分析，特别是对其中区域比较优势的驱动作用进行研究，这不仅是对突出传统生产要素的新古典 2×2×2 模型的补充，而且也是更贴近于全书研究背景中所提出的区域经济不协调发展现实问题而进行的建模分析。

（一）模型假设

假设前提一：假设整体经济区域可分为 A、B 两部分，A 为经济发达地区，产业生产份额大且集聚了大量的企业，处于拥挤效应而存在劳动者生活成本提升、企业生产要素趋紧、生产成本上涨等现状；B 为经济欠发达地区，产业生产份额较小，但是生产要素价格较低，具有生产成本层面比较优势，此外，随着发展条件及发展环境的改善和优化，区域交易费用层面比较优势逐步提升[②]。

假设前提二：产业根据其生产特征分为具有集聚效应型与不具有集聚效应型，分别记为产业 1 与产业 2，其中，为了突出发达地区产业生产的集聚效应，假设具有集聚效应的产业 1 只在发达地区 A 中生产，以下标$_{A1}$表示，不具有集聚效应的产业 2 在发达地区与欠发达地区都进行生产，以下分别标$_{A2}$与$_{B2}$表示。

假设前提三：为了简化模型，假设消费者具有相同的偏好，在市场购买的产品来自于集聚型产业和非集聚型产业生产，其消费量分别以 C_1 和 C_2 表示。

（二）模型分析

在模型的构建与分析中，将依托新经济地理学核心—边缘模型的分

---

① 安虎森等：《新经济地理学原理》，经济科学出版社 2009 年版，第 95—113 页。

② 在现实中，A 地区类似于我国东部发达地区，已逐步呈现出产业发展的拥挤效应；B 地区类似于我国欠发达地区，具有生产要素的比较优势，属于产业迁入区。这与本书在第一章研究背景中所提出的两个现实问题，即欠发达地区立足比较优势推动跨越式发展，以及发达地区利用产业转移推动可持续发展，所描述的情况一致。

析思路，分为消费者行为、企业行为以及产业转移状态三个步骤进行。

1. 消费者行为分析

基于假设前提三，假设全体消费者具有相同的效用函数，消费者总效用来自于对发达地区及欠发达地区所生产产品的组合，以式（4—14）表示：

$$U = C_1^{\theta}C_2^{1-\theta} \tag{4—14}$$

在式（4—14）中，以 θ 与 $1-\theta$ 表示消费者在发达地区与欠发达地区所生产产品的消费结构占比。这时，在消费者支出总额限定的约束下，追求总效用最大时，用模型表示为：

$$\max U = \max C_1^{\theta}C_2^{1-\theta}$$

$$\text{s. t. } P_1C_1 + P_2C_2 = I \tag{4—15}$$

根据最优化理论，取偏导数为零时，得到方程的解为：

$$C_1 = \theta I/P_1\text{；}C_2 = (1-\theta)I/P_2 \tag{4—16}$$

以下对经济发达地区中消费者消费选择行为进行分析，假设消费者对于经济发达地区中所生产的集聚产业产品及非集聚产业产品的消费之间存在替代性，且假设产品之间的替代弹性相同，记为 ∂，由于两种产品之间具有替代性，则有 $\partial > 1$；利用 CES 生产函数进行建模，可表示为：

$$U_A = (C_{A1}^{(\partial-1)/\partial} + C_{A2}^{(\partial-1)/\partial})^{\partial/(\partial-1)} \tag{4—17}$$

在式（4—14）中，已经对消费者在两个地区生产产品之间消费占比进行了设定，因此，θI 为消费者在发达地区生产产品中的约束，这时，消费者的效用最大化模型为：

$$\max U_A = (C_{A1}^{(\partial-1)/\partial} + C_{A2}^{(\partial-1)/\partial})^{\partial/(\partial-1)}$$

$$\text{s. t. } P_{A1}C_{A1} + P_{A2}C_{A2} = \theta I \tag{4—18}$$

通过构建拉格朗日函数，取偏导数为零时，得到最优解为：

$$C_{A2}/P_{A2}^{-\partial} = C_{A1}/P_{A1}^{-\partial} \tag{4—19}$$

假设式（4—19）的比例系数为 β，则有：

$$C_{A1} = \beta P_{A1}^{-\partial}\text{；}C_{A2} = \beta P_{A2}^{-\partial} \tag{4—20}$$

在市场均衡的状态下，产品的需求与供给相等，C_{A1} 与 C_{A2} 不仅为发达地区集聚产业产品与非集聚产业产品的需求量，也为供给量。

2. 企业行为分析

假设企业的生产成本来自于两方面，其一是固定成本，用 M 表示，其二是根据产品产量的变动成本，记为 N，假设总成本为 E，产量为 d，那么，企业成本表示为：

$$E_i = M + Nd_i \tag{4—21}$$

基于模型假设前提一，欠发达地区 B 相对于发达地区 A 具有比较优势，那么，在企业成本的计算中，这种比较优势以两部分进行体现，一是在直接参与生产的要素方面，以 N_i 表示地区单位生产成本的差异，则有 $N_A > N_B$，现实意义是在产业拥挤的条件下，发达地区劳动力等生产要素成本高于欠发达地区；二是在交易费用层面，以系数 R_A、R_B 进行量化计算，其中，$R_A > 1$；$0 < R_B < 1$，表示现实中欠发达地区土地价格、政府扶持等交易费用层面比较优势，体现在对企业产品总体成本的影响。

根据消费者行为模型结论，有 $d_i = C_i = \beta P_i^{-\partial}$，即为企业生产产量的约束条件。这时，对于追求自身利益最大化的企业而言，其收益最大化模型为：

$$\begin{aligned} &\max\pi_i = P_i d_i - R_i(M + N_i d_i) \\ &\text{s. t. } d_i = \theta P_i^{-\theta} \end{aligned} \tag{4—22}$$

利用拉格朗日函数进行求解，得到结果为：

$$P_i = \frac{\partial}{\partial - 1} R_i N_i \tag{4—23}$$

3. 产业转移驱动分析

在产业转移模型中，产业转移的评判思路为，企业分别计算在发达地区或欠发达地区生产，而在两个地区进行产品销售所获得的收益，当在发达地区生产收益较高时，企业将留在发达地区，而产业转移不会发生；当在欠发达地区生产收益较高时，企业会迁移至欠发达地区进行生产，从而产生产业转移。

在测算中，以广义的冰山成本来衡量企业在异地市场销售中的运输成本，并将其中可能存在的贸易壁垒等交易费用一并纳入计算，记为（$1 + \tau$），其中，$\tau \geqslant 0$，以 τ 的大小衡量交易费用的高低。假设发达地区与落后地区的市场容量占比分别为 μ_A 与 μ_B ，有 $\mu_A + \mu_B = 1$，这时，企业在发达地区 A 及落后地区 B 生产所获得的收益为：

$$S_A = \mu_A P_A d_A + \frac{\mu_B P_B d_A}{1 + \tau} - R_A(M + N_A d_A)\ S_B = \frac{\mu_A P_A d_B}{1 + \tau} + \mu_B P_B d_B - R_B(M + N_B d_B) \tag{4—24}$$

结合消费者行为及企业行为的分析，即将式（4—20）与式（4—23）代入式（4—24），经过整理得到：

$$S_A = \mu_A \beta\left(\frac{\partial}{\partial - 1} R_A N_A\right)^{1-\partial} + \frac{1}{1 + \tau}\mu_B \beta\left(\frac{\partial}{\partial - 1} R_A N_A\right)^{1-\partial} - R_A M - N_A R_A \beta\left(\frac{\partial}{\partial - 1} R_A N_A\right)^{-\partial} = \left(\mu_A + \frac{\mu_B}{1 + \tau}\right)\beta\left(\frac{\partial}{\partial - 1} R_A N_A\right)^{1-\partial} - R_A M - \left(\frac{\partial - 1}{\partial}\right)\beta\left(\frac{\partial}{\partial - 1} R_A N_A\right)^{1-\partial} \tag{4—25}$$

同理，$S_B = \left(\frac{\mu_A}{1 + \tau} + \mu_B\right)\beta\left(\frac{\partial}{\partial - 1} R_B N_B\right)^{1-\partial} - R_B M - \left(\frac{\partial - 1}{\partial}\right)\beta\left(\frac{\partial}{\partial - 1} R_B N_B\right)^{1-\partial}$　　（4—26）

结合模型假设条件，分为企业收入和企业成本两部分评判 S_A 与 S_B 的大小。首先在企业收入方面，将两种区位选择下企业收入相除，能够得到：

$$\omega_{\frac{A}{B}} = \frac{\left(\mu_A + \frac{\mu_B}{1 + \tau}\right)\beta\left(\frac{\partial}{\partial - 1} R_A N_A\right)^{1-\partial}}{\left(\frac{\mu_A}{1 + \tau} + \mu_B\right)\beta\left(\frac{\partial}{\partial - 1} R_B N_B\right)^{1-\partial}} = \frac{(\mu_A + \mu_B + \tau\mu_A)}{(\mu_A + \mu_B + \tau\mu_B)}\left(\frac{R_A N_A}{R_B N_B}\right)^{1-\partial} \tag{4—27}$$

由前提假设可知，由于发达地区 A 与欠发达地区 B 之间存在比较优势差异，即 $R_A > R_B$ 、$N_A < N_B$ 、$\partial > 1$ ，则有：$\left(\frac{R_A N_A}{R_B N_B}\right)^{1-\partial} < 1$ ，当 $\mu_A \leqslant \mu_B$ 时，可得 $\omega_{\frac{A}{B}} < 1$ ，即企业在欠发达地区生产的销售收入高于在发达地区生产的销售收入。在企业生产成本方面，由于 $R_A > R_B$ 、$N_A < N_B$ 、$\partial > 1$，则有：$R_A(M + N_A d_A) > R_B(M + N_B d_B)$ ，即由于发达地区产

业拥挤效应及生产要素成本提升，欠发达地区的生产成本相对较低。由此可得，企业选择在欠发达地区进行生产，将会获得较大收益。因此，在这种情况下，原本处于发达地区的企业将进行产业转移。

当 $\mu_A > \mu_B$ 时，即在 $\frac{(1+\tau)\mu_A+\mu_B}{\mu_A+(1+\tau)\mu_B}>1$ 的条件下，只要地区之间的比较优势差异较为显著，反映在方程中体现在 R_A 与 R_B、N_A 与 N_B 之间的差异较大时，仍然可能出现 $\omega_{\frac{A}{B}}<1$ 及 $S_A<S_B$ 的情况，这时在发达地区 A 中的企业仍将具有向欠发达地区转移的动因。只有在 $\mu_A \leqslant \mu_B$、广义冰山运输成本 τ 较大，并当且仅当能够全部抵消地区间生产成本比较优势之间的差异时，才能避免产业转移的发生。

（三）模型结论分析

在本模型中，基于新经济地理学核心—边缘模型的分析思路，结合冰山运输成本，构建在面向两个地区销售的生产布局选择模型，并结合发展实际将发达地区的拥挤效应、欠发达地区的要素比较优势以及地区间广义运输成本纳入研究范畴，对发达地区与欠发达地区之间的产业转移形成机制进行分析，得到以下三点结论。

第一，在产业转移的驱动因素方面，发达地区中存在的产业拥挤效应以及欠发达地区在生产要素层面具有的比较优势都促进企业向欠发达地区迁移时收益提升的形成，从而推动产业转移的发生。结合本书对于比较优势的界定，能够将本模型的研究因素进行扩展，得到无论是推动企业生产成本降低的比较优势因素，还是推动交易费用降低的比较优势因素，都将对于推动产业转移的形成具有正向推动作用。

第二，在产业转移的阻碍因素方面，本模型分析结果显示，当发达地区市场需求份额很大，且区域间包含运输成本、贸易壁垒在内的冰山成本较高，抵消区域间比较优势差异基础上的比较利益时，产业转移将不会发生。

第三，在产业转移的形式方面，在本模型中，为了突出研究目的、简化模型，以企业的迁移来表示产业转移的发生，具有转移对象一对一、点对点的特征，但是在现实中，结合本书对产业转移的界定，可以扩展为产业生产布局的变动，就形式而言，在企业迁移的同时，还包含发达地区相关企业的倒闭以及欠发达地区企业的兴办；就转移过程而言，既可能发生在两个区域之间，也包含区域间一对多、多对多的网络结构化产业转移。

在本小节中，分别以新古典经济学分析框架以及新经济地理学的分析思路，对地区间产业转移的形成机制，特别是在区域间比较优势对于产业转移的驱动机制进行分析。基于新古典经济学的 2 ×2 ×2 模型，验证了封闭经济条件下传统生产要素的比较优势差异对于产业转移的驱动作用；基于新经济地理学的核心—边缘模型，并纳入关于集聚效应、拥挤效应、冰山成本等条件分析，对发达地区向欠发达地区进行产业转移的机制及驱动进行分析。通过上述模型分析，得到共性的主要结论为：区域间具有的比较优势，无论是基于生产要素的生产成本层面比较优势，还是来源于发展条件和环境的交易费用层面比较优势，均对产业转移具有正向的驱动作用。

第二节　比较优势的测度和评判

在本书第三章中对于比较优势的界定中，区域在产业分工中的比较优势来源于两个层面，一是生产成本层面，二是交易费用层面，其中，生产成本层面的比较优势是指在生产中具有比较成本最小化特点的影响因素，包括资本、劳动力、能源以及技术等具体因素；交易费用层面的比较优势是指能够顺利承接产业转移并实现发展的优势的因素，包括区

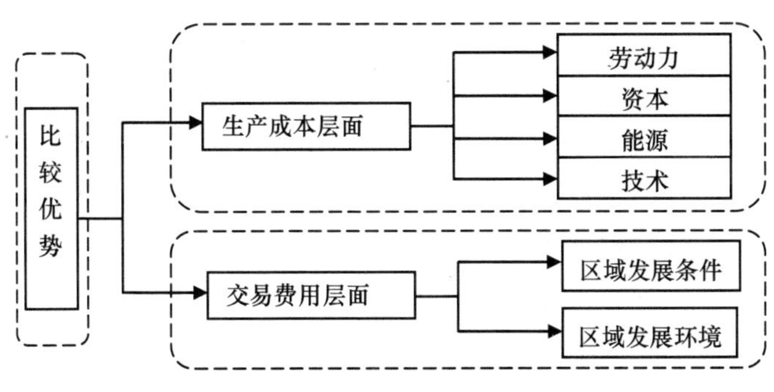

图 4—1　比较优势内涵构成

域发展条件和区域发展环境两方面。在此，本部分将结合比较优势内涵框架，构建指标体系，对我国区域具有比较优势进行评判和测度。

一　指标体系构建

在指标体系的构建中，应当以多元性、层次性、可比性及实用性为原则。其中，多元性要求全面考量区域比较优势的影响因素，既要包含外在显示性因素，也应包含内在驱动原因，从而使评判指标具有指向性识别和原因诊断的双重功能；层次性要求在指标体系构建中，综合各层次指标的依存作用关系，综合建立指标体系；可比性要求所建立的指标体系能够运用于多个区域，并且评判结果能够进行比较分析；实用性要求在具体指标的选择中，利用能够客观反映发展现实、易于收集整理及对比的相关指标，提升指标体系的可操作性。

在上述原则的指导下，以比较优势的内涵分析为基础，本部分从生产成本及交易费用两个层面构建比较优势的三级评判指标体系，具体指标构成如下。

第一，生产成本层面。由于要素充裕程度在市场机制下反映为要素价格，进而直接影响区域中产业的生产成本，进而对产业转移提供内在的驱动力。因此，各区域在生产要素方面的充裕程度是传统比较优势研究中的核心内容。在具体衡量测度方面，鉴于后续产业转移中以制造业作为主要研究对象，因此在本部分中，以劳动力、资本、技术、能源四个层面评判区域的生产成本层面比较优势，具体指标选择如下（见表4—1）：在劳动力要素（L）层面，本书从数量和质量两个层面进行度量，在数量方面，以区域中18周岁以上人口数作为区域的劳动力数量；在质量方面，以区域中接受高等教育的人口数作为区域劳动力质量的评判；同时，选取在职人员职工平均工资作为劳动力价格的测度，其为负向指标，计算时选择以倒数进行标准化运算。在资本要素（K）层面，本书以区域内当期存款余额与企业贷款加权平均利率作为资本要素衡量指标，其中区域内当期存款余额代表资本数量，而企业贷款加权平均利率代表资本价格，为负向指标，计算时选择以倒数进行标准化运算。在技术要素（A）层面，按照现阶段研究中普遍采取的研究方法，以 R&D 经费占比、专利申请数量以及 R&D 人员数量三个指标衡量区域技术要素。在能源（N）方面，由于现阶段研究中对于能源要素并没有一致的测度标准，在此，本书结合数据可得性的原则，选择区域内焦炭、天然气和石油的生产量与消费量差额衡量能源要素。

表 4—1　　　　**评价体系构建及指标数据来源**

<table>
<tr><th></th><th>一级指标</th><th>二级指标</th><th>选用的三级指标</th><th>三级指标数据来源</th></tr>
<tr><td rowspan="17">比较优势评判指标</td><td rowspan="12">生产成本层面</td><td rowspan="3">劳动力层面</td><td>18 周岁以上人口数</td><td>《中国统计年鉴》</td></tr>
<tr><td>在职人员职工平均工资</td><td>《各地区统计年鉴》</td></tr>
<tr><td>接受高等教育的人口数</td><td>《各地区统计年鉴》</td></tr>
<tr><td rowspan="3">能源层面</td><td>区域内焦炭生产量与消费量差额</td><td>《中国能源统计年鉴》</td></tr>
<tr><td>区域天然气生产量与消费量差额</td><td>《中国能源统计年鉴》</td></tr>
<tr><td>区域内石油生产量与消费量差额</td><td>《中国能源统计年鉴》</td></tr>
<tr><td rowspan="2">资本层面</td><td>当期存款余额</td><td>《中国金融年鉴》</td></tr>
<tr><td>企业贷款加权平均利率</td><td>《中国金融年鉴》及 wind</td></tr>
<tr><td rowspan="3">技术层面</td><td>R&D 经费占比</td><td>《中国经济统计年鉴》</td></tr>
<tr><td>专利三项申请数量</td><td>《中国经济统计年鉴》</td></tr>
<tr><td>R&D 人员数量</td><td>《中国经济统计年鉴》</td></tr>
<tr><td rowspan="5">交易费用层面</td><td rowspan="2">区域发展条件</td><td>政府公共服务支出</td><td>《中国经济统计年鉴》</td></tr>
<tr><td>铁路、公路和河运交通公里数</td><td>《中国经济统计年鉴》</td></tr>
<tr><td rowspan="3">区域发展环境</td><td>管理费用占工业增加值比重</td><td>《中国工业经济统计年鉴》</td></tr>
<tr><td>生产性服务业在国民经济占比</td><td>《各地区经济统计年鉴》</td></tr>
<tr><td>非公有制经济发展占比</td><td>《各地区经济统计年鉴》</td></tr>
</table>

第二，交易费用层面。在现实发展中，产业生产的区位选择不只取决于区域生产成本，由区域发展条件及区域发展环境决定的交易费用对于产业区位选择也具有重要影响。若区域中要素充裕，具有较高的生产成本层面的比较优势，但是在发展条件及发展环境方面处于不利地位时，这种负面效应将抵消生产成本层面的比较优势，从而阻碍区域整体比较优势的实现。在具体构成方面，区域交易费用层面的比

较优势由区域发展条件和区域发展环境两个层面构成。其一，在区域发展条件方面，主要包含水、电、气、暖、交通、物流等产业发展基础设施，这不仅是产业在转入区立足的必要前提，也是产业转入后实现可持续发展的保证。在具体衡量方面，本书采取政府公共服务支出、区域内铁路、公路和河运交通公里数作为区域中产业发展配套条件的测度。其二，在区域发展环境方面，结合第三章中关于比较优势与产业转移的内在机理分析，本书将发展环境分为宏观制度环境和微观市场环境，宏观制度环境主要包含由区域中非正式制度与正式制度构成，非正式制度包含区域中社会文化、语言环境等，正式制度指区域出台的产业政策和法律体系环境。微观市场环境指区域中能够为产业发展提供的市场要素，包含市场容量、服务业供给水平等要素。在具体衡量中，本书以管理费用占工业增加值比重、非公有制经济与生产性服务业[①]在国民经济中的占比作为发展环境的衡量标准，以居民可支配收入、规模衡量微观市场环境。

二　测度方法及结果分析

在上述构建的区域比较优势评判指标中，包含由十六个具体指标构成的三级指标体系。在传统研究中，有采用专家打分法、德尔菲法等对于各三级指标权重进行赋值，进而得到总体评价指数。但是，鉴于不同专家的研究视角具有差异性，会导致所赋权重具有一定的主观性，且本部分构建的指标偏多且具有相关性，故增加了人为打分的实证性。因此，本部分选择因子分析法进行测算，其不仅能够在体现变

---

① 生产性服务业是与生活型服务业相区别的概念，在国务院《关于加快发展生产性服务业　促进产业结构调整升级的指导意见》（国发〔2014〕26号），将生产性服务业主要发展内容规划为“研发设计、第三方物流、融资租赁、信息技术服务、节能环保服务、检验检测认证、电子商务、商务咨询、服务外包、售后服务、人力资源服务和品牌建设”，结合肖文与樊文静、陈建军与陈菁菁等学者的界定，本书中将“交通运输、仓储和邮政业，信息传输、计算机服务和软件业，金融业，房地产业，租赁和商务服务业，科学研究、技术服务和地质勘查业”各区域中的生产总值比重作为生产服务业的评判指标。具体可见肖文、樊文静《产业关联下的生产性服务业发展——基于需求规模和需求结构的研究》，《经济学家》2011年第6期；陈建军、陈菁菁《生产性服务业与制造业的协同定位研究——以浙江省69个城市和地区为例》，《中国工业经济》2011年第6期。

量之间内部联系的基础上有效减少变量个数，最大限度地保持原始数据信息含量，而且能够规避指标人为权重评判中具有的主观性因素，提升指标体系评判的有效性。

在研究对象的确定中，本书选择对1999年至2013年我国以省域为单位的比较优势进行测算，在具体测度中，选择中国大陆地区29个省（市、自治区）的数据，基于数据可得性及有效性要求，本书在研究样本中剔除了海南、西藏，除特别标注外，测算中所用数据来自于历年《中国统计年鉴》、国泰安数据库及表4—1中所列出的相关年鉴。

表4—2　　区域比较优势评判结果及排序

年份 省份	1999		2002		2006		2009		2013		1999—2013	
	数值	名次	数值	名次	数值	名次	数值	名次	数值	名次	数值	名次
安徽	-0.13	16	-0.07	14	0.15	11	0.18	11	0.19	12	0.04	13
北京	0.42	7	0.39	6	-0.07	15	0.21	10	0.04	15	0.27	9
福建	-0.10	15	0.00	13	-0.02	13	0.00	14	-0.09	17	-0.03	14
甘肃	-0.37	24	-0.44	26	-0.53	27	-0.49	27	-0.53	26	-0.46	26
广东	1.42	1	1.39	1	1.00	2	1.02	2	0.85	2	1.21	1
广西	-0.20	19	-0.19	19	-0.25	20	-0.22	20	-0.2	18	-0.22	21
贵州	-0.42	25	-0.31	24	-0.34	24	-0.36	25	-0.31	23	-0.35	25
河北	0.27	8	0.22	9	0.32	8	0.22	9	0.21	11	0.25	10
河南	0.24	10	0.24	8	0.55	5	0.49	5	0.78	3	0.41	5
黑龙江	0.55	5	-0.22	22	-0.24	19	-0.33	24	-0.34	24	-0.17	18
湖北	0.17	12	0.08	11	0.30	9	0.15	13	0.1	14	0.13	12
湖南	0.11	13	0.08	12	0.30	10	0.17	12	0.16	13	0.14	11
吉林	-0.04	14	-0.20	20	-0.29	23	-0.25	22	-0.39	25	-0.26	23
江苏	0.62	3	0.75	3	1.09	1	1.19	1	1.19	1	0.96	2
江西	-0.24	21	-0.19	17	-0.02	14	-0.11	15	-0.2	19	-0.16	15
辽宁	0.62	4	0.20	10	0.42	6	0.33	8	0.34	8	0.35	7
内蒙古	-0.50	27	-0.40	25	-0.27	22	-0.32	23	-0.07	16	-0.32	24
宁夏	-0.72	29	-0.48	28	-0.34	25	-0.46	26	-0.61	28	-0.50	28
青海	-0.60	28	-0.58	29	-0.73	29	-0.62	29	-0.74	29	-0.64	29

续表

年份 省份	1999		2002		2006		2009		2013		1999—2013	
	数值	名次	数值	名次	数值	名次	数值	名次	数值	名次	数值	名次
山东	0.77	2	0.59	4	0.99	3	0.71	4	0.7	4	0.74	3
山西	-0.46	26	-0.18	16	-0.10	16	-0.21	19	0.49	6	-0.16	16
陕西	-0.19	18	-0.18	15	-0.15	17	-0.19	16	0.22	10	-0.16	17
上海	0.46	6	0.53	5	0.07	12	0.40	6	0.3	9	0.39	6
四川	0.19	11	0.28	7	0.41	7	0.35	7	0.36	7	0.32	8
天津	-0.23	20	-0.27	23	-0.37	26	-0.23	21	-0.22	21	-0.25	22
新疆	-0.26	22	-0.46	27	-0.62	28	-0.58	28	-0.59	27	-0.49	27
云南	-0.14	17	-0.20	21	-0.25	21	-0.20	17	-0.23	22	-0.21	19
浙江	0.25	9	0.96	2	0.73	4	0.73	3	0.65	5	0.72	4
重庆	-0.30	23	-0.19	18	-0.22	18	-0.20	18	-0.2	20	-0.21	20

表4—2中，对从空间地域层面进行横向对比能够看到，我国经济发达地区大多具有比较高的比较优势得分，而经济欠发达地区的得分普遍较低。例如以国家统计局采取的东部、中部、西部以及东北地区的区位划分①来看，在1999—2013年综合的比较优势评判结果排名中，东部地区在全部省份前十位的排名中占了7位。对这一现象的解释有两个方面，一是由于在经济发展水平方面，我国东部地区起步早，在相应政策倾斜下先发优势明显，与中西部及东北地区之间存在较大的领先优势，这种经济发展优势带来的配套设施及发展环境层面的优势，提升了区域的比较优势，同时，这也可以由外商直接投资多集中于东部发达地区等现象来解释。二是在本书中构建的比较优势指标体系中，为了全面系统地衡量区域具有的比较优势，选取各区域多个指标进行分析。而所选取的部分指标与区域经济总量具有正向相关

① 国家统计局的划分方式，即东北地区包括辽宁、吉林、黑龙江三省，东部地区包括北京、天津、河北、山东、上海、江苏、浙江、福建、海南、广东等十个省份，中部地区包括湖北、湖南、安徽、江西、山西、河南等六个省份，西部地区包括陕西、甘肃、内蒙古、宁夏、青海、新疆、重庆、四川、贵州、云南、广西以及西藏等十二个省份。

作用，这将突出发达区域在整体比较优势测度中的得分。为了规避上述偏误，更加清晰地描述区域比较优势，在后续的研究中，采用双维的分析思路，即在研究对象中，在整体分析的基础上，对经济发展水平相近的中西部及东北地区进行分析，在指标体系采用中，将针对生产成本和交易费用两个层面对比较优势进行评判。

从时间演进层面进行纵向对比分析来看，欠发达地区的比较优势有逐步提升的发展趋势。由表4—2中数据统计能够看出，在1999年和2002年，东部地区在全国比较优势前十位省份中占有七位，2010年占有六位，2013年占有五位。在东部地区前十占位减少的同时，中西部及东北地区内省份的比较优势逐步提升，西部地区1999年没有省份进入前十位，2002年四川进入前十位，2013年，四川和陕西进入前十位。这表明国家自1999年开始实施的西部大开发战略、中部崛起规划和振兴东北老工业基地规划等战略举措，在推动中西部地区区域经济发展的同时，对区域比较优势也具有提升作用。

表4—3　　**中西部及东北地区比较优势评判结果及排序**

年份 省份	1999		2002		2006		2009		2013		1999—2013	
	数值	名次	数值	名次	数值	名次	数值	名次	数值	名次	数值	名次
安徽	-0.13	8	-0.07	6	0.15	6	0.18	4	0.19	12	0.04	6
甘肃	-0.37	15	-0.44	17	-0.53	18	-0.49	18	-0.53	26	-0.46	17
广西	-0.20	11	-0.19	11	-0.25	12	-0.22	12	-0.2	18	-0.22	13
贵州	-0.42	16	-0.31	15	-0.34	16	-0.36	16	-0.31	23	-0.35	16
河南	0.24	3	0.24	2	0.55	1	0.49	1	0.78	3	0.41	1
黑龙江	0.55	2	-0.22	14	-0.24	11	-0.33	15	-0.34	24	-0.17	10
湖北	0.17	5	0.08	4	0.30	4	0.15	6	0.1	14	0.13	5
湖南	0.11	6	0.08	5	0.30	5	0.17	5	0.16	13	0.14	4
吉林	-0.04	7	-0.20	12	-0.29	15	-0.25	13	-0.39	25	-0.26	14
江西	-0.24	12	-0.19	9	-0.02	7	-0.11	7	-0.2	19	-0.16	9
辽宁	0.62	1	0.20	3	0.42	2	0.33	3	0.34	8	0.35	2
内蒙古	-0.50	18	-0.40	16	-0.27	14	-0.32	14	-0.07	16	-0.32	15
宁夏	-0.72	20	-0.48	19	-0.34	17	-0.46	17	-0.61	28	-0.50	19

续表

年份 省份	1999		2002		2006		2009		2013		1999—2013	
	数值	名次	数值	名次	数值	名次	数值	名次	数值	名次	数值	名次
青海	-0.60	19	-0.58	20	-0.73	20	-0.62	20	-0.74	29	-0.64	20
山西	-0.46	17	-0.18	8	-0.10	8	-0.21	11	0.49	6	-0.16	7
陕西	-0.19	10	-0.18	7	-0.15	9	-0.19	8	0.22	10	-0.16	8
四川	0.19	4	0.28	1	0.41	3	0.35	2	0.36	7	0.32	3
新疆	-0.26	13	-0.46	18	-0.62	19	-0.58	19	-0.59	27	-0.49	18
云南	-0.14	9	-0.20	13	-0.25	13	-0.20	9	-0.23	22	-0.21	12
重庆	-0.30	14	-0.19	10	-0.22	10	-0.20	10	-0.2	20	-0.21	11

表4—3中将中西部及东北地区省份进行排名分析，从板块发展来看，中部地区较西部和东北地区而言，比较优势较好，且呈现不断增强的发展趋势。1999年中部地区的六个省份中，有四个省份排名在前十位，而在2013年，六个省份全部位于前十名。从具体省份来看，东北地区的辽宁、西部地区的四川、重庆以及陕西等省份历年比较优势排名靠前且较为稳定。从表中能够看到，河南、辽宁、四川、湖南、湖北等省份历年的排名都比较靠前且较为稳定，这表明上述地区已经具有了较为稳定的比较优势，而内蒙古、贵州、甘肃、青海、新疆等省份（自治区）的历年排名靠后，其中一个可能的解释是：虽然上述地区资源富裕、土地广袤、劳动力成本较低，但是，由于物流成本及发展环境等层面的制约，阻碍了地区比较优势。为了验证这一解释，以及更清晰地分析各区域中比较优势的来源，以下分别从生产成本和交易费用两个层面分析评判各区域的比较优势。

表4—4　　**生产成本比较优势测算结果**

年份 省份	1999		2002		2006		2009		2013		1999—2013	
	数值	名次	数值	名次	数值	名次	数值	名次	数值	名次	数值	名次
安徽	0.91	10	0.26	9	0.25	11	0.24	10	0.21	11	0.24	11
北京	-1.46	28	-0.88	28	-0.93	28	-0.88	28	-0.90	28	-0.90	28

续表

省份＼年份	1999		2002		2006		2009		2013		1999—2013	
	数值	名次	数值	名次	数值	名次	数值	名次	数值	名次	数值	名次
福 建	-0.49	24	-0.15	22	-0.11	20	-0.04	19	-0.05	18	-0.04	18
甘 肃	-0.26	22	-0.18	24	-0.19	24	-0.16	22	-0.14	21	-0.13	22
广 东	0.02	18	0.24	11	0.33	8	0.36	6	0.54	5	0.41	6
广 西	0.30	14	-0.05	19	-0.08	19	-0.02	17	0.02	15	0.00	16
贵 州	0.20	16	-0.13	20	-0.16	22	-0.19	24	-0.23	24	-0.19	24
河 北	1.51	4	0.52	4	0.53	4	0.61	4	0.61	4	0.59	4
河 南	1.93	2	0.79	2	0.72	2	0.81	2	0.82	2	0.82	2
黑龙江	1.14	7	0.39	6	0.41	7	0.31	8	0.25	10	0.31	8
湖 北	0.93	8	0.39	7	0.45	5	0.33	7	0.33	7	0.31	9
湖 南	0.92	9	0.33	8	0.30	9	0.31	9	0.32	8	0.32	7
吉 林	0.15	17	-0.03	17	-0.02	15	0.02	16	-0.05	17	0.02	15
江 苏	1.81	3	0.60	3	0.64	3	0.65	3	0.75	3	0.67	3
江 西	0.21	15	0.14	13	0.16	13	0.13	13	0.06	14	0.11	13
辽 宁	0.82	12	0.22	12	0.23	12	0.22	11	0.28	9	0.28	10
内蒙古	0.58	13	-0.03	16	-0.04	17	-0.05	20	-0.15	22	-0.05	21
宁 夏	-0.75	25	-0.54	25	-0.57	25	-0.59	26	-0.65	27	-0.62	26
青 海	-1.13	26	-0.60	26	-0.59	27	-0.58	25	-0.61	26	-0.58	25
山 东	2.19	1	1.18	1	1.22	1	1.08	1	1.11	1	1.09	1
山 西	1.30	5	0.10	14	0.04	14	0.03	15	-0.05	16	-0.02	17
陕 西	0.86	11	0.26	10	0.25	10	0.19	12	0.19	12	0.18	12
上 海	-2.11	29	-0.93	29	-1.00	29	-1.15	29	-1.00	29	-1.09	29
四 川	1.24	6	0.47	5	0.43	6	0.50	5	0.46	6	0.46	5
天 津	-1.22	27	-0.61	27	-0.58	26	-0.60	27	-0.59	25	-0.63	27
新 疆	-0.02	20	-0.01	15	-0.04	18	-0.04	18	-0.07	19	-0.04	19
云 南	-0.04	21	-0.13	21	-0.14	21	-0.06	21	-0.07	20	-0.05	20
浙 江	-0.28	23	-0.05	18	-0.02	16	0.06	14	0.14	13	0.08	14
重 庆	0.00	19	-0.15	23	-0.17	23	-0.16	23	-0.17	23	-0.16	23

表4—4是1999年至2013年各省份生产成本比较优势的测算结

果，从表中能够得到：从纵向发展的角度来看，总体而言，各地区生产成本层面比较优势排名较为稳定，无太大变化；从横向对比的角度来看，生产成本层面的比较优势与整体比较优势的结论并不相同。在生产成本要素层面的比较优势中，排名第一的是山东省，而并非经济总量和总体比较优势最高的广东省，与此同时，重庆、天津、上海等经济总量和总体比较优势较高的地区，在生产成本层面比较优势的排名较后。从整体来看，西部地区省份在生产成本层面比较优势的排名大多有所提升，例如陕西在总体比较优势中的排名为第 17 位，而在生产成本层面提升至 12 位，此外，四川、新疆、甘肃、内蒙古分别上升了 3、7、4、3 位。对此一个可能的解释是在生产成本比较优势测度的指标体系中，将劳动力数量、能源数量等作为正向指标，将工资指数的倒数作为衡量劳动力成本的负向指标，从而体现在测量结论中的是一些发达地区在生产成本层面并不具有相对优势，因此相对于总体比较优势而言，排位下降，而与此同时，在要素价格和供给数量中具有比较优势的西部地区省份则排名有所上升。

为了更加清晰地表现区域间在不同生产要素层面的比较优势，基于落后地区的基本特点和传统产业分类方法，本书将生产成本比较优势进一步细分为劳动力及能源、资本及技术两个层面进行分析，并对区域在相关要素层面的比较优势进行排名，如表 4—5 所示。

表 4—5　　**劳动力及能源层面比较优势测算结果**

年份 / 省份	1999		2002		2006		2009		2013		1999—2013	
	数值	名次	数值	名次	数值	名次	数值	名次	数值	名次	数值	名次
安徽	0.2	11	0.3	8	0.19	11	0.16	11	0.13	12	0.23	11
北京	-0.8	28	-0.7	27	-0.94	28	-0.92	28	-1.07	29	-0.9	28
福建	-0.34	24	-0.32	24	-0.17	21	-0.11	20	-0.15	21	-0.21	23
甘肃	-0.2	22	-0.27	23	-0.18	22	-0.12	21	-0.04	18	-0.16	21
广东	-0.39	25	-0.59	25	-0.61	25	-0.65	26	-0.62	26	-0.61	25
广西	0.04	14	-0.03	15	-0.09	17	-0.06	18	0.03	14	-0.04	16
贵州	0.01	15	0.09	13	0.22	10	0.21	10	0.24	10	0.23	10

续表

省份＼年份	1999		2002		2006		2009		2013		1999—2013	
	数值	名次	数值	名次	数值	名次	数值	名次	数值	名次	数值	名次
河 北	0. 45	4	0. 5	4	0. 46	4	0. 53	3	0. 6	3	0. 51	3
河 南	0. 68	2	0. 81	2	0. 64	2	0. 72	2	0. 77	2	0. 76	2
黑龙江	0. 66	3	0. 52	3	0. 57	3	0. 46	4	0. 37	7	0. 5	4
湖 北	-0. 12	20	-0. 2	21	-0. 26	24	-0. 24	24	-0. 22	23	-0. 22	24
湖 南	-0. 11	19	-0. 15	19	-0. 11	18	-0. 16	22	-0. 26	24	-0. 14	20
吉 林	-0. 05	17	-0. 06	16	-0. 02	16	-0. 02	16	-0. 02	17	-0. 05	17
江 苏	-0. 57	26	-0. 73	28	-0. 64	26	-0. 62	25	-0. 58	25	-0. 66	26
江 西	-0. 18	21	-0. 12	18	-0. 15	19	-0. 03	17	0	16	-0. 09	18
辽 宁	0. 18	12	0. 2	11	0. 12	13	0. 08	13	0. 15	11	0. 14	12
内蒙古	-0. 02	16	-0. 01	14	0. 13	12	0. 07	14	0. 01	15	0. 06	14
宁 夏	0. 23	10	0. 11	12	0. 04	15	0	15	-0. 05	20	0. 12	13
青 海	0. 24	8	0. 29	9	0. 26	9	0. 28	9	0. 27	9	0. 28	8
山 东	0. 72	1	0. 9	1	1. 05	1	0. 96	1	0. 92	1	0. 96	1
山 西	0. 45	5	0. 45	5	0. 4	6	0. 43	5	0. 46	4	0. 41	5
陕 西	0. 23	9	0. 25	10	0. 28	8	0. 38	7	0. 38	5	0. 25	9
上 海	-1. 09	29	-0. 88	29	-1. 02	29	-1. 12	29	-1. 04	28	-1. 04	29
四 川	0. 39	6	0. 42	6	0. 38	7	0. 39	6	0. 38	6	0. 4	6
天 津	-0. 66	27	-0. 64	26	-0. 67	27	-0. 73	27	-0. 79	27	-0. 71	27
新 疆	0. 17	13	-0. 11	17	0. 05	14	0. 09	12	0. 07	13	-0. 03	15
云 南	-0. 08	18	-0. 17	20	-0. 16	20	-0. 08	19	-0. 04	19	-0. 12	19
浙 江	-0. 32	23	-0. 24	22	-0. 2	23	-0. 18	23	-0. 2	22	-0. 18	22
重 庆	0. 27	7	0. 36	7	0. 42	5	0. 3	8	0. 3	8	0. 33	7

从表4—5中能够看出，就具体测算结果的排名来看，中西部落后地区在劳动力及能源层面具有相对较高的比较优势，从历年综合评判结果来看，中西部地区在前十名的排名中占到七位，而东部发达地区的省份排名则普遍靠后，这反映出东部地区在劳动力及能源层面不具有比较优势，因此，在相关产业发展中，也不应以劳动力及能源密

集型产业作为主导产业。就历年之间的排名变动来看，各省份之间并没有出现较大的波动，这与在测算中所选取的指标有关，但也反映了区域中劳动力及能源的相对稳定性。

表4—6　　资本及技术层面比较优势测算结果

年份 省份	1999		2002		2006		2009		2013		1999—2013	
	数值	名次	数值	名次	数值	名次	数值	名次	数值	名次	数值	名次
安徽	-0.13	13	-0.3	14	-0.39	14	-0.08	11	-0.02	11	-0.02	11
北京	0.96	6	1.11	6	1.09	6	0.6	6	0.45	6	0.72	6
福建	0.45	7	0.24	7	0.28	7	0.41	7	0.45	7	0.42	7
甘肃	-0.82	27	-0.79	27	-0.86	27	-0.91	27	-0.9	27	-0.9	27
广东	3.54	1	3.41	1	2.8	1	2.3	2	1.85	2	2.41	2
广西	-0.74	24	-0.64	22	-0.64	23	-0.62	23	-0.52	18	-0.59	22
贵州	-0.77	25	-0.69	25	-0.75	26	-0.87	26	-0.79	26	-0.83	26
河北	0.26	8	0.04	9	-0.04	10	0.03	10	0.27	9	-0.02	10
河南	0.07	11	-0.06	11	0.21	8	0.29	8	0.28	8	0.22	8
黑龙江	-0.2	15	-0.33	15	-0.49	17	-0.54	19	-0.48	17	-0.5	17
湖北	-0.1	12	-0.19	12	-0.25	12	-0.14	12	-0.04	12	-0.13	12
湖南	-0.18	14	-0.23	13	-0.35	13	-0.24	13	-0.18	13	-0.23	13
吉林	-0.48	17	-0.48	18	-0.49	16	-0.55	20	-0.53	19	-0.55	19
江苏	1.42	2	1.64	2	1.91	2	2.88	1	3.49	1	2.87	1
江西	-0.48	18	-0.52	19	-0.52	19	-0.51	18	-0.56	21	-0.58	20
辽宁	0.1	10	-0.02	10	-0.23	11	-0.34	14	-0.25	14	-0.27	14
内蒙古	-0.7	21	-0.6	21	-0.58	22	-0.58	21	-0.65	23	-0.59	21
宁夏	-1.09	28	-1.02	28	-1.04	28	-1.07	28	-1.1	28	-1.07	28
青海	-1.13	29	-1.07	29	-1.08	29	-1.09	29	-1.12	29	-1.1	29
山东	1.11	5	1.22	4	1.66	4	1.38	5	1.38	4	1.45	4
山西	-0.71	22	-0.68	23	-0.66	24	-0.62	22	-0.6	22	-0.63	23
陕西	-0.55	19	-0.56	20	-0.55	20	-0.41	16	-0.33	16	-0.43	16
上海	1.31	3	1.53	3	1.73	3	1.46	3	1.47	3	1.52	3
四川	-0.56	20	-0.48	17	-0.46	15	-0.39	15	-0.32	15	-0.36	15

续表

省份＼年份	1999		2002		2006		2009		2013		1999—2013	
	数值	名次	数值	名次	数值	名次	数值	名次	数值	名次	数值	名次
天 津	0. 24	9	0. 15	8	0. 07	9	0. 21	9	0. 12	10	0. 09	9
新 疆	-0. 73	23	-0. 68	24	-0. 72	25	-0. 84	25	-0. 77	25	-0. 79	25
云 南	-0. 79	26	-0. 72	26	-0. 55	21	-0. 67	24	-0. 68	24	-0. 65	24
浙 江	1. 19	4	1. 2	5	1. 41	5	1. 4	4	0. 6	5	1. 07	5
重 庆	-0. 48	16	-0. 47	16	-0. 5	18	-0. 49	17	-0. 54	20	-0. 54	18

表4—6为资本及技术层面比较优势的排名，从表中能够看出，与劳动力及能源比较优势的测算结果相反，东部地区在资本及技术层面具有比较优势，在历年综合评判结果中，东部地区在前十名中占到九位，而中西部地区省份的排名均较为靠后。这一测度结果将为后续区域产业布局及转移的衡量与评价提供依据。

表4—7　　**交易费用比较优势测算结果**

省份＼年份	1999		2002		2006		2009		2013		1999—2013	
	数值	名次	数值	名次	数值	名次	数值	名次	数值	名次	数值	名次
安 徽	-0. 25	19	-0. 21	18	0. 07	16	0. 23	13	0. 22	12	-0. 16	18
北 京	0. 46	5	0. 46	5	0. 45	7	0. 56	6	0. 82	2	0. 46	5
福 建	0. 22	9	0. 10	10	0. 14	12	0. 03	14	0. 11	13	0. 13	12
甘 肃	-0. 62	29	-0. 67	29	-0. 72	28	-0. 59	28	-0. 65	28	-0. 63	28
广 东	1. 31	1	0. 99	2	1. 08	1	0. 82	2	0. 75	3	1. 08	1
广 西	-0. 28	20	-0. 35	24	-0. 44	26	-0. 38	23	-0. 28	24	-0. 37	23
贵 州	-0. 44	25	-0. 24	21	-0. 43	25	-0. 52	25	-0. 47	25	-0. 42	25
河 北	0. 26	7	0. 18	9	0. 25	10	0. 38	10	0. 43	10	0. 22	9
河 南	-0. 09	16	-0. 18	17	0. 12	13	0. 26	12	-0. 01	14	0. 07	14
黑龙江	-0. 21	18	-0. 08	15	0. 09	15	-0. 12	18	-0. 12	17	-0. 09	16
湖 北	-0. 07	15	0. 00	16	-0. 20	22	-0. 42	24	-0. 23	22	-0. 14	17
湖 南	-0. 01	14	0. 08	12	0. 20	11	0. 37	11	0. 44	8	0. 19	11
吉 林	-0. 36	23	-0. 33	22	-0. 15	20	-0. 23	21	-0. 23	21	-0. 16	20

续表

年份 省份	1999		2002		2006		2009		2013		1999—2013	
	数值	名次	数值	名次	数值	名次	数值	名次	数值	名次	数值	名次
江苏	0.83	3	0.64	4	0.94	2	1.02	1	1.03	1	0.75	4
江西	-0.46	26	-0.33	23	-0.12	18	-0.12	19	-0.25	23	-0.35	22
辽宁	0.19	10	0.46	6	0.46	5	0.43	8	0.43	9	0.32	8
内蒙古	-0.42	24	-0.44	26	-0.33	23	-0.30	22	-0.22	20	-0.40	24
宁夏	-0.30	21	-0.23	20	-0.18	21	-0.57	27	-0.59	27	-0.16	19
青海	-0.49	28	-0.52	28	-0.82	29	-0.81	29	-0.81	29	-0.65	29
山东	0.23	8	0.24	8	0.45	6	0.43	7	0.50	7	0.33	7
山西	-0.12	17	-0.08	14	0.11	14	-0.05	16	-0.04	16	-0.23	21
陕西	0.06	12	-0.23	19	-0.14	19	0.01	15	-0.02	15	0.04	15
上海	0.75	4	0.72	3	0.71	4	0.82	3	0.74	4	1.02	2
四川	0.29	6	0.31	7	0.34	9	0.59	5	0.66	6	0.34	6
天津	0.11	11	-0.09	13	0.35	8	0.42	9	0.37	11	0.21	10
新疆	-0.49	27	-0.51	27	-0.67	27	-0.56	26	-0.58	26	-0.56	27
云南	-0.33	22	-0.39	25	-0.37	24	-0.16	20	-0.17	18	-0.45	26
浙江	1.02	2	1.41	1	0.91	3	0.71	4	0.72	5	0.76	3
重庆	0.00	13	0.10	11	-0.11	17	-0.12	17	-0.18	19	0.07	13

交易费用比较优势包含产业发展条件和发展环境方面所具有的比较优势，表4—7为1999年至2013年各省份交易费用层面的比较优势测算结果。由表中能够得到：

第一，从横向对比的角度来看，发达地区在交易费用层面具有明显的比较优势，而落后地区则排名靠后。在交易费用1999—2013年的总体排名中，位于前三位的分别为广东、上海、浙江，而这三个地区正是我国经济发展水平较高的区域，排名后几位是云南、青海、新疆、甘肃等西部地区省份，这表明区域经济发展水平提升与交易费用比较优势之间存在一定程度的正相关关系，经济发展水平的提升有助于促进产业发展环境的优化和交易费用的降低。

第二，从纵向发展的角度来看，在考察期中，各省份的排名只有小范围波动而并未出现明显的变动，而结合表4—3和表4—4中对于综合比较优势和生产成本层面比较优势的测算结果进行分析，则能够得到一个较为明显的现象，即相对于西部地区在生产成本层面具有的比较优势，在交易费用层面却不具有比较优势，而东部发达地区则正好具有相反的特征，即在配套设施及发展环境层面具有比较优势，在生产要素层面的排名却落后于综合比较优势的排名。

三　研究结论

在本节中，首先，基于第三章中关于比较优势的内涵界定，并结合多元性、层次性、可比性及实用性的原则，构建了由内部生产成本层面比较优势和外部交易费用层面比较优势构成的三级指标体系，其中，内部生产成本包含资本、劳动力、技术、能源等生产要素层面比较优势测度指标，外部交易费用包含产业发展环境和配套设施等两个层面的比较优势。整体指标体系由三级十六个具体指标构成。其次，利用该指标体系，借助因子分析法，对我国各省份（自治区、直辖市）1999年至2013年的比较优势进行测算，在对测度结果进行的对比分析中，不仅分别对研究对象整体和同特征区域的比较优势进行了分类研究，而且以横向对比和纵向法发展的视角对比较优势的特征进行评判，经过上述分析，得出以下几方面结论。

第一，在总体比较优势中，从横向对比来看，以东部地区为代表的经济发达地区比较优势明显高于经济欠发达地区；从纵向发展来看，在考察期中，以中西部为代表的落后地区比较优势有所提升。在排除经济发展水平差异，将中西部及东北地区为考察对象进行分析，中部地区比较优势相对其他区域好，为产业梯度转移奠定了基础。

第二，在生产成本比较优势中，相对于发达地区而言，部分落后省份的生产成本比较优势排名靠前，且在考察期中呈现出上升趋势，这表明随着发达地区要素拥挤效应的显现，落后地区在生产要素成本及富集程度的比较优势不断增强。

第三，在交易费用比较优势中，发达地区在交易费用层面具有明显的比较优势，而落后地区则排名靠后，这表明对于落后地区而言，通过完善发展条件，优化发展环境，提升自身在交易费用层面的比较优势，对于提升自身整体比较优势，推动地区经济增长具有重要作用。

综上所述，现阶段东部发达地区综合比较优势较高，在落后区域中，中部地区比较优势较好。而落后地区的比较优势主要体现在生产成本层面，发达地区在交易费用即发展环境和发展条件层面具有比较优势。因此，发达地区应通过优化经济结构，转变经济发展方式，规避和降低要素层面的比较劣势，而对于落后地区而言，应着力于区域发展环境和发展条件层面的改善和优化，降低交易费用，以提升综合比较优势，进而将其转化为区域经济发展的驱动力。

第三节　产业转移的统计性分析

在本书第三章理论分析中，将本书所研究的产业转移界定为区域中基于比较优势驱动下产业生产规模的变动过程，就研究范畴而言，不仅包含以企业迁移为代表的显性产业转移，而且包含以产业生产规模变动为特征的隐形产业转移；就形成机制而言，既包含以企业空间变动带来的区域间一对一的转移，也包含由于跨区域投资及企业区域内破产、新建等带来的区域间多对一及多对多的转移。因此，在本部分对产业转移的测度中，采取以区域中产业生产能力变动为测度指标。

一　测度方法综述

在现阶段关于产业转移的实证研究中，根据测度指标、测度方法的不同，能够分为以下几类：一是以考察期内区域产业总产值、区域产业就业人数等统计性指标的变化，来评判区域产业转移情况。范剑勇以产业产值最高区域的变化为衡量标准，对长江三角洲区域的产业转移进行测度①。贺曲夫、刘友金以区域产业产值占比变化 5% 为标

① 范剑勇：《长三角一体化：地区专业化与制造业空间转移》，《管理世界》2004 年第 11 期。

准，对2000年到2010年我国东中西部地区27个产业的转移情况进行分析[①]。此外，陈建军利用企业问卷调查方式，对我国区域产业转移进行实证研究[②]。刘英基以区域境内省外实际到位资金变化作为产业转移的指向指标。上述研究指标及方法都具有较强的合理性，但是也具有一定局限性：以产业总产量的变动为衡量指标能够衡量绝对意义层面的产业转移，但是产业总产值增长与技术进步等多重要素相关，因此以总产量衡量可能存在偏误；以产业最高份额变动为产业转移衡量指标能够明晰地揭示产业生产格局在区域间的变动，但是当份额最大区域产业生产总值有明显下降而份额排名不变时，则会掩盖区域产业转移的事实；以企业问卷调查的难点在于数据的来源和准确性方面。由于产业转移是区域间产业发展格局变化的相对概念，以区域产业产值占比变化为指标能够提升产业转移测度中的准确性[③]。

二是以考察期内区域产业集聚度及专业化指标变动作为区域产业转移的评判指标。其中，常见的测度指标有行业集中度、变异指数、区位熵、赫希曼·赫芬达尔指数、空间基尼系数、空间集聚指数等。在具体测度中，Henderson、魏后凯等学者利用赫希曼·赫芬达尔指数对区域产业专业化判定及变动进行分析[④]；白重恩等结合地方政府保护主义的视角，利用空间基尼系数对区域产业集中度进行测度[⑤]；艾米提（Amiti，2001）、文玫、路江涌、陶志刚、樊福卓、苗长青、马睐等学者都利用空间基尼系数对地区产业格局的变动及产业转移问题进行研究；罗勇、杨洪焦、郝俊卿等学者利用将空间距离引入测度的EG指数对产业集聚及变动趋势进行分析。在上述指标测度中，空

① 贺曲夫、刘友金：《我国东中西部地区间产业转移的特征与趋势——基于2000—2010年统计数据的实证分析》，《经济地理》2012年第12期。

② 陈建军：《中国现阶段的产业区域转移及其动力机制》，《中国工业经济》2002年第8期。

③ 冯根福、刘志勇、蒋文定：《我国东中西部地区间工业产业转移的趋势、特征及形成原因分析》，《当代经济科学》2010年第2期。

④ 魏后凯：《我国产业集聚的特点、存在问题及对策》，《经济学动态》2004年第9期。

⑤ 白重恩、杜颖娟、陶志刚：《地方保护主义及产业地区集中度的决定因素和变动趋势》，《经济研究》2004年第4期。

间基尼系数是测度空间产业专业化及布局变动中较为常用的指标[①]，也更具有测度比较的一般性[②]，因此，本章后续实证计算中将结合空间基尼系数的测算思路，对我国省域制造业产业转移进行测度。

通过上述分析，通过区域中产业生产产值、就业人数等统计性指标占比变动分析，能够清晰地观察产业生产能力在区域间的变动趋势，而利用空间基尼系数，能够对区域中产业专业化水平进行测度。因此，在本部分的研究中，将利用上述两种测度指标对区域产业转移进行分析。在分析对象选择方面，现有研究中关于产业转移的分析对象有两类：一是以区域入手，分析区域中主导产业及市场份额较高产业的变动情况，可参见范剑勇[③]、路江涌和陶志刚[④]、贺曲夫[⑤]等学者的研究；二是以产业入手，分析产业在各区域中的集中程度及布局变化情况，可参见李国平和范红忠、樊福卓[⑥]、梁琦[⑦]等学者的研究。在此，本书将综合利用两种视角，对我国区域产业转移情况进行测度。

二　具体方法及指标选择

在本部分的具体测算中，安排如下：首先利用区域空间基尼系数和行业集中度对我国产业集聚程度和专业化水平的现状进行总体评价；其次，以区域中工业产业的生产占比变动为考察指标，对各产业生产能力在区域间的变动趋势进行分析。通过上述两个层面，对我国区域中产业转移进行评判。

---

① 樊福卓：《地区专业化的度量》，《经济研究》2007 年第 9 期。

② 吴安波：《中国制造业区域专业化程度的测度、特征及变动趋势》，《数量经济技术经济研究》2009 年第 5 期。

③ 范剑勇：《长三角一体化：地区专业化与制造业空间转移》，《管理世界》2004 年第 11 期。

④ 路江涌、陶志刚：《中国制造业区域聚集及国际比较》，《经济研究》2006 年第 3 期。

⑤ 贺曲夫、刘友金：《我国东中西部地区间产业转移的特征与趋势——基于 2000—2010 年统计数据的实证分析》，《经济地理》2012 年第 12 期。

⑥ 樊福卓：《地区专业化的度量》，《经济研究》2007 年第 9 期。

⑦ 梁琦、黄利春：《要素集聚的产业地理效应》，《广东社会科学》2014 年第 7 期。

在此，主要对空间基尼系数测算方法进行介绍。空间基尼系数最早由胡佛（Hoover）于1936年提出，是为了测度某一行业在各区域之间的聚集程度。

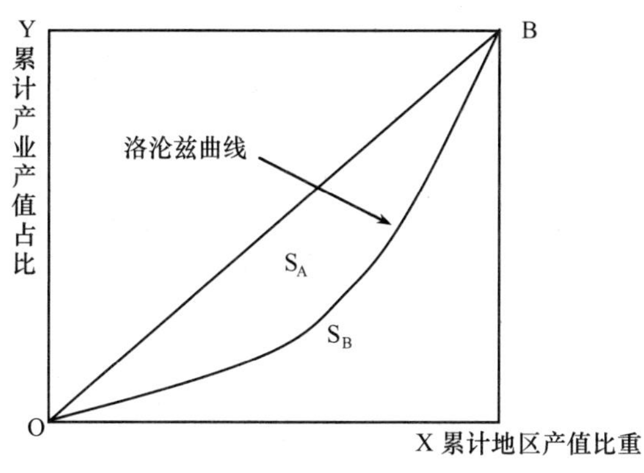

图4—2　空间基尼系数

计算思路是通过计算区位熵，以测度某一地区的产业生产结构与全国的差异，而后某一行业所在的所有地区的区位熵进行降序排列，得到关于该行业的区域序列，再将该行业在各区域中产值的累进百分比列在y轴上，将各地区总产值的累进百分比列在x轴上，从而构建描绘某一产业在各区域中分布状况的曲线，如图4—2所示。

$$G = \frac{S_A}{S_A + S_B} \tag{4—28}$$

空间基尼系数即为该曲线与原点出发45度射线所围成面积与曲线所在直角三角形面积的比值。当该产业在各地区匀质分布，则该曲线与45度射线重合，则空间基尼系数为0；当该产业全部集中于某一区域时，则该曲线围成面积与所在的直角三角形重合，则空间基尼系数为1。

在具体的测算中，本书对克鲁格曼（Krugman）的计算方法进行了优化，具体的推导运算过程如下。

假设m表示所讨论地区的个数、表示其中的某一地区，n表示研究对象中所包含的全体行业数，j 表示其中的某一产业。X_{ij} 表示 i 地区中 j 产业的产值，X_j表示整体区域中 j 产业的产值。X_i 表示 i 地区中全体产业的总产值，X 为全体区域的生产总产值，则有：

$$
\begin{aligned}
G &= \sum_i \left(\frac{X_{ij}}{X_j} \times \frac{X_j}{X}\right) + 2\sum_i \frac{X_j}{X}\left(1 - \frac{X_{ij}}{X_j}\right) - 1 \\
&= \sum_i (M_i - M_{i-1})(Qi - Q_{i-1}) + 2\sum_i (M_i - M_{i-1})(1 - Q_{i-1}) - 1 \\
&= M_n Q_n - 1 - \sum_{i=1}^{n-1} M_i Q_{i+1} - \sum_{i=1}^{n-1} M_{i+1} Q_i + 2\sum_{i=1}^{n-2} M_i Q_{i+1} + 2M_{n-1} \\
&= 2M_{n-1}Q_n - M_{n-1}Q_n + \sum_{i=1}^{n-2} M_i Q_{i+1} - \sum_{i=1}^{n-1} M_{i+1} Q_i \\
&= \sum_{i=1}^{n-1} (\mathrm{M_i Q_{i+1}} - \mathrm{M_{i+1}} Q_i)
\end{aligned}
\tag{4—29}
$$

其中，$M_i = \sum_{j=1}^{i} \frac{X_{ij}}{X_i}$，$Q_i = \sum_{j=1}^{i} p_j = \sum_{j=1}^{i} \frac{X_j}{X}$

在式（4—29）中，M_i 表示由 1 至 i 地区中 n 产业占全国 n 产业比重的加总，Q_i 表示由 1 至 i 地区中工业产值占全国总产值比重的加总。

在研究对象选择方面：本书以制造业为研究对象，在《国民经济行业分类》（GB/T 4754—2002）① 中，为 C13 农副食品加工业至 C43 废弃资源和废旧材料加工回收工业等 30 个产业。基于数据可得性等因素，剔除了 C38 武器弹药制造等行业，最终选取 28 个行业进行研究，具体包括：C13 农副食品加工业；C14 食品制造业；C15 饮料制造业；C16 烟草制品业；C17 纺织业；C18 纺织服装、鞋、帽制造业；C19 皮革、毛皮、羽绒及其制品业；C20 木材加工及竹、藤、棕、草制品业；C21 家具制造业；C22 造纸及纸制品业；C23 印刷业和记录媒介的复制；C24 文教体育用品制造业；C25 石油加工、炼焦及核燃

① 在《国民经济行业分类》（GB/T 4754—2011）中，重新界定了制造业的分类，但是其不影响《中国工业统计年鉴》（2012）的统计口径，且本书的研究数据界线为 1999 年至 2013 年，因此，为了最小化数据偏误，仍采取《国民经济行业分类》（GB/T 4754—2002）的产业划分标准进行研究，仅对 2012 年及 2013 年统计数据进行四分位数处理。

料加工业；C26 化学原料及化学制品制造业；C27 医药制造业；C28 化学纤维制造业；C29 橡胶制品业；C30 塑料制品业；C31 非金属矿物制品业；C32 黑色金属冶炼及压延加工业；C33 有色金属冶炼及压延加工业；C34 金属制品业；C35 通用设备制造业；C36 专用设备制造业；C37 交通运输设备制造业；C39 电气机械及器材制造业；C40 电子及通信设备制造业；C41 仪器仪表及文化、办公用机械制造业。在地域选择方面，基于数据可得性和完整性的要求，本书在研究中剔除了西藏、海南两省。

在研究时段方面：本书选择 1999 年之后的数据进行研究，这是由于：一是在指标统计方法方面，1998 年起我国统计口径发生变化，将乡级及以上工业企业的统计口径改为国有企业及年销售额 500 万以上的非国有制经济；二是在地域数据方面，1998 年重庆市从四川省划分出来，成为我国的直辖市。因此，本书选择 1999 年为研究起点能够保证研究对象的一致性。此外，由于在《国民经济行业分类》（GB/T 4754—2011）颁布后，在《中国工业统计年鉴》（2013）中具有产业统计口径方面较大的差异，为了最大化扩展研究时段及最小化数据偏误，本书将研究时段的截止时间选择为最近的 2013 年数据，对此，将 2012 年和 2013 年制造业各产业统计数据以产业四位数数据为基础进行调整。综上，本书的研究时段选择为 1999 年至 2013 年。

研究数据处理：在统计口径方面，自 2003 年以后国民经济的分类标准发生变化，主要体现在将原先食品加工业转变为农副食品加工业、将原先普通机械制造业转变为通用设备制造业。通过对比可知，通用设备制造业的变动不大，因而在计算中不进行调整。而对于农副食品加工业的变动，当前研究中主要有两种处理方法，其一是以杨洪焦等①为代表，将原先两个产业进行合并计算；其二是以闫逢柱、乔娟②为代表，利用四位数制造业代码表中的行业分类，重新调整及统

① 杨洪焦、孙林岩、吴安波：《中国制造业聚集度的变动趋势及其影响因素研究》，《中国工业经济》2008 年第 4 期。

② 闫逢柱、乔娟：《产业集聚一定有利于产业成长吗？——基于中国制造业的实证分析》，《经济评论》2010 年第 9 期。

一研究口径。显然，以四位数制造业代码行业数据进行重新整理能够避免统计口径差异带来的偏差。

三　测算结果及分析

（一）我国产业生产布局总体评价

在表4—8中测算了我国制造业自1999—2013年空间基尼系数，从所测算的指数得分的横向对比及纵向的变动趋势，进而对我国产业空间分布及变化发展进行分析。

对各产业空间基尼系数进行横向分析对比来看，我国产业的空间基尼系数分布不均，且大小差异很大，这反映出产业之间不同的发展特点，空间基尼系数处于较高发展水平即产业聚集度较高的产业有：C16、C17、C18、C19、C28、C34、C40、C41。在上述产业中，烟草加工业属于国家限制类产业，其生产及布局具有原材料依赖性及政策限制性双重特点，而纺织业、服装及其他纤维制品制造业以及皮革、毛皮、羽绒及其制品业属于成熟型产业及传统的劳动密集型产业，高集聚效应可能与发展中的路径依赖以及原材料依赖性相关，电子及通信设备制造业以及仪器仪表及文化、办公用机械制造业属于知识密集型产业，存在较大的规模效应。空间基尼系数较低的产业有食品加工业、食品制造业、饮料制造业等产业，它们并非传统意义上的劳动密集型或知识密集型产业，其规模效应较弱，具有收入弹性较小的特点。

对各产业空间基尼系数的变动进行纵向分析来看，具有明显增长趋势的产业有C24、C28、C29、C36、C40、C41，这表现出上述产业空间集中程度在提高，呈现出进一步集聚的发展趋势，从产业特点来看，上述产业大多具有技术和知识密集型特点，集聚带来的规模效应将推动产业生产布局的集中。具有下降趋势的产业有C15、C16、C18、C21、C25、C30、C32、C34，这表明上述产业呈现出空间分布分散化、均衡化的发展趋势，从产业特点来看，上述产业大多具有资源和劳动密集型特点，根据资源或劳动力边际收益的变化，上述产业可能做出生产布局的调整。在后续将结合各地区产业生产比重的变动分析我国产业空间布局的变动情况。

表 4—8　　我国制造业空间基尼系数（1999—2013 年）①

产业＼年份	1999	2000	2001	2002	2003	2004	2005	2006	2007	2008	2009	2010	2011	2012	2013	变动
C13	0.09	0.12	0.13	0.14	0.12	0.15	0.17	0.17	0.16	0.17	0.16	0.14	0.15	0.14	0.13	↑
C14	0.04	0.05	0.07	0.06	0.05	0.06	0.09	0.10	0.13	0.11	0.14	0.13	0.14	0.12	0.15	↑
C15	0.02	0.02	0.03	0.06	0.05	0.03	0.01	0.01	0.03	0.03	0.03	0.06	0.05	0.04	0.09	—
C16*	0.45*	0.46*	0.39*	0.28*	0.24*	0.25*	0.25*	0.26*	0.27*	0.24*	0.30*	0.27*	0.29*	0.26	0.30*	↓
C17*	0.27*	0.27*	0.29*	0.30*	0.30*	0.32*	0.32*	0.33*	0.32*	0.33*	0.29*	0.26*	0.28*	0.25*	0.25*	↑
C18*	0.33*	0.32*	0.32*	0.33*	0.31*	0.28*	0.28*	0.28*	0.28*	0.28*	0.27*	0.26*	0.27*	0.24	0.25*	↓
C19*	0.37*	0.37*	0.36*	0.40*	0.38*	0.37*	0.37*	0.36*	0.35*	0.36*	0.38*	0.44*	0.41*	0.38	0.45*	↑
C20	0.10	0.10	0.09	0.08	0.04	0.09	0.11	0.12	0.12	0.10	0.11	0.10	0.11	0.10	0.15	—
C21	0.15	0.16	0.18	0.19	0.24*	0.28*	0.26*	0.26*	0.27*	0.29*	0.28*	0.28*	0.28*	0.26	0.28*	↑
C22	0.11	0.13	0.13	0.16	0.19	0.21*	0.20*	0.20*	0.19	0.18	0.15	0.15	0.15	0.14	0.14	↑
C23	0.07	0.08	0.09	0.09	0.15	0.16	0.15	0.13	0.12	0.11	0.12	0.12	0.12	0.11	0.10	↑
C24*	0.19*	0.20*	0.19*	0.19	0.20*	0.20*	0.19	0.20*	0.20*	0.20*	0.20*	0.20*	0.20*	0.18	0.22*	—
C25	0.12	0.16	0.14	0.15	0.11	0.11	0.08	0.08	0.08	0.10	0.09	0.06	0.08	0.07	0.09	↓

① 表中行业历年空间基尼系数测算数值后加＊，表示该值高于行业平均值，在行业名称后加＊，表示该行业历年空间基尼系数均高于历年平均数。

续表

产业＼年份	1999	2000	2001	2002	2003	2004	2005	2006	2007	2008	2009	2010	2011	2012	2013	变动
C26	0.02	0.01	0.02	0.02	0.02	0.03	0.06	0.07	0.07	0.07	0.09	0.08	0.09	0.08	0.09	↑
C27	0.11	0.09	0.09	0.11	0.10	0.10	0.08	0.08	0.06	0.05	0.04	0.03	0.04	0.03	0.01	↓
C28*	0.30*	0.32*	0.32*	0.35*	0.42*	0.46*	0.49*	0.53*	0.52*	0.56*	0.58*	0.59*	0.59*	0.54	0.63*	↑
C29	0.14	0.15	0.19*	0.23*	0.23*	0.21*	0.22*	0.22*	0.22*	0.23*	0.25*	0.24*	0.25*	0.23	0.30*	↑
C30	0.25*	0.24*	0.22*	0.23*	0.24*	0.23*	0.23*	0.23*	0.23*	0.22*	0.21*	0.20*	0.21*	0.19	0.18	↓
C31	0.03	0.02	0.01	0.02	0.03	0.04	0.07	0.07	0.10	0.09	0.07	0.06	0.07	0.06	0.05	↑
C32	0.20*	0.20*	0.16	0.18	0.19	0.17	0.16	0.16	0.15	0.16	0.17	0.16	0.17	0.15	0.16	↓
C33	0.04	0.03	0.01	0.01	0.03	0.02	0.01	0.01	0.01	0.06	0.03	0.05	0.04	0.04	0.11	↑
C34	0.21*	0.21*	0.21*	0.21*	0.22*	0.21*	0.20*	0.20*	0.21*	0.19	0.17	0.17	0.17	0.16	0.16	↓
C35	0.21*	0.22*	0.22*	0.21*	0.22*	0.18	0.17	0.18	0.17	0.17	0.17	0.16	0.17	0.15	0.17	↓
C36	0.19*	0.21*	0.18	0.16	0.10	0.15	0.14	0.13	0.11	0.17	0.20	0.19	0.20	0.18	0.21	↓
C37	0.13	0.14	0.14	0.15	0.11	0.06	0.07	0.10	0.09	0.07	0.10	0.11	0.11	0.10	0.12	↓
C39	0.21*	0.22*	0.23*	0.23*	0.23*	0.24*	0.24*	0.24*	0.24*	0.23*	0.20*	0.22*	0.21*	0.19	0.23*	—
C40*	0.36*	0.36*	0.37*	0.39*	0.42*	0.44*	0.45*	0.44*	0.44*	0.44*	0.45*	0.45*	0.45*	0.41*	0.44*	↑
C41*	0.33*	0.35*	0.33*	0.32*	0.34*	0.34*	0.33*	0.31*	0.32*	0.31*	0.28*	0.31*	0.30*	0.27*	0.36*	↓

表 4—9　**各产业排名前四位省份及产值占比（1999—2013 年）**①

产业＼年份	1999		2006		2013		产业＼年份	1999		2006		2013	
	省份	占比	省份	占比	省份	占比		省份	占比	省份	占比	省份	占比
C13 农副食品加工业 A	山东	0.20	山东	0.28	山东	0.19	C27 医药制造业	广东	0.10	山东	0.13	山东	0.14
	江苏	0.10	河南	0.09	河南	0.08		江苏	0.09	江苏	0.11	江苏	0.12
	广东	0.09	江苏	0.07	辽宁	0.08		上海	0.08	浙江	0.10	河南	0.07
	河南	0.07	广东	0.07	江苏	0.06		浙江	0.07	广东	0.07	广东	0.06
C14 食品制造业	广东	0.16	山东	0.19	山东	0.15	C28 化学纤维制造业	江苏	0.24	浙江	0.39	浙江	0.39
	山东	0.12	广东	0.10	河南	0.11		上海	0.17	江苏	0.31	江苏	0.35
	江苏	0.08	河南	0.09	广东	0.09		浙江	0.13	福建	0.06	福建	0.07
	河南	0.08	内蒙古	0.07	福建	0.05		山东	0.10	广东	0.04	广东	0.03
C15 饮料制造业	广东	0.11	山东	0.13	四川	0.16	C29 橡胶制品业	山东	0.23	山东	0.28	山东	0.35
	山东	0.11	四川	0.12	山东	0.09		江苏	0.10	江苏	0.13	江苏	0.10
	四川	0.09	广东	0.09	河南	0.08		广东	0.10	浙江	0.10	浙江	0.08
	浙江	0.08	江苏	0.07	广东	0.07		上海	0.08	广东	0.08	河南	0.06
C16 烟草制品业	云南	0.26	云南	0.20	云南	0.17	C30 塑料制品业	广东	0.27	广东	0.25	广东	0.22
	湖南	0.09	湖南	0.09	上海	0.10		江苏	0.16	浙江	0.18	浙江	0.13
	湖北	0.07	上海	0.07	湖南	0.09		浙江	0.11	江苏	0.13	江苏	0.09
	贵州	0.07	江苏	0.07	湖北	0.07		山东	0.08	山东	0.09	山东	0.08
C17 纺织业	江苏	0.24	江苏	0.24	山东	0.21	C31 非金属矿物制品业	广东	0.15	山东	0.19	山东	0.14
	浙江	0.16	浙江	0.23	江苏	0.19		山东	0.12	广东	0.12	河南	0.13
	山东	0.12	山东	0.19	浙江	0.18		江苏	0.10	河南	0.10	广东	0.08
	广东	0.11	广东	0.08	广东	0.09		河南	0.08	江苏	0.09	江苏	0.08
C18 纺织服装、鞋、帽制造业	广东	0.27	江苏	0.23	江苏	0.21	C32 黑色金属冶炼及压延加工业	上海	0.13	河北	0.16	河北	0.18
	江苏	0.18	广东	0.18	广东	0.18		河北	0.11	江苏	0.15	江苏	0.13
	浙江	0.16	浙江	0.18	浙江	0.11		辽宁	0.11	山东	0.09	山东	0.08
	上海	0.09	山东	0.11	山东	0.10		江苏	0.09	辽宁	0.08	辽宁	0.07

① 关于 1999—2013 年产业前四位生产省份名称及具体份额总表见附录 1。

续表

产业＼年份	1999		2006		2013		产业＼年份	1999		2006		2013	
	省份	占比	省份	占比	省份	占比		省份	占比	省份	占比	省份	占比
C19 皮革毛皮羽绒及其制品业	广东	0.29	浙江	0.23	福建	0.22	C33 有色金属冶炼及压延加工业	江苏	0.10	江苏	0.11	山东	0.11
	浙江	0.15	广东	0.20	广东	0.17		广东	0.08	浙江	0.09	河南	0.10
	福建	0.11	福建	0.15	浙江	0.14		河南	0.07	河南	0.09	江西	0.10
	山东	0.10	山东	0.11	河北	0.09		浙江	0.06	广东	0.08	江苏	0.08
C20 木材加工及竹、藤、棕、草制品业	广东	0.18	山东	0.17	山东	0.15	C34 金属制品业	广东	0.23	广东	0.23	广东	0.19
	江苏	0.14	江苏	0.17	江苏	0.15		江苏	0.16	江苏	0.18	江苏	0.16
	上海	0.14	浙江	0.10	吉林	0.07		上海	0.11	浙江	0.13	山东	0.10
	浙江	0.08	广东	0.09	福建	0.07		浙江	0.09	山东	0.10	浙江	0.09
C21 家具制造业	广东	0.25	广东	0.27	广东	0.23	C35 通用设备制造业	江苏	0.23	江苏	0.18	山东	0.17
	江苏	0.09	浙江	0.15	浙江	0.12		山东	0.11	山东	0.16	江苏	0.16
	浙江	0.09	山东	0.10	山东	0.12		上海	0.11	浙江	0.15	辽宁	0.10
	山东	0.09	上海	0.09	四川	0.08		浙江	0.11	上海	0.11	浙江	0.10
C22 造纸及纸制品业	广东	0.16	山东	0.22	山东	0.18	C36 专用设备制造业	山东	0.20	山东	0.17	江苏	0.15
	山东	0.15	广东	0.16	广东	0.14		江苏	0.16	江苏	0.14	山东	0.14
	浙江	0.10	浙江	0.12	江苏	0.10		河南	0.08	广东	0.09	湖南	0.10
	江苏	0.10	江苏	0.12	浙江	0.09		上海	0.07	浙江	0.08	河南	0.08
C23 印刷业和记录媒介复制	广东	0.20	广东	0.25	广东	0.22	C37 交通运输设备制造业	上海	0.15	广东	0.11	江苏	0.12
	上海	0.09	浙江	0.12	山东	0.10		江苏	0.10	上海	0.09	山东	0.09
	江苏	0.09	上海	0.08	江苏	0.09		吉林	0.09	江苏	0.09	广东	0.09
	北京	0.07	江苏	0.07	浙江	0.08		湖北	0.09	山东	0.08	上海	0.08
C24 文教体育用品制造业	广东	0.37	广东	0.34	广东	0.33	C39 电气机械及器材制造业	广东	0.24	广东	0.27	江苏	0.23
	江苏	0.16	浙江	0.16	江苏	0.16		江苏	0.15	江苏	0.16	广东	0.19
	上海	0.13	江苏	0.16	浙江	0.13		山东	0.12	浙江	0.13	浙江	0.10
	浙江	0.12	山东	0.12	山东	0.12		浙江	0.10	山东	0.12	山东	0.09
C25 石油加工、炼焦及核燃料加工业	辽宁	0.16	辽宁	0.14	山东	0.15	C40 电子及通信设备制造业	广东	0.33	广东	0.36	广东	0.34
	山东	0.11	山东	0.12	辽宁	0.11		江苏	0.12	江苏	0.19	江苏	0.23
	广东	0.10	广东	0.09	广东	0.09		上海	0.10	上海	0.12	上海	0.10
	江苏	0.07	上海	0.06	河北	0.06		北京	0.10	北京	0.07	山东	0.06

续表

产业＼年份	1999		2006		2013		产业＼年份	1999		2006		2013	
	省份	占比	省份	占比	省份	占比		省份	占比	省份	占比	省份	占比
C26 化学原料及化学制品制造业	江苏	0.18	江苏	0.19	江苏	0.19	C41 仪器仪表及文化、办公机械制造业	广东	0.35	广东	0.31	江苏	0.32
	广东	0.09	山东	0.17	山东	0.17		江苏	0.14	江苏	0.18	广东	0.20
	山东	0.09	广东	0.10	广东	0.08		上海	0.12	浙江	0.11	浙江	0.10
	上海	0.07	浙江	0.08	浙江	0.07		浙江	0.09	上海	0.08	山东	0.06

在表4—8中利用空间基尼系数从产业角度对我国产业空间分布进行分析的基础上，表4—9中从区域角度出发，列出了本书所研究的28个制造业产业产值在全国排名居前4位的省份及在全国总产值中的占比。从表中测算结果能够看出：第一，发达地区产业发展“大而全”现象明显，其中，“大”是指在地区中产业的产值在全国总产值中占比大，“全”是指地区中多个产业的产值在全国总产值中排名靠前。以1999年广东省数据为例，在纺织、医药制造、食品加工、电子及通信设备、仪器仪表文化办公等17个产业的产值占比中排名第一，而占比位于前四名的产业达到22个，占到所研究产业总数的78%。而依据比较优势理论，区域之间以“边角解”进行分工时，即地区依照自身比较优势进行专业化分工时，社会福利最大化①，而“大而全”的发展将限制区域比较优势的显现和专业化的分工。第二，发达地区产业同构现象明显。以2013年的数据，在所研究的28个产业中，排名前四位的省份均位于东部地区的有纺织业、皮革毛皮羽毛及制品业、电子及通信设备制造业、医药制造业、塑料制品业等16个产业，其中，以广东、浙江、山东、江苏等四个省份为排名前四位的产业达到10个，这体现出发达地区中产业同构、区域同质化竞争的问题。据卢胜荣研究显示，由于区域间同质化竞争带来的资源无效配置占当年总产出的比

① 参见于良春、付强《地区行政垄断与区域产业同构互动关系分析——基于省际的面板数据》，《中国工业经济》2008年第6期。

重高达7%以上。第三，区域之间同质化竞争呈现出增强后略微下降的发展趋势。对比1999年至2013年数据，以排名前四位省份全部位于东部地区的产业数目来衡量，在2006年达到最高值，之后随着中西部地区国家级规划效应的显现及东部要素拥挤问题的凸显，呈现出一定的下降趋势。这与国务院经济发展中心以区域产业结构相似系数为评价质量结果一致。

（二）我国产业生产布局变动趋势

在本部分的考察中，将从两个层面入手，一是从产业生产的视角出发，对产业生产前四位占有率及生产省份进行测算和分析；二是从区域发展的视角出发，分别对省域及四大板块内各产业生产总值占比变化进行测算，综合上述两方面的测算结果，综合分析评判产业空间生产能力的变动（见表4—10、表4—11）。

表4—10　产业前四位生产 CR_4 数值测算（1999—2013年）

产业\年份	1999	2000	2001	2002	2003	2004	2005	2006	2007	2008	2009	2010	2011	2012	2013	趋势
C13	0. 46	0. 48	0. 50	0. 51	0. 50	0. 50	0. 50	0. 49	0. 49	0. 47	0. 46	0. 44	0. 42	0. 36	0. 41	↑↓
C14	0. 43	0. 43	0. 44	0. 43	0. 42	0. 41	0. 44	0. 45	0. 46	0. 46	0. 45	0. 43	0. 43	0. 34	0. 4	↑↓
C15	0. 40	0. 41	0. 41	0. 42	0. 43	0. 41	0. 43	0. 42	0. 40	0. 39	0. 39	0. 39	0. 42	0. 35	0. 4	↑↓
C16	0. 48	0. 48	0. 46	0. 44	0. 44	0. 44	0. 43	0. 43	0. 43	0. 42	0. 42	0. 42	0. 46	0. 36	0. 43	↓
C17	0. 64	0. 64	0. 67	0. 69	0. 70	0. 73	0. 73	0. 74	0. 73	0. 73	0. 71	0. 70	0. 71	0. 51	0. 67	↑
C18	0. 70	0. 70	0. 72	0. 71	0. 70	0. 69	0. 70	0. 70	0. 69	0. 67	0. 66	0. 63	0. 64	0. 58	0. 6	↓
C19	0. 65	0. 66	0. 67	0. 69	0. 70	0. 70	0. 69	0. 69	0. 67	0. 66	0. 65	0. 64	0. 66	0. 54	0. 62	↑↓
C20	0. 53	0. 54	0. 52	0. 52	0. 50	0. 53	0. 54	0. 53	0. 52	0. 48	0. 47	0. 44	0. 46	0. 42	0. 44	↓
C21	0. 52	0. 52	0. 55	0. 56	0. 59	0. 64	0. 64	0. 62	0. 62	0. 61	0. 60	0. 57	0. 58	0. 39	0. 55	↑
C22	0. 52	0. 55	0. 55	0. 58	0. 60	0. 62	0. 62	0. 62	0. 61	0. 60	0. 57	0. 55	0. 55	0. 43	0. 51	↑
C23	0. 45	0. 46	0. 47	0. 48	0. 54	0. 55	0. 54	0. 52	0. 52	0. 51	0. 51	0. 50	0. 52	0. 34	0. 49	↑
C24	0. 77	0. 78	0. 79	0. 78	0. 76	0. 77	0. 77	0. 78	0. 78	0. 78	0. 79	0. 77	0. 79	0. 66	0. 74	↓
C25	0. 43	0. 44	0. 42	0. 42	0. 43	0. 42	0. 40	0. 41	0. 41	0. 42	0. 41	0. 40	0. 44	0. 33	0. 41	↓
C26	0. 42	0. 44	0. 46	0. 49	0. 50	0. 51	0. 53	0. 54	0. 54	0. 54	0. 55	0. 52	0. 53	0. 32	0. 51	↑
C27	0. 34	0. 35	0. 35	0. 35	0. 37	0. 39	0. 41	0. 40	0. 40	0. 40	0. 40	0. 39	0. 41	0. 23	0. 39	↑

续表

年份 产业	1999	2000	2001	2002	2003	2004	2005	2006	2007	2008	2009	2010	2011	2012	2013	趋势
C28	0.63	0.65	0.65	0.68	0.73	0.75	0.78	0.80	0.78	0.81	0.81	0.82	0.88	0.46	0.84	↑
C29	0.51	0.52	0.55	0.57	0.58	0.59	0.60	0.60	0.59	0.59	0.60	0.58	0.62	0.52	0.59	↑
C30	0.62	0.63	0.62	0.63	0.64	0.64	0.64	0.64	0.64	0.61	0.59	0.57	0.55	0.49	0.52	↓
C31	0.45	0.45	0.45	0.45	0.46	0.47	0.49	0.49	0.50	0.49	0.46	0.44	0.45	0.33	0.43	↑↓
C32	0.43	0.44	0.43	0.43	0.44	0.46	0.47	0.47	0.46	0.47	0.47	0.46	0.48	0.31	0.46	↑
C33	0.32	0.31	0.33	0.34	0.35	0.37	0.37	0.37	0.38	0.40	0.41	0.39	0.42	0.26	0.39	↑
C34	0.60	0.60	0.61	0.63	0.65	0.65	0.63	0.64	0.64	0.60	0.60	0.58	0.58	0.45	0.54	↑↓
C35	0.57	0.58	0.59	0.60	0.62	0.61	0.60	0.60	0.58	0.56	0.56	0.55	0.57	0.46	0.53	↑↓
C36	0.52	0.53	0.53	0.53	0.49	0.49	0.49	0.48	0.47	0.45	0.46	0.45	0.5	0.43	0.47	↓
C37	0.44	0.43	0.43	0.43	0.43	0.39	0.36	0.37	0.38	0.38	0.39	0.39	0.41	0.31	0.38	↓
C39	0.61	0.63	0.65	0.66	0.67	0.67	0.68	0.67	0.66	0.65	0.64	0.63	0.65	0.57	0.61	↑
C40	0.65	0.66	0.68	0.68	0.72	0.75	0.75	0.74	0.75	0.75	0.76	0.75	0.77	0.64	0.73	↑
C41	0.70	0.72	0.70	0.68	0.71	0.71	0.71	0.69	0.69	0.67	0.66	0.66	0.72	0.59	0.68	↓

产业前四位生产占比是将特定产业在各区域前四位地区的生产占比加总，以其描述产业在空间生产中的分布情况，产业前四位占比数值及区域的变动能够反映出产业生产的空间布局变动情况。从横向对比分析来看，测算数值较高的产业有 C17、C18、C19、C24、C28、C40、C41 等产业，从上述产业的区位分布来看[①]，前四位的生产省份均位于东部地区。测算数值较低的产业有 C15、C16、C27、C33、C37，从区位分布来看，上述产业的主要产区在中西部及东北地区，如 C16 烟草制造业的前四位生产区域分别为云南（23%）、湖南（9%）、湖北（6%）、贵州（5%）[②]，此外，在 C15 饮料制造业、C33 有色金属冶炼及压延加工业等产业的前四位生产区域中，都有中西部及东北地区省份。从纵向发展变化来看，虽然我国现阶段产业转

① 各产业中前四位生产省份名称及具体份额参见附录 1。

② 这里所列出的数值是在考察期内区域产业产量占比的平均值。

移呈现出波动增强的发展趋势，但是以规避区域同质化竞争及与区域要素禀赋相适应的产业转移效果并未体现①。相反，在分散化波动式的产业转移中，部分集聚程度较高的产业中还出现了产业进一步集聚的现象。产业前四位生产占比具有明显上升趋势的有C17、C21、C22、C28、C29、C39、C40等产业，而上述产业的前四位生产区域均位于东部地区，同时结合横向分析来看，上述具有明显增长趋势的产业与CR_4测算值较高的产业呈现出重合的趋势，这表明在东部地区集聚度较高的产业呈现出进一步集聚发展的趋势。在考察期中产业前四位生产占比呈下降趋势的有C16、C30、C36、C37等产业，从产业生产区位分布及CR_4测算值来看，上述产业具有生产布局部分位于中西部、东北地区以及产业前四位生产占比不高的特点，这表明这些产业具有生产分布进一步均衡化、分散化的特点。在考察期中产业前四位生产占比波动明显的有C13、C14、C15等产业，这些产业的CR_4测算值具有围绕初始值上下波动且总量变化不大的特点，对这些变动的解释要结合政策变动、随机市场干扰以及产业自身特点进行。

表4—11　　**四大板块各产业生产总值占比及变动（1999—2013年）②**

产业＼年份	1999				2006				2013				变动趋势			
	东部	中部	西部	东北	东部	中部	西部	东北	东部	中部	西部	东北	东部	中部	西部	东北
C13	0.56	0.20	0.14	0.09	0.56	0.18	0.15	0.12	0.42	0.25	0.16	0.17	↓	↓↑	↑	↑
C14	0.57	0.20	0.14	0.09	0.58	0.20	0.15	0.08	0.50	0.25	0.16	0.09	↑↓	↑	↑	—
C15	0.55	0.19	0.18	0.08	0.50	0.18	0.24	0.08	0.38	0.24	0.29	0.09	↓	↓↑	↑	↑
C16	0.27	0.27	0.44	0.03	0.36	0.26	0.35	0.03	0.36	0.27	0.33	0.04	↑	—	↓	↑
C17	0.77	0.14	0.06	0.03	0.84	0.09	0.05	0.02	0.76	0.16	0.06	0.02	↑	↓↑	—	↓
C18	0.88	0.07	0.02	0.03	0.51	0.17	0.09	0.23	0.77	0.15	0.03	0.05	↓	↑	↑↓	↑

① 这与张公嵬、梁琦、关爱萍、魏立强等学者的研究结论一致；具体可见张公嵬、梁琦《产业转移与资源的空间配置效应研究》，《产业经济评论》2010年第9期；关爱萍、魏立强《区际产业转移技术创新溢出效应的空间计量分析——基于西部地区的实证研究》，《经济问题探索》2013年第9期。

② 关于四大板块各产业占有率（1999—2013年）测算总表见附录2，四大板块的划分依旧按照国家统计局标准。

续表

年份 / 产业	1999				2006				2013				变动趋势			
	东部	中部	西部	东北	东部	中部	西部	东北	东部	中部	西部	东北	东部	中部	西部	东北
C19	0. 86	0. 08	0. 03	0. 02	0. 86	0. 08	0. 04	0. 03	0. 77	0. 16	0. 05	0. 02	↓	↑	↑	—
C20	0. 69	0. 14	0. 06	0. 11	0. 66	0. 16	0. 07	0. 11	0. 51	0. 22	0. 11	0. 16	↓	↑	↑	↑
C21	0. 77	0. 10	0. 06	0. 07	0. 81	0. 07	0. 05	0. 08	0. 66	0. 15	0. 11	0. 08	↑↓	↓↑	↓↑	↑
C22	0. 70	0. 16	0. 09	0. 06	0. 76	0. 15	0. 07	0. 03	0. 65	0. 20	0. 10	0. 05	↑↓	↓↑	↓↑	↓
C23	0. 67	0. 14	0. 15	0. 04	0. 73	0. 13	0. 10	0. 03	0. 64	0. 20	0. 12	0. 04	↑↓	↓↑	↓↑	—
C24	0. 95	0. 03	0. 02	0. 01	0. 95	0. 03	0. 01	0. 01	0. 87	0. 10	0. 01	0. 02	↓	↑	↓	↑
C25	0. 51	0. 17	0. 09	0. 23	0. 50	0. 15	0. 15	0. 20	0. 52	0. 14	0. 19	0. 15	↓↑	↓	↑	↓
C26	0. 62	0. 16	0. 13	0. 10	0. 69	0. 13	0. 11	0. 07	0. 63	0. 18	0. 12	0. 07	↑↓	↓↑	↓	↓
C27	0. 55	0. 16	0. 17	0. 11	0. 58	0. 17	0. 16	0. 10	0. 51	0. 21	0. 16	0. 11	↑↓	↑	↓	—
C28	0. 80	0. 10	0. 04	0. 05	0. 86	0. 07	0. 03	0. 04	0. 89	0. 06	0. 03	0. 02	↑	↓	↓	↓
C29	0. 73	0. 13	0. 08	0. 06	0. 78	0. 11	0. 06	0. 05	0. 74	0. 14	0. 06	0. 06	↑	↓↑	↓	—
C30	0. 83	0. 09	0. 04	0. 04	0. 82	0. 09	0. 05	0. 05	0. 69	0. 16	0. 08	0. 08	↓	↑	↑	↑
C31	0. 59	0. 21	0. 12	0. 07	0. 62	0. 20	0. 11	0. 07	0. 46	0. 29	0. 15	0. 10	↑↓	↓↑	↓↑	↑
C32	0. 53	0. 19	0. 16	0. 13	0. 61	0. 17	0. 13	0. 09	0. 56	0. 20	0. 15	0. 09	↑	—	↓	↓
C33	0. 41	0. 25	0. 27	0. 07	0. 44	0. 28	0. 24	0. 04	0. 39	0. 35	0. 23	0. 04	↑↓	↑	↓	↓
C34	0. 81	0. 10	0. 05	0. 05	0. 84	0. 08	0. 04	0. 05	0. 72	0. 13	0. 07	0. 07	↑↓	↓↑	↓↑	↑
C35	0. 71	0. 11	0. 09	0. 09	0. 74	0. 09	0. 07	0. 10	0. 63	0. 16	0. 09	0. 12	↑↓	↓↑	—	↑
C36	0. 68	0. 19	0. 07	0. 06	0. 65	0. 17	0. 10	0. 08	0. 55	0. 25	0. 10	0. 10	↓	↓↑	↑	↑
C37	0. 55	0. 17	0. 12	0. 16	0. 58	0. 14	0. 13	0. 15	0. 56	0. 17	0. 14	0. 14	↑	↓	↑	↓
C39	0. 81	0. 10	0. 05	0. 04	0. 83	0. 08	0. 05	0. 04	0. 74	0. 15	0. 07	0. 04	↑↓	↓↑	↑	—
C40	0. 84	0. 07	0. 07	0. 03	0. 87	0. 06	0. 04	0. 02	0. 87	0. 06	0. 06	0. 02	↑	↓↑	↓	↓
C41	0. 84	0. 07	0. 07	0. 03	0. 87	0. 06	0. 04	0. 02	0. 81	0. 11	0. 05	0. 03	↑↓	↓↑	↓	—

在对产业生产集中程度的变动趋势进行分析的基础上，结合区域布局层面的变动分析，能够更加清晰地考察产业转移的发生和发展情况。在此，将从区域发展的视角，分别对东中西部以及东北地区的产业生产布局变化进行分析，表 4—9 中对于 1999 年至 2013 年在四大板块中各制造业产业的生产比重进行了测度。

第一，从宏观变动来看，其一，从产业转移的趋势上来看，自1999年至2013年，产业生产的空间布局呈现出由东部地区向中西部地区以及东北地区分散化转移的趋势。其间，东部地区生产占比下降的产业为18个，占所考察产业总数的64%，而中部、西部以及东北地区生产占比上升的产业分别为23个、27个和18个，分别占考察产业总数的82%、96%和64%。与此同时，分时间段进行考察，这种生产能力的空间布局变化呈现出波动性。在1999年至2006年，所考察的28个产业东部地区有22个产业的生产能力占比提高，而中部地区和西部地区分别有20个产业和17个产业的生产能力呈现出下降的趋势，这表明在此期间产业空间生产能力呈现出进一步集中的趋势[①]。在2006年至2013年，东部地区生产能力占比下降的产业达到24个，与此同时，中、西部地区以及东北地区生产能力占比呈现出上升趋势的产业数分别为26个、24个和23个，这表明在此期间产业生产能力呈现出由东部地区向中西部以及东北地区转移的变动趋势。其二，从产业转移的效果来看，发达地区产业发展中“大而全”的现状并未改变。结合对四大板块产业生产总值占比的分析，在2013年中，东部地区生产占比超过50%的产业达到23个，占所考察产业总数的82%。从产业前四位生产地区的分析中，在2013年，产业前四位生产地区均位于东部地区的产业达到14个，占所考察产业总数的50%。这表明现阶段的产业转移并未改变东部地区产业发展“大而全”及同质化竞争的现状。

第二，从产业变动的层面来看，在1999年至2013年，东部地区中生产能力占比呈下降趋势明显的产业有C20木材加工及竹、藤、棕、草制品业（-16%）[②]、C15饮料制造业（-15%）、C18服装及其他纤维制品制造业（-15%）、C13食品加工业（-11%）、C30

---

① 这与冯根福、刘志勇、蒋文定、贺曲夫、刘友金等学者的研究结论一致；具体可见冯根福、刘志勇、蒋文定《我国东中西部地区间工业产业转移的趋势、特征及形成原因分析》，《当代经济科学》2010年第2期；贺曲夫、刘友金《我国东中西部地区间产业转移的特征与趋势——基于2000—2010年统计数据的实证分析》，《经济地理》2012年第12期。

② 产业名称后括号中为考察时间段内产业生产占比的变化量，后同。

塑料制品业（-10%）、C31 非金属矿物制品业（-10%）、C36 专用设备制造业（-10%）。而对上述产业进行分析能够发现两个特点：一是除了 C36 专用设备制造业外，大多属于资源依赖型或资源密集型产业，这表明，资源依赖型或资源密集型产业在现阶段产业转移中占有较大比重；二是上述产业在东部地区的生产占比均超过 50%，在全国生产中具有绝对规模优势，这表明现阶段产业转移具有推动产业布局分散化的特点，但现阶段的发展并未解决东部产业同构现象，因此仍需要进一步推动产业转移，以优化产业生产布局，提升资源配置效率。

第三，从区域变动的层面来看，一是在产业转移的数量层面，1999 年至 2013 年，东部地区向中部地区转移的产业数目为 18 个，向西部地区转移的产业数目为 13 个，向东北地区转移的产业数目为 15 个；1999 年至 2006 年，东部地区向中部地区转移的产业数目为 2 个，向西部地区转移的产业数目为 6 个，向东北地区转移的产业数目为 3 个；2006 年至 2013 年，东部地区向中部地区转移的产业数目为 24 个，向西部地区转移的产业数目为 18 个，向东北地区转移的产业数目为 17 个，这表明在考察时间内产业转移呈现出波动性上升的发展趋势。此外，从产业转移的方向来看，东部地区的产业向地理位置相近的中部地区和东北地区转移数目大于向西部转移的数目，且从区域间所转移的产业生产占比来看，其中也存在中部地区接受转移量较大而西部接受转移量较小的特点，这表现出梯度转移的特征。二是在产业转移的内容层面，中西部以及东北地区生产能力占比提升明显的产业分别为，中部地区：C20 木材加工及竹、藤、棕、草制品业（8%）、C33 有色金属冶炼及压延加工业（7%）、C18 服装及其他纤维制品制造业（6%）、C19 皮革、毛皮、羽绒及其制品业（5%）、C31 非金属矿物制品业（5%）；西部地区：C15 饮料制造业（10%）、C25 石油加工炼焦业（9%）、C18 服装及其他纤维制品制造业（6%）、C20 木材加工及竹、藤、棕、草制品业（4%）；东北地区：C13 食品加工业（7%）、C20 木材加工及竹、藤、棕、草制品业（4%）、C26 化学原料及化学制品制造业（4%）。这表明，在现阶段产业转移中，中西部以及东北地区所承接的产业以资源依赖型和资源密集型产业为主。

四 研究结论

本节的研究目标是对我国现阶段产业转移的发展现状和趋势进行统计性分析。在具体研究中，通过对现阶段学界关于产业转移的测度和评判研究进行综述和梳理，在对比各种测度方法优劣性的基础上，选择以区域中产业生产产值作为统计性基础衡量指标、综合利用产业集中指数、产业空间基尼系数等测度方法，从产业发展和区域分布两个视角对我国现阶段产业转移进行分析，得出如下的分析结论。

第一，从我国产业生产布局现状来看，我国产业空间分布不均，且区域间发展差距较大。其中，成熟型产业及劳动密集型产业的集聚程度较高。从区域角度来看，我国发达地区呈现出较为明显的产业“大而全”发展模式，专业化程度较低，产业同构化和区域同质化竞争问题严重，制约了区域比较优势的显现和资源空间分布效率的提升。

第二，从我国产业生产布局变动来看，我国产业转移呈现出波动增强的发展趋势，但是从总体而言，与规避区域同质化竞争及与区域要素禀赋相适应的产业转移效果并未体现。就特征而言，我国现阶段产业转移呈现出依据产业特点，发展存量及环境变动等因素分散型波动式变化的特点。在具体变动中，一是在考察时间段内，产业生产的空间布局呈现出由东部地区向中西部地区以及东北地区转移的零散式变化趋势，但是在分时段考察的变动中，存在产业布局先集中后分散的波动式变化特点；二是在区域间产业转移中呈现出向邻近区域优先转移的特征；三是对于产业转入区而言，所承接的产业以资源依赖型和劳动密集型为主。从产业视角来看，一是现阶段产业转移以具有绝对规模优势的产业为主，具有产业布局分散化的趋势；二是不同特点的产业生产布局变动差异较大，知识密集型产业呈现出总体基尼系数提高的集聚式发展趋势，资源和劳动密集型产业呈现出分散式发展的趋势。

第四节　我国区域比较优势与产业转移的实证分析

在本章的前两节中，分别对我国区域的比较优势与产业转移的发展现状进行了测算和分析。在对区域比较优势的测算中发现，以东部地区为代表的经济发达地区总体比较优势明显高于经济欠发达地区，但欠发达地区的比较优势有提升的趋势。分层面来看，我国中西部等欠发达地区的比较优势在于生产成本层面，而东部发达地区在交易费用层面具有比较优势。在对以制造业为研究对象的我国产业转移分析发现，就发展现状而言，我国发达地区呈现出产业“大而全”的发展模式，区域中产业同构化和同质化竞争问题严重，制约了区域比较优势的显现和资源空间分布效率的提升，就发展变动而言，虽然我国现阶段产业转移呈现出波动增强的发展趋势，但是以规避区域同质化竞争及与区域要素禀赋相适应的产业转移效果并未体现。在上述研究背景下，本节将着力于分析产业转移与区域比较优势之间的相关关系及具体影响因素，厘清其中的总体性效应及个体性差异。

一　计量模型构建

在本章第一节中，构建了基于比较优势下产业转移的理论模型，通过模型分析得到结论认为区域比较优势对于推动产业转移和专业化分工具有正向的积极作用，而本书第三章中对于比较优势的界定包含生产成本和交易费用两个层面，生产成本层面的比较优势是指能够在生产中比较成本最小化特点的影响因素，包括资本、劳动力、能源以及技术等具体因素；交易费用层面的比较优势包括区域发展条件和区域发展环境两方面，因此，理论模型中上述变量均为产业转移的解释变量而纳入方程。在模型构建方面，为了更清晰地测度比较优势与产业转移的相关性，本节构建了基于面板数据的多元回归模型，如式（4—30）所示：

$$Tran_{it} = a_1 ADL_{it} + a_2 ADK_{it} + a_3 ADT_{it} + a_4 ADN_{it} + b_1 DIST_{it} + b_2 DISL_{it} + \varepsilon_{it} \quad (4—30)$$

在式（4—30）中，i 和 t 分别表示地区和时间，$Tran_{it}$ 表示区域产业转移变动指数，ADL_{it}、ADK_{it}、ADT_{it}、ADN_{it} 分别表示区域 i 在 t 时段中在劳动力、资本、技术及能源层面的比较优势指数，$DIST_{it}$ 和 $DISL_{it}$ 分别表示在区域发展条件及发展环境层面的比较优势指数，ε_{it} 表示随机误差项。

二　变量来源及处理

（一）产业转移指数

根据本书的界定，产业转移是区域内相关产业的生产规模和布局在空间的变动过程。本书在本章第三节第一部分中对于产业转移测度进行了文献综述。现阶段关于产业转移的测度可以分为两类：一是以陈建军[①]、范剑勇[②]、冯根福、刘志勇、蒋文定[③]、贺曲夫、刘友金[④]等为代表的以区域产业总产值、外商直接投资等统计指标变动衡量；二是以米提（Amiti）、文玫、路江涌、陶志刚[⑤]、樊福卓[⑥]、苗长青[⑦]、马晓等[⑧]等为代表的以空间基尼系数为测度指标。其中，空间基尼系数的优势是能够从整体区域层面对内部生产布局变动情况进行分

① 陈建军：《中国现阶段产业区域转移的实证研究——结合浙江 105 家企业的问卷调查报告的分析》，《管理世界》2002 年第 6 期。

② 范剑勇：《长三角一体化：地区专业化与制造业空间转移》，《管理世界》2004 年第 11 期。

③ 冯根福、刘志勇、蒋文定：《我国东中西部地区间工业产业转移的趋势、特征及形成原因分析》，《当代经济科学》2010 年第 2 期。

④ 贺曲夫、刘友金：《我国东中西部地区间产业转移的特征与趋势——基于 2000—2010 年统计数据的实证分析》，《经济地理》2012 年第 12 期。

⑤ 路江涌、陶志刚：《中国制造业区域聚集及国际比较》，《经济研究》2006 年第 3 期。

⑥ 樊福卓：《地区专业化的度量》，《经济研究》2007 年第 9 期。

⑦ 苗长青：《中国地区专业化与经济增长关系的实证研究——基于工业两位数数据上的分析》，《产业经济研究》2007 年第 11 期。

⑧ 马晓、郑露：《中西部承接产业转移对接点分析》，《华东经济管理》2010 年第 10 期。

析，而在本部分中，研究重点是整体区域中各地区之间的生产布局情况。在此，以范剑勇在产业转移测度中相对比较的思路，将空间基尼系数与冯根福、覃成林等[①]、赵瑞霞、胡黎明等[②]、孙久文等[③]的测度方法相结合，以地区制造业空间基尼系数的绝对变动趋势来测度产业转移，建立测度公式如下：

$$Tran_{it} = |G_{i,t} - G_{i,t-1}|/G_{i,t-1} \qquad (4—31)$$

在式（4—31）中，$G_{i,t}$ 表示 i 地区在 t 时期的制造业空间基尼系数，计算方法如第四章第三节所示，当 $Tran_{it}$ 趋于 0 时，表示地区未发生相对的产业转移，而 $Tran_{it}$ 越大时，表示地区中所发生的产业转移越显著。

（二）劳动力比较优势指数

在现阶段研究中对于地区劳动力投入的主流测算方法有两种，第一种是以杨文举[④]、李国璋等[⑤]学者为代表，从人力资本投资的角度，分别以不同的受教育年份乘以接受相应教育阶段的就业人员数，例如以 9 乘以接受初中教育的就业人员数、12 乘以接受高中教育的就业人员数、16 乘以接受本科教育的就业人员数等，并将最终结果进行加总，从而得到地区劳动力投入总量。第二种以叶裕民[⑥]、赵伟与马瑞永[⑦]、郭庆旺与贾俊雪[⑧]等学者为代表，将就业人口数作为劳动力

① 覃成林、熊雪如：《我国制造业产业转移动态演变及特征分析——基于相对净流量指标的测度》，《产业经济研究》2013 年第 1 期。

② 胡黎明、赵瑞霞：《中国区域间产业转移的定量测度与特征研究——基于一般均衡理论的视角》，《河北科技师范学院学报》（社会科学版）2014 年第 3 期。

③ 孙久文、姚鹏：《京津冀产业空间转移、地区专业化与协同发展——基于新经济地理学的分析框架》，《南开学报》（哲学社会科学版）2015 年第 1 期。

④ 杨文举：《适宜技术理论与中国地区经济差距：基于 IDEA 的经验分析》，《经济评论》2008 年第 5 期。

⑤ 李国璋、周彩云、江金荣：《区域全要素生产率的估算及其对地区差距的贡献》，《数量经济技术经济研究》2010 年第 5 期。

⑥ 叶裕民：《全国及各省区市全要素生产率的计算和分析》，《经济学家》2002 年第 5 期。

⑦ 赵伟、马瑞永：《中国经济增长收敛性的再认识——基于增长收敛微观机制的分析》，《管理世界》2005 年第 11 期。

⑧ 郭庆旺、贾俊雪：《中国全要素生产率的估算：1979—2004》，《经济研究》2005 年第 6 期。

投入。对于上述两种估算方法的优劣，学术界并未得出一致的结论，例如金相郁认为，由于存在知识性失业以及专业性培训年份无法统计等情况，无法单以学历教育年份评判劳动力质量①。在本书的指标构建中，将区域劳动力层面的比较优势分为三部分，即劳动力总量、劳动力质量和劳动力成本，其中，劳动力总量、质量是劳动力比较优势的正相关系数，而劳动力成本是劳动力优势的负相关系数。在变量来源中，以各省份的制造业就业人数作为劳动力总量的衡量指标，以高等教育在校人数占比作为劳动力质量的衡量指标，将制造业人均工资作为劳动力成本的衡量指标。在具体测算中，基于指标构建中现实性与简约性相结合的原则，将正相关系数相乘，将负相关系数相除，所得到的数据加总占比作为地区劳动力比较优势指数，如式（4—32）所示。

$$ANL_{it} = \frac{Numlaber_{it} \times EDUlaber_{it}}{Wagelaber_{it}} \tag{4—32}$$

（三）资本比较优势指数

在资本比较优势指数的构建中，采用以资本总量和资本价格两个层面来衡量测度。其中，在资本总量层面，为了与发展环境和发展条件层面的地区固定资产投入相区别，在制造业发展的产业资本总量中选择各省份年度当期存款余额来衡量；在资本价格层面，由于国家采取同样的存贷款利率，无法体现区域间反映真实资本供求关系的实际价格，因此在实际计算中，以地区工业企业单位产值利息支出作为资本价格的衡量指标，当单位产值利息支出较高时，反映出当地资本价格较高。在资本比较优势指数的具体测算中，资本总量是正相关关系，资本价格是负相关关系，将计算所得数据加总后占比作为各地区的评价值，如式（4—33）所示。

$$ANK_{it} = \frac{sumK_{it}}{priceK_{it}} \tag{4—33}$$

---

① 金相郁：《中国区域全要素生产率与决定因素：1996—2003》，《经济评论》2007年第9期。

（四）能源比较优势指数

在能源比较优势指数的构建中，本书选择常用的三种基本能源，即焦炭、石油、天然气的区域生产总量与消费总量的差额来衡量区域在能源层面的总量。在能源价格方面，由于现阶段我国基本能源价格仍属于国家统一定价模式，因此暂不考虑地区之间可能存在的实际能源价格差异。在具体测算中，将基本能源总量加总后占比作为各地区能源比较优势的测度值，如式（4—34）所示。

$$ADN_{it} = Coal_{it} + Petro_{it} + Gas_{it} \quad (4—34)$$

（五）技术比较优势指数

在现阶段对于地区技术评价的研究中，很多学者通过因子分析法、德尔菲法、专家打分法等方法构建包含 R&D 投入、科技人员数、专利三项产出等的综合性指标体系来衡量地区技术水平，例如荣飞等用 36 个指标构建了四维指标体系以评价区域技术发展水平[①]；吴显英利用因子分析法选取 14 个指标对构建区域技术的水平、环境及效率进行分析[②]。此外，刘玉、刘毅[③]和党文娟、张宗益、康继军[④]等均采用类似方法进行测度。这种方法的优势在于能够全面衡量技术水平及环境、潜力、效率等内容，但是在本书的研究中，重点在于对技术产出水平层面的测度，而过多的指标及具有主观性的权重可能会引起不必要的统计偏误，因此，在此选择以地区专利授权总量加总后占比作为科技比较优势测度值。

（六）发展条件比较优势指数

区域发展条件主要是指产业发展中的配套条件，其中包含水、电、气、暖、交通、物流等产业发展基础设施，这不仅是产业在转入

---

① 荣飞、李荣平：《区域技术创新环境评价研究》，《河北大学学报》（哲学社会科学版）2005 年第 5 期。

② 吴显英：《区域技术创新能力评价中的因子分析》，《哈尔滨工程大学学报》2003 年第 4 期。

③ 刘玉、刘毅：《中国区域可持续发展评价指标体系及态势分析》，《中国软科学》2003 年第 7 期。

④ 党文娟、张宗益、康继军：《创新环境对促进我国区域创新能力的影响》，《中国软科学》2008 年第 3 期。

区立足的必要前提，也是产业转入后实现可持续发展的保证。在本书的研究中，吸引产业转移的发展条件来源于两部分：一是发展条件存量方面，以地区铁路、公路和河运交通公里数作为发展存量的衡量；二是发展条件增量方面，以当年政府一般公共服务支出作为衡量。在具体测度中，以区域发展条件增量与存量之和的加总占比作为配套条件比较优势的测度值。

（七）发展环境比较优势指数

关于产业发展环境的测度，与技术比较优势相似，现有大量研究以构建多维指标体系对区域产业发展环境进行测度，例如曹洪军等[①]利用专家打分法构建指标体系，对山东省各地市发展环境进行评价。牛盼强[②]、黄煦和罗亚东[③]等都采用类似方法进行研究。而上述研究均以地区发展环境作为主要研究内容，但在其他相关研究中，则选择相关指标衡量区域发展环境，如肖灿夫[④]、张启春与朱明[⑤]等。在本书的测算中，以突出重点与简化计算相结合的原则，选择以地区非公有制经济占比作为地区产业发展环境比较优势的测度值。

在研究时段方面，为了与本章其他章节一致，也同时出于本章第三节中所述的行政区划及统计口径变动因素考虑，将研究时段统一于1999年至2013年，以这十四年数据为研究基础。在数据来源方面，所有基础数据均来自于各年度《中国统计年鉴》《中国工业经济统计年鉴》《中国金融统计年鉴》《中国能源统计年鉴》国家统计局网站及国泰安数据库。

---

① 曹洪军、牛盼强、安玉莲：《山东各地市经济发展环境评价研究》，《中国人口·资源与环境》2005年第6期。

② 牛盼强：《区域经济发展环境综合评价模型》，《中国海洋大学学报》（社会科学版）2005年第7期。

③ 黄煦、罗亚东：《安徽省县域资源环境承载力研究》，《赤峰学院学报》（自然科学版）2013年第9期。

④ 肖灿夫：《我国产业转移的影响因素分析》，《理论参考》2005年第11期。

⑤ 张启春、朱明：《区际产业转移背景下中部六省发展环境研究》，《华中师范大学学报》（人文社会科学版）2014年第3期。

三　回归结果及分析

在具体计量分析中，将根据数据相关性、平稳性检验的结果，选择恰当的计量分析方法，分别对我国区域整体及四大板块中区域比较优势与产业转移的相关性进行分析。

（一）面板数据相关性分析

在本书的第三章以及本章第一节中，分别对于比较优势推动产业转移的理论机理及基本模型进行了分析和构建，其中认为区域中具有的比较优势对于产业转移具有正向的推动作用。然而，在具体模型分析中，仍需要对具体经验数据的相关性进行预判和观察，以保障计量模型的有效性。

在本部分的实证分析中，选取 29 个省份基于 14 年跨度的面板数据进行研究，对于面板数据相关性的检验中，本书选取 Spearman 相关系数进行测度，这是由于相对于 Pearson、Kendall's Tau 等相关系数计算而言，Spearman 是利用变量间秩次大小作线性相关分析，属于非参数统计方法，对原始数据分布无要求而适用性更广①。在此，分别对被解释变量产业转移指数与劳动力比较优势、资本比较优势指数等六个解释变量之间的相关性进行了计算，测算结果如表 4—12 所示。

表 4—12 中体现了产业转移指数与资本比较优势指数、劳动力比较优势指数、技术比较优势指数、能源比较优势指数以及发展条件、发展环境层面比较优势指数之间的 Spearman 相关系数及对应概率。由表中测算结果能够发现，在大多数地区，产业转移指数与其他解释变量之间的数据相关性显著为正，而且统计性特征表现较好，这与在理论分析和模型构建中的预判一致。这为后续分析中，利用实证计量模型对产业转移影响因素的研究提供了可行性。

① 王开军、黄添强：《基于趋势秩的 Spearman 相关方法》，《福建师范大学学报》（自然科学版）2010 年第 1 期。

表 4—12　　Spearman 相关系数测算

省份	ADL_{it}		ADK_{it}		ADT_{it}		ADN_{it}		$DISL_{it}$		$DIST_{it}$	
	Spearman	P	Spearman	P	Spearman	P	Spearman	P	Spearman	P	Spearman	P
安徽	0. 182	0. 044	0. 244	0. 001	0. 859	0. 000	0. 486	0. 078	0. 121	0. 000	0. 108	0. 000
北京	0. 323	0. 000	0. 829	0. 000	0. 921	0. 000	0. 886	0. 000	0. 349	0. 221	0. 846	0. 000
福建	0. 666	0. 017	0. 600	0. 023	0. 763	0. 002	0. 393	0. 164	0. 604	0. 022	0. 292	0. 311
甘肃	-0. 534	0. 117	0. 732	0. 003	-0. 842	0. 000	0. 473	0. 088	0. 565	0. 035	-0. 644	0. 013
广东	0. 165	0. 004	0. 323	0. 000	0. 705	0. 005	0. 029	0. 000	0. 033	0. 000	0. 068	0. 000
广西	0. 829	0. 000	-0. 727	0. 003	0. 714	0. 004	0. 780	0. 001	0. 732	0. 003	0. 319	0. 067
贵州	0. 112	0. 047	0. 332	0. 006	0. 305	0. 008	0. 108	0. 014	0. 341	0. 233	0. 341	0. 157
河北	0. 108	0. 084	0. 811	0. 000	0. 780	0. 001	0. 679	0. 008	0. 798	0. 001	0. 473	0. 088
河南	0. 833	0. 000	0. 881	0. 000	0. 521	0. 056	0. 749	0. 002	0. 881	0. 000	0. 763	0. 002
黑龙江	0. 877	0. 000	0. 824	0. 000	0. 969	0. 000	0. 613	0. 020	0. 864	0. 000	0. 916	0. 000
湖北	0. 073	0. 047	0. 877	0. 000	0. 380	0. 080	0. 429	0. 126	0. 943	0. 000	0. 754	0. 002
湖南	0. 064	0. 024	0. 486	0. 078	0. 578	0. 030	0. 358	0. 008	0. 521	0. 056	0. 367	0. 197
吉林	0. 007	0. 009	0. 481	0. 081	0. 363	0. 003	0. 002	0. 000	0. 319	0. 267	0. 015	0. 000
江苏	0. 653	0. 004	0. 670	0. 009	0. 710	0. 004	0. 635	0. 015	0. 736	0. 003	0. 182	0. 000
江西	0. 640	0. 016	0. 231	0. 000	0. 064	0. 059	0. 015	0. 000	0. 068	0. 000	0. 051	0. 000

续表

省份	ADL_{it}		ADK_{it}		ADT_{it}		ADN_{it}		$DISL_{it}$		$DIST_{it}$	
	Spearman	P	Spearman	P	Spearman	P	Spearman	P	Spearman	P	Spearman	P
辽宁	0.714	0.008	0.930	0.000	0.943	0.000	0.960	0.000	0.952	0.000	0.881	0.000
内蒙古	-0.385	0.070	0.187	0.001	0.310	0.281	0.319	0.007	0.371	0.191	-0.609	0.021
宁夏	0.222	0.111	0.996	0.000	0.802	0.001	0.886	0.000	0.930	0.000	0.393	0.164
青海	-0.793	0.000	0.859	0.000	0.714	0.004	0.749	0.002	-0.969	0.000	0.222	0.000
山东	0.499	0.039	0.960	0.000	0.393	0.000	0.754	0.002	0.930	0.000	0.938	0.000
山西	0.143	0.090	0.011	0.070	0.086	0.001	0.015	0.000	0.020	0.000	0.086	0.771
陕西	0.578	0.039	0.697	0.006	0.552	0.041	0.534	0.049	0.736	0.003	0.798	0.001
上海	0.974	0.000	0.196	0.003	0.086	0.001	0.996	0.000	0.780	0.001	0.749	0.002
四川	0.771	0.010	0.996	0.000	0.226	0.006	0.521	0.056	0.956	0.000	0.987	0.000
天津	0.055	0.095	0.719	0.004	0.662	0.010	0.560	0.037	0.305	0.088	0.002	0.994
新疆	-0.736	0.000	0.829	0.000	0.899	0.000	0.811	0.000	-0.947	0.000	0.934	0.000
云南	0.521	0.002	0.873	0.000	0.868	0.000	0.130	0.019	0.851	0.000	0.235	0.000
浙江	0.182	0.014	0.240	0.009	0.257	0.075	0.095	0.008	0.235	0.018	0.143	0.000
重庆	0.024	0.000	0.754	0.002	0.345	0.007	0.336	0.040	0.855	0.000	0.868	0.000

注：显著性水平为双侧检验。

（二）面板数据平稳性检验

由于本书选用的是具有时间序列的面板数据，因此防止非平稳数据的伪回归是在模型估计前必须考虑的问题。

Bhargava 最早提出对面板数据进行单位根检验，在检验中，他采取修正 DW 检验量测算固定效应模型残差。之后，Levin & Lin 利用 POLS 估计方法对独立同质面板数据进行分析，允许随机误差项具有不同的序列相关形式，并提出了与之相对应的 ADF 检验，被称为 Levin-Lin-Chu（LLC）检验。Im、Pesaran 和 Shin 放松了纵剖面时间序列一阶滞后项系数必须相等的假设条件，提出了对异质面板数据进行单位根检验的方法，被称为 Im-Pesaran-Shin（IPS）检验。Breitung 提出 IPS 检验对于限定性趋势的设定非常严格和敏感。Maddala and Wu 提出了 ADF-Fisher 和 PP-Fisher 面板单位根检验方法。综合各种检验方法的优势和弊端，本书综合选取普遍利用的 Levin-Lin-Chu（LLC）检验、Im-Pesaran-Shin（IPS）检验、ADF-Fisher 检验和 pp-Fisher 检验对各变量的面板数据平稳性进行检验。

表 4—13 中是对各变量原始数据进行单位根检验的结果，从中能够看到，在 5% 的显著性水平下，各变量的大多数检验方法结果都无法拒绝原假设，而显示变量为不平稳状态，这就需要进一步对各变量的差分进行检验，以判定平稳性。

表 4—13　　**原始数据单位根检验**

变量	检验方法			
	LLC	IPS	ADF-Fisher	pp-Fisher
$Tran_{it}$	0.5198 (0.6984)	2.7193 (0.9967)	57.2271 (0.5040)	46.0547 (0.8714)
ADL_{it}	−1.1950 (0.1160)	0.0190 (0.5076)	71.2261 (0.1139)	49.9602 (0.7647)
ADK_{it}	−4.5521 (0.0000)	2.6111 (0.9955)	55.2532 (0.5781)	34.5802 (0.9938)
ADT_{it}	−11.6510 (1.0000)	−5.2627 (0.9849)	129.751 (0.1499)	95.5574 (0.9967)

续表

变量	检验方法			
	LLC	IPS	ADF-Fisher	pp-Fisher
ADN_{it}	-3.9198 (1.0000)	-0.6767 (0.2493)	78.1852 (0.3398)	78.6044 (0.5372)
$DIST_{it}$	2.9559 (0.9984)	4.5718 (1.0000)	45.0114 (0.8938)	31.9740 (0.9978)
$DISL_{it}$	-2.2676 (0.0117)	2.5228 (0.9942)	41.8813 (0.9452)	43.0950 (0.9280)

注：表中括号中为P值。

表4—14中是对一阶差分数据进行单位根检验的结果，从表中能够看到，在5%的显著性水平下，各个变量的全体检验结果均表示拒绝原假设，不存在单位根，因此，一阶差分后的数据为平稳序列。

表4—14 **一阶差分数据平稳性检验**

变量	检验方法			
	LLC	IPS	ADF-Fisher	pp-Fisher
$Tran_{it}$	-7.8975 (0.0000)	-6.0287 (0.0000)	138.950 (0.0000)	199.685 (0.0000)
ADL_{it}	-9.5695 (0.0000)	-7.4179 (0.0000)	165.033 (0.0000)	170.077 (0.0000)
ADK_{it}	-10.9997 (0.0000)	-7.9025 (0.0000)	161.660 (0.0000)	207.228 (0.0000)
ADT_{it}	-11.2281 (0.0000)	-8.3840 (0.0000)	183.382 (0.0000)	212.732 (0.0000)
ADN_{it}	-13.5265 (0.0000)	-10.3017 (0.0000)	208.046 (0.0000)	284.961 (0.0000)
$DIST_{it}$	-8.1406 (0.0000)	-6.5079 (0.0000)	149.625 (0.0000)	157.828 (0.0000)
$DISL_{it}$	-11.0760 (0.0000)	-7.4661 (0.0000)	157.371 (0.0000)	182.436 (0.0000)

注：表中括号中为P值。

（三）整体区域回归结果分析

通过上两部分对数据相关性和平稳性的分析，本书所选用的面板数据符合实证模型所需相关性要求，且面板数据都为一阶单整，因此，本书选用各变量的一阶差分值作为实证分析的来源数据①，对模型进行回归分析。其中，结合本书第三章中将比较优势的界定和划分，分别以产业转移与地区生产成本比较优势、交易费用比较优势以及整体比较优势三个层面的相关关系进行计量分析，用以对比结果。

表4—15　　**整体区域回归结果**

变量	生产成本层面		交易费用层面		整体效应层面	
	随机效应	固定效应	随机效应	固定效应	随机效应	固定效应
D（ADL_{it}）	1.0601* (1.7656)	1.4351** (1.8295)	——	——	1.0711* (1.6815)	1.2851* (1.6562)
D（ADK_{it}）	0.2323 (0.7863)	0.2930 (0.9647)	——	——	0.3934 (0.8578)	0.2032 (0.8656)
D（ADT_{it}）	0.4121*** (2.8221)	0.5008*** (3.0196)	——	——	0.4089*** (2.8124)	0.4795*** (2.9116)
D（ADN_{it}）	0.1109* (1.6872)	0.2106* (1.8194)	——	——	0.1045* (1.6256)	0.2273* (1.7886)
D（$DIST_{it}$）	——	——	0.7225*** (2.6709)	1.0077*** (2.715)	0.7385*** (2.7203)	0.8851*** (2.5697)
D（$DISL_{it}$）	——	——	0.3231 (0.9011)	0.3853 (0.9165)	0.1932 (0.5297)	0.2859 (0.6845)
Hauseman Test	1.8742	——	0.4064	——	2.5197	——
Prob (Hauseman)	0.7589	——	0.8161	——	0.5873	——
R-squared	0.2813	0.6635	0.2048	0.6587	0.2482	0.6705

① 对于面板数据一阶差分平稳的情况，原则上应选取平稳数据进行回归分析，但是鉴于差分后经济意义的改变，有部分研究仍以原始数据进行估计（刘航：《中国制造业比较优势的制度性因素研究》，博士学位论文，西北大学，2013年，第101—127页），在本书的研究中选择以一阶差分进行回归，这基于以下两个层面考虑：一是满足回归分析中对于数据平稳性的要求，以规避伪回归；二是以原始数据一阶差分进行回归并不在本质上影响实际意义，其代表产业转移与各项比较优势变化量之间的相关关系。

续表

变量	生产成本层面		交易费用层面		整体效应层面	
	随机效应	固定效应	随机效应	固定效应	随机效应	固定效应
F-statistic	2.6920	14.8788	3.9098	15.3481	3.0969	14.6010
Prob (F-statistic)	0.0308	0.0000	0.0209	0.0000	0.0056	0.0000
Cross-sections	29	29	29	29	29	29
Total observations	406	406	406	406	406	406

注：表中 *、**、*** 分别表示该参数在10%、5%、1%的显著性水平上显著，括号中为回归系数的t值。

回归结果如表4—15中所示，从中能够看到：第一，在产业转移与生产成本比较优势的相关关系分析模型中，劳动力、资本、技术与能源层面的回归系数均为正，这与理论模型中的分析基本一致，表明各要素比较优势的提升能够对吸引产业转移带来正向的推动作用。其中值得注意的是，资本层面的回归系数虽然符号为正但不显著，对此一个可能的分析是由于本书在资本比较优势的界定中，为了与产业发展环境层面相区分，选取当期存款余额为资本总量测度，虽然通过加入资本价格进行修正，但是鉴于资本跨地区之间流动的低成本和高效率等效应，降低了资本层面比较优势在产业转移中的解释度。

第二，在产业转移与交易费用的相关关系分析模型中，区域发展条件和发展环境层面的相关性系数均为正，这表明区域为产业转移提供的配套条件以及区域发展环境层面的比较优势对于吸引产业转移具有正向的推动作用。从显著性来看，代表产业配套硬件条件层面比较优势的显著性较好，但代表产业发展环境的比较优势在回归中并不显著，结合模型中一阶差分的回归，表明当期发展环境优化对于产业转移的影响并不显著。

第三，在产业转移与整体比较优势效应的回归中，各要素的回归系数均为正，这表明与理论模型分析一致，比较优势的提升对于吸引产业转移具有正向的推动作用，但是，在资本比较优势层面和产业发展环境层面回归结果并不显著，对于资本层面比较优势不显著的可能原因在第一点中已经进行分析，在此不再赘述。对于产业发展环境层面回归结果不显著，考虑发展环境优化对于产业转移吸引的时间效应，因此将引入滞后期，分析在考虑时间效应下产业发展环境对于产业转移的吸引作用。

此外，在上述的三个模型中，通过 Hauseman 检验，均应采用随机效应模型，这表明模型的面板数据在上述共同效用之外，个体之间仍有明显的个体特征，结合本书的研究目的和模型中的个体化效应，本书后续将分别对我国东部、中部、西部和东北地区等四大板块中产业转移与区域比较优势之间的相关关系进行回归分析，以此在突出研究目的和最小化个体效应相结合的同时，对区域间的个体性差异进行对比分析。

鉴于发展环境比较优势中回归系数不显著，可能存在滞后效应的情况，本书分别加入滞后期进行回归，结果如表 4—16 所示①。其中，在交易费用模型层面，发展条件、发展环境及滞后值的系数均为正，且发展条件及发展环境滞后值分别在 1% 和 5% 的显著性水平上显著。这表明，相对于区域在产业硬件配套环境层面的改善，发展环境的优化对于产业转移的正向推动效应存在一个滞后期，其需要更长的时间才能体现并反映在产业转移中。在比较优势的整体效应回归中，各要素比较优势的回归系数均为正，表示与产业转移之间正向的相关关系，其中，只有资本与发展环境方面的回归系数不显著，而相对于未加入滞后期的模型分析而言，模型的拟合程度和显著性有所提高。

表 4—16　　**加入滞后期的整体区域回归结果**

变量	交易费用层面		整体效应层面	
	随机效应	固定效应	随机效应	固定效应
D（ADL_{it}）	——	——	0.7579* (1.7521)	0.9911* (1.8941)

① 结合本书所选取的面板数据时间跨度，在具体建模中，分别选择滞后一期、二期和三期进行分析，结果表明，滞后二期、三期的回归系数不显著，而滞后一期回归系数显著且解释程度较好，因此，在表中呈现以滞后一期模型进行分析的结果。

续表

变量	交易费用层面		整体效应层面	
	随机效应	固定效应	随机效应	固定效应
D（ADK_{it}）	——	——	0. 2443 （0. 5068）	0. 2243 （0. 4597）
D（ADT_{it}）	——	——	0. 4093*** （2. 7632）	0. 4696*** （2. 7437）
D（ADN_{it}）	——	——	0. 1154* （1. 8988）	0. 1923* （1. 8219）
D（$DIST_{it}$）	0. 7598*** （2. 6666）	0. 9132*** （2. 7150）	0. 6626*** （2. 6985）	0. 7111** （2. 3906）
D（$DISL_{it}$）	0. 378 （0. 9330）	0. 6085 （1. 3242）	0. 2833 （0. 7018）	0. 4795 （1. 0471）
D（$DISL_{it-1}$）	1. 7947** （2. 3063）	1. 6532** （2. 4819）	1. 7242** （2. 5771）	1. 8914** （2. 6151）
Hauseman Test	1. 2225	——	1. 8850	——
Prob（Hauseman）	0. 7476	——	0. 7792	——
R-squared	0. 2172	0. 6819	0. 3756	0. 7120
F-statistic	4. 3978	14. 8751	3. 8044	14. 0373
Prob（F-statistic）	0. 0090	0. 0000	0. 0075	0. 0000
Cross-sections	29	29	29	29
Total observations	377	377	377	377

注：表中*、**、***分别表示该参数在10%、5%、1%的显著性水平上显著，括号中为回归系数的t值。

（四）分板块回归结果分析

表4—17中是分别从东部、中部、西部及东北地区等四大板块入手，对产业转移和比较优势整体效应进行回归的测算结果。通过对比表中测算结果，能够得到以下几方面的结论。

第一，从总体的共性层面来看，一是各地区中劳动力层面比较优势的回归系数均相对较高，这表明，在现阶段我国制造业的产业转移中，地区劳动力层面的质量和数量仍在其中起到较为重要的作用，这反映在产业生产方式层面即我国的制造业生产中，劳动力相对于其他

表 4—17　　**分板块回归结果**

变量	东部地区		中部地区		西部地区		东北地区	
	随机效应	固定效应	随机效应	固定效应	随机效应	固定效应	随机效应	固定效应
D（ADL_{it}）	1. 002 * （1. 9850）	1. 1441 * （1. 8925）	1. 8573 * （1. 6808）	1. 9399 * （1. 7586）	1. 7607 * （1. 8761）	1. 5364 * （1. 9681）	1. 3883 * （1. 9443）	1. 3231 * （1. 7580）
D（ADK_{it}）	0. 6247 （0. 2245）	0. 7398 （0. 6251）	0. 2898 （1. 3822）	0. 3429 （1. 4694）	0. 2411 （0. 3542）	0. 1509 （0. 9458）	0. 4476 （0. 8090）	0. 3101 （1. 0971）
D（ADT_{it}）	1. 4801 *** （3. 3018）	1. 2679 *** （3. 1372）	0. 6015 * （1. 6885）	0. 5930 * （1. 8769）	0. 5759 ** （2. 4699）	0. 5351 ** （2. 4032）	0. 5859 ** （2. 1910）	0. 7308 ** （2. 2794）
D（ADN_{it}）	0. 4322 * （1. 8972）	0. 3539 * （1. 9265）	0. 4671 （1. 3544）	0. 4755 （1. 3696）	1. 7398 *** （2. 4235）	1. 3357 ** （2. 025）	1. 9534 * （1. 7652）	2. 1812 * （1. 8336）
D（$DIST_{it}$）	0. 3517 * （1. 8960）	0. 3083 * （1. 8837）	2. 4353 * （1. 9254）	2. 3351 * （1. 8682）	1. 5136 * （2. 0595）	1. 4614 * （1. 932）	2. 4207 * （1. 9354）	2. 2776 * （1. 814）
D（$DISL_{it}$）	0. 7611 （0. 5971）	0. 8908 （0. 6837）	0. 3786 （0. 4007）	0. 3456 （0. 3645）	1. 4457 （1. 5160）	1. 3666 （1. 0966）	0. 7717 （0. 2779）	0. 7964 （0. 3913）
D（$DISL_{it-1}$）	2. 2996 ** （2. 0143）	2. 4233 ** （2. 0876）	1. 1519 ** （2. 1690）	1. 1177 ** （2. 1215）	1. 5752 * （1. 6658）	1. 8327 ** （2. 4465）	1. 7118 * （1. 8434）	1. 4261 ** （2. 1803）
Hauseman Test	4. 7537	——	1. 8265	——	2. 2829	——	5. 3001	——
Prob（Hauseman）	0. 6879	——	0. 7972	——	0. 7142	——	0. 5059	——
R-squared	0. 1384	0. 6357	0. 2355	0. 7460	0. 2693	0. 8879	0. 3579	0. 7866
F-statistic	3. 0145	5. 4352	2. 0482	6. 1301	2. 7367	3. 2426	3. 1758	4. 0963
Prob（F-statistic）	0. 0131	0. 0000	0. 0623	0. 0000	0. 0206	0. 0000	0. 0135	0. 0013
Cross-sections	9	9	6	6	11	11	3	3
Total observations	117	117	78	78	143	143	39	39

注：表中 * 、** 、*** 分别表示该参数在 10%、5%、1% 的显著性水平上显著，括号中为回归系数的 t 值。

生产要素起着更为重要的作用，而我国制造业的转型升级，特别是在现阶段人口红利日益消减的背景下，如何实现健康可持续的发展，将是现阶段我国经济发展中正在面临和亟待解决的问题。二是各地区中发展环境层面比较优势回归数值较高①，这表明现阶段产业转移中发展环境层面优化对于产业转移均起到较大的推动作用，就本书计量分析所选择的时间段来看，1999 年至 2013 年，我国东部地区经历了改革开放的三十周年，而中西部及东北地区分别实施了西部大开发战略、中部崛起战略和振兴东北老工业基地战略等一系列国家层面的发展战略，这对于优化发展环境、推动产业转移起到了重要作用，从中得到的启示是，在未来通过产业转移、优化生产布局的发展中，进一步优化发展环境具有重要的推动作用，这也能够为现阶段我国实施全面深化改革、简政放权、打造中国经济新常态的发展道路提供佐证。

第二，从个体的差异性层面来看，一是在劳动力比较优势层面，东部地区的产业转移在劳动力比较优势层面的系数最低，而中部地区和西部地区在劳动力层面的比较优势回归系数较高。这表明，相对于东部地区而言，中部和西部地区的产业转移中劳动力比较优势的相关性较高，换句话说，中西部地区劳动力层面比较优势对于产业转移的推动作用相对较高。二是在资本和技术比较优势层面，东部地区的回归系数相对较高，而中西部地区较低，这表明相对于东部发达地区而言，在现阶段中西部地区产业转移中基于技术层面比较优势相对的较少。三是各地区中能源层面比较优势的回归系数差异明显，这可能与本书研究中所选用的能源属性有关，但在现实中反映出我国地区间资源禀赋差异对于产业转移驱动力的不同，在资源相对富集区域中，能源层面比较优势对于产业转移起着更大的推动作用。四是在区域发展条件比较优势层面，东部地区的回归值相对较小，而中西部和东北地区的回归值较大，对此一个可能的解释是，东部地区经过改革开放三

① 鉴于在回归结果中，发展环境层面比较优势的当期回归系数在四个板块中均不显著，因此引入滞后期进行回归，综合评判后，选择滞后一期变量代入方程回归，并在后续分析中，以滞后一期变量回归结果作为发展环境比较优势的数值，政策意义表示地区发展环境优化的实现，例如其中政策效果的远期体现等。

十余年的发展，在基础设施建设等区域发展条件方面的发展程度已经较高，所以在研究时段中发展条件的提升对于产业转移的推动作用不及在发展条件原本较差的落后地区。此外，在相对落后地区中回归系数中部最高、东北次之、西部最低，这反映出在不考虑其他层面比较优势的前提下，产业配套发展条件的提升对于产业转移驱动中呈现出距离的梯度性。五是在产业发展环境层面，东部地区的回归系数较高，而中西部和东北地区回归系数较低，这表明在研究时段中，东部地区的产业转移受发展环境优化的影响较高，在未来发展中，进一步改善产业发展环境对于东部地区吸引产业转移具有重要的推动作用。

综上所述，通过对我国四大板块中产业转移与区域比较优势的计量分析，能够得到，在我国产业转移中，区域劳动力和发展环境层面的比较优势具有较高的推动作用，反映了我国制造业劳动密集型为主的生产特点和进一步简政放权、深化改革、优化发展环境对推动产业转移的重要作用。与此同时，地区之间关于产业转移的主要影响因素存在明显差异，其中，中西部等落后地区中劳动力和资源层面的比较优势对于产业转移具有相对主要的推动作用，而东部发达地区的产业转移主要取决于发展环境及资本技术层面的比较优势。通过本节中对于产业转移中影响因素的总体效应和板块间地区差异效益分析，将为后续章节中相关政策建议研究奠定基础。

第五节 本章小结

本章通过分析比较优势与产业转移的相关关系，着力于解释产业转移的来源及驱动机制。在研究中，首先，分别从新古典经济学及新经济地理学的视角构建比较优势推动产业转移的理论分析模型；其次，分别对我国区域的比较优势及现阶段产业转移进行统计性分析；最后通过构建实证计量模型，对于产业转移与比较优势的相关关系进行实证研究，分别从全国和四大板块的角度分析对比产业转移中区域比较优势的影响机理和驱动作用。

在具体分析中，本章第一节中，分别以新古典经济学分析框架以及新经济地理学的分析思路，对地区间产业转移的形成机制，特别是在区域间比较优势对于产业转移的驱动机制进行分析。基于新古典经济学的 2×2×2 模型，验证了封闭经济条件下传统生产要素的比较优势差异对于产业转移的驱动作用；基于新经济地理学的核心—边缘模型，并纳入关于集聚效应、拥挤效应、冰山成本等条件分析，对发达地区向欠发达地区进行产业转移的机制及驱动进行分析。通过上述模型分析，得到共性的主要结论为：区域间具有的比较优势，无论是基于生产要素的生产成本层面比较优势，还是来源于发展条件的交易费用层面比较优势，均对产业转移具有正向的驱动作用。

本章第二节基于全书第三章中关于比较优势的内涵界定，结合多元性、层次性、可比性及实用性的原则，构建了由内部生产成本层面比较优势和外部交易费用层面比较优势构成的三级指标体系，利用该指标体系，借助因子分析法，从横向对比和纵向发展的视角对我国各省份的比较优势进行分析，得出结论认为：在总体比较优势中，以东部地区为代表的发达地区高于欠发达地区，与此同时，以中西部为代表的落后地区比较优势有提升的趋势；在具体比较优势构成中，落后地区的比较优势主要体现在基于要素禀赋结构的生产成本层面，发达地区在交易费用即产业发展环境和配套条件层面具有明显比较优势。

本章第三节在对现阶段学界关于产业转移的测度和评判研究进行综述和梳理的基础上，通过对比各种测度方法优劣性，选择以区域中产业生产产值作为统计性基础衡量指标、综合利用产业集中指数、产业空间基尼系数等测度方法，从产业发展和区域分布两个视角对我国现阶段产业转移进行分析，得到结论认为：在产业生产布局现状层面，我国产业空间分布不均，且区域间发展差距较大，其中，发达地区呈现出较为明显的产业“大而全”发展模式，专业化程度较低，产业同构化和区域同质化竞争问题严重，制约了区域比较优势的显现和资源空间分布效率的提升；在产业生产布局变动层面，我国产业转移呈现出逐步增强的发展趋势，但是就效果而言，并未实现规避区域同质化竞争及与区域比较优势驱动相适应的发展目标，现阶段产业转移具有方向分散化、内容梯度化的特征。

本章第四节在前两节对于我国区域比较优势进行测度和产业转移发展现状进行分析的基础上，通过构建相应计量模型，对于我国现阶段所发生的产业转移与区域比较优势之间的相关关系进行实证研究，得出结论认为：在整体的共性层面，我国区域中劳动力和发展环境层面的比较优势具有较高的推动作用，这反映出我国现阶段制造业以劳动密集型为主的生产特点以及进一步简政放权、深化改革、优化发展环境对推动产业转移的重要作用；在个体的差异性层面，我国地区之间关于产业转移的主要影响因素存在明显差异，其中，中西部等落后地区中劳动力和资源层面的比较优势对于产业转移具有重要推动，而东部发达地区的产业转移主要取决于发展环境及资本技术层面的比较优势。

基于上述的研究结论，能够得到具有一定参考意义的政策建议：一是在产业转移基础层面，各地应当从实际出发，在对本地具有的比较优势进行综合考量、全面分析的基础上，立足于本地实际，合理确定产业转移的发展重点，科学谋划，以打破区域间产业同构化和区域同质化竞争，优化产业的空间布局；二是在产业转移过程层面，应遵循市场规律，尊重企业在产业转移中的主体地位，充分发挥市场在资源配置中的决定性作用，政府则应基于比较优势和发展目标，因地制宜，合理制定发展规划和政策引导措施，并着力于完善公共服务，优化发展环境①；三是在产业转移保障层面，政府应注重为产业转移提供良好的服务平台，打破区域保护和政策壁垒，并建立区域间的利益共享机制，实现区域良性竞争和互利共赢。

---

① 这一政策建议能够在 2014 年 6 月 25 日国务院常务会议纪要中得到印证，具体可参见新华网《李克强：以产业转移促进中国经济提质升级》，网址为 http：//news. xinhuanet. com/comments/2014 -06/25/c_ 1111317932. htm。

第五章　产业转移与区域协调发展：基于中国省域面板数据的经验分析

在本书第三章中，分为时间层面的短期效应和长期效应，对产业转移的转出区与转入区的不同作用机制进行分析，从而在理论层面论证了产业转移对于推动区域协调发展的实现机理。在本章中，将在对我国区域经济总量和质量协调发展的现状进行分析评判的基础上，对我国发展现实中产业转移与区域协调发展的相关关系进行实证研究，从而在对理论研究结论进行数理验证的同时，为后续具体发展路径的设计和政策建议的提出提供现实基础。

第一节　理论模型构建

在我国的现行经济体制下，资源配置的市场机制仍在不断完善之中，政府对于资源配置具有较大的干预和影响作用①。孙华平与黄祖辉认为在我国现阶段区域经济发展中，地方政府出台的相关产业规划和扶持政策对于产业转移具有重要的影响作用②。魏后凯以博弈的视

---

① 现阶段发展中，地方政府对于生产要素市场化配置的影响和干预仍较大，在2013年11月召开的党的十八届三中全会《关于全面深化改革若干重大问题的决定》中，指出“紧紧围绕使市场在资源配置中起决定性作用深化经济体制改革”，正是基于这一现状提出的。

② 孙华平、黄祖辉：《区域产业转移中的地方政府博弈》，《贵州财经学院学报》2008年第5期。

角分析地方政府之间政策差异，认为产业转移的发展过程中必然伴随着区域之间的博弈与竞争①。在本书第三章对于产业转移与区域协调发展的理论机理分析中，从长期效应和短期影响两个层面，分析了产业转移对于产业转出区和产业转入区的不同影响机制。而区域间差异性的产业转移行为收益正是区域间博弈的基础，也是本章所关注的产业转移效应的成因。综合上述，本部分将利用博弈论的视角，对产业转移中地方政府的博弈行为进行分析。

一　基于自由竞争状态的博弈基准模型

在本节中，将通过构建一个基于两个地方政府之间的博弈模型，从产业转移的形成机制入手，对不同条件下政府的博弈行为选择和收益进行分析，为后续加入中央政府约束的扩展模型做基础。为了使模型更具有一般性和基准性，以某一特定产业在两地方政府之间生产布局调整为基础进行模拟，这样既能够解释传统意义上产业转出区和转入区之间的博弈情况，也能够包含两个转入区之间的博弈情况。

（一）模型前提假设

假设前提1：区域内有两个地区，分别为 D_1 和 D_2。现有一个特定产业，将选择在这两个地区进行生产布局。在此，为了在不影响模型含义的前提下，进一步简化模型，将此产业作为一个企业S进行分析。

假设前提2：该企业S产品在两个地区的需求总量分别为 M_i（$i = 1,2$），产品售价为 P_i（$i = 1,2$），企业为生产该产品所付出的成本为 $C_i(M_i)$。因此，企业S在两个地区中的收益为 $R_i = P_iM_i - C_i(M_i)$。

假设前提3：D_1 和 D_2 地区之间存在生产成本层面比较优势的差异，为了简化模型，将这种比较优势的差异以企业在地区间的差别化收益来表示，即假设地区 D_1 具有生产成本层面比较优势Z，则有 $Z =$

① 魏后凯：《产业转移的发展趋势及其对竞争力的影响》，《福建论坛》（社会经济版）2003年第4期。

$R_1 - R_2 = (P_1M_1 - P_2M_2) - [C_1(M_1) - C_2(M_2)] > 0$。

假设前提4：对于地区而言，企业发展能够带来的预期收益是H_i，其中为两部分：其一是包含企业发展为地区带来的税收、就业等层面的正效应记为X_i；其二是随之产生的资源使用和环境污染等层面的负效应Q_i，则有：$H_i = X_i - Q_i$，假设Y_i为博弈结束后地区的真实收益。

假设前提5：地区对于企业发展所给予的影响为$\pm T_i$，在此，对企业而言，以$+T_i > 0$表示地方政府出于支持企业发展而给予的补贴，为正向影响；$-T_i < 0$表示地方政府出于提高自身收入或规制企业发展而收取的税收，为负向影响。

假设前提6：假设地区之间的博弈行为基于完全信息的条件下，即上述的各项信息对于参与博弈的两个地区是公开的，特别是地区之间比较优势层面的差异成为公共知识。

（二）模型博弈结果

在上述假设的基础上，特别是在博弈完全信息的背景下，博弈的均衡取决于政府的收益差和竞争策略。而地方政府之间将具有合作和竞争两种选择。

（1）当地方政府之间选择合作时，即至多有一方对企业区位选择进行干预行动时，这时会有三种博弈行为情况，即两地区都不行动、只有地区D_1行动、只有地区D_2行动这三种（见表5—1）。

第一，当两个地区都不行动时：基于前提假设3，地区D_1在产业发展中具有比较优势，那么在不考虑两方政府的外部干预时，企业会选择在地区D_1进行生产投资，这时，企业获得收益为$R_1 = P_1M_1 - C_1(M_1)$，地区D_1获得收益为$Y_1 = H_i = X_1 - Q_1$。

第二，当只有地区D_1行动时：在上述两地区都不行动情况的分析基础上，地区D_1当确定地区D_2不行动时，出于对自身收益最大化的考虑，会对企业在本地区的发展进行征税（$-T_i$）以提高自身收益，前提是税额$|T_i| \leqslant Z$。因此，在均衡状态下，地区D_1会选择以可征税额的最大值Z进行征税，此时，地区D_1获得收益为$Y_1 = H_1 + Z = X_1 - Q_1 + Z$，而企业获得的收益则减少为$R_1 = P_1M_1 - C_1(M_1) -$

Z 。

第三，当只有地区 D_2 行动时：对于地区 D_2 而言，只有以补贴形式弥补地区间对于产业发展的比较优势时，才能吸引企业在本地区投资发展。因此，相对于两个地区都不行动的情况而言，地区 D_2 对于企业发展进行补贴（ $+T_i$ ），前提是补贴额 $|T_i| \geqslant Z$ 。因此，在均衡状态下，出于地区自身收益最大化的前提考虑，则会选择补贴额的最小值 Z 进行补贴，此时，地区 D_2 获得的收益为 $Y_2 = X_2 - Q_2 - Z$ ，而企业获得的收益为 $R_2 = P_2M_2 - C_2(M_2) + Z$ 。

（2）当地方政府之间选择竞争时，即两个地区都参与对企业区位选择进行干预行动时，这时根据作为公共知识的地区间比较优势 Z 与企业发展在各地区中所带来的收益 H_i 之间的相关关系，能够分为只有一方能参加竞争和两个地区能参加竞争两种情况。

第一，只有一方能参加竞争时，即 $H_2 < Z$ ，即企业发展为地区 D_2 带来的收益低于两地区的比较优势。当然，这只是双方竞争博弈中的一种特殊情况。在这种情况下，作为理性经济人的地区 D_2 而言，即使补足比较优势 Z，得到的仍是负数，这时，地区 D_2 将无法参与竞争，因此，博弈的均衡同地区合作中地区 D_1 单独行动的结果，即地区 D_1 获得收益为 $Y_1 = X_1 - Q_1 + Z$ ，而企业获得的收益为 $R_1 = P_1M_1 - C_1(M_1) - Z$ 。

第二，两个地区都能参加竞争时，即 $H_2 \geqslant Z$ ，这时，两个地区都将为吸引企业进行生产布局而对企业补贴，基于理性经济人假设，地区补贴不会高于所获收益，即 $T_i \leqslant H_i$ 。在这种情况下，将产生两种博弈结果：其一是地区 D_1 在博弈中获胜，即当 $H_1 \geqslant H_2 - Z$ 时，地区 D_1 的收益高于地区 D_2 所能给予的最大补贴额，这时，对于地区 D_1 而言，基于地区 D_2 的竞争威胁并结合自身利益最大化的考虑，将以 $T_1 = H_2 - Z$ 对企业进行补贴，因此，博弈的均衡结果是地区 D_1 获得的收益是 $Y_1 = X_1 - Q_1 - (H_2 - Z)$ ，企业获得的收益是 $R_1 = P_1M_1 - C_1(M_1) + (H_2 - Z)$ ；其二是地区 D_2 在博弈中获胜，即当 $H_2 \geqslant H_1 + Z$ 时，地区 D_2 的收益高于地区 D_1 所能给予的最大补贴额，这时，对于地区 D_2 而言，基于地区 D_1 的竞争威胁并结合自身利益最大化的考虑，将以 $T_2 = H_1 + Z$ 对企业进行补贴，因此，博弈的均衡结果是地区 D_2 获得的收益是 $Y_2 = X_2 - Q_2 - (H_1 + Z)$，企业获得的收益是 $R_2 = P_2M_2 - C_2(M_2) + (H_2 + Z)$。

表 5—1　　**基准模型博弈结果**

<table>
<tr><td colspan="4">地区 D_2</td></tr>
<tr><td rowspan="5">地区 D_1</td><td></td><td>不行动</td><td>行动</td></tr>
<tr><td>不行动</td><td>$Y_1 = X_1 - Q_1$；$Y_2 = 0$</td><td>$Y_1 = 0$；$Y_2 = X_2 - Q_2 - Z$</td></tr>
<tr><td rowspan="3">行动</td><td rowspan="3">$Y_1 = X_1 - Q_1 + Z$；
$Y_2 = 0$</td><td>$Y_1 = X_1 - Q_1 + Z$；$Y_2 = 0\ (H_2 < Z)$</td></tr>
<tr><td>$Y_1 = X_1 - Q_1 - (H_2 - Z)$；
$Y_2 = 0\ (H_1 \geqslant H_2 - Z)$</td></tr>
<tr><td>$Y_1 = 0$；
$Y_2 = X_2 - Q_2 - (H_1 + Z)\ (H_2 \geqslant H_1 + Z)$</td></tr>
</table>

（三）模型结果分析

通过对上述完全信息条件下，地方政府之间在竞争与合作不同机制中，博弈行为与结果的对比分析能够得到以下四个方面的结论。

第一，当地方之间选择合作时，地方政府不仅自身获得的总效益最高，对企业的无谓补贴①最少，而且地区间的总效益也最高。例如在上述博弈中，以博弈结果为具有比较优势的地区 D_1 获得企业生产布局为结果，对于地方政府而言，地区合作比地区竞争的收益高出 H_2，即为博弈失败地区 D_2 获得生产布局的全体收益。

第二，当地方之间存在竞争时，地方政府获得的收益将降低，即福利损失，而这损失的部分将转移至企业。例如在上述博弈中，具有比较优势的地区 D_1，在合作状态下获得的收益为 $Y_1 = X_1 - Q_1 + Z$，而在竞争状态中获得的收益为 $Y_1 = X_1 - Q_1 - (H_2 - Z)$，其中相差的收益 H_2 转移至企业。

第三，竞争常发生在比较优势差距不大的地区之间，且地区之间

① 这里所说的“无谓补贴”是指地方政府做出的，相对于博弈结果无影响的补贴。

预期收益差距越小则福利损失越大。由双方竞争中只有一方能够参与的情况可知，当地区间比较优势大于其中一方的地区收益时，该地区便无法参与竞争。此外，当两个地区的预期收益 H_1 与 H_2 之间的差异越小时，则获胜地区所得的真实收益将趋近于比较优势 Z，福利损失为最大。上述分析能够解释在现实产业转移发展中，竞争最激烈的常是比较优势相近、发展阶段和条件相似的地区，例如富士康在“北上西进”产业转移规划下的手机项目落户郑州之前，至少与西安、武汉、天津、重庆等多个城市进行多回合接洽①，“各地均给出了异常丰厚的价码②”。

第四，在上述博弈中，存在纳什均衡中的“囚徒困境”情况，即在无外界干预的前提下，地区均会自发选择参与竞争，从而导致地方政府中无谓的福利损失。这一结论具有两方面的现实意义，一是能够解释企业在进行生产布局和投资时，会将信息同时散布给多个区域并开展意向性接洽，从而在生产布局中获得额外补贴；二是引出中央政府在产业转移中一项重要职能，即利用科学规划及正向引导，约束地方政府间在产业转移中的盲目竞争行为，规避过度竞争引起的地方政府“零收益”及地方经济发展中存在的地区间低水平重复建设、产业同构及产能过剩等问题。

二　基于协调发展约束的博弈扩展模型

由两个地方政府之间的博弈基准模型分析结果可知，在无外界干预的产业转移中，地方政府之间必然选择参与竞争，从而造成整体福利损失，其中，比较优势相近、预期收益相似的区域之间竞争更为激烈且福利损失更多。而在本书第三章理论机理部分指出，中央政府作为国家最高行政机关，具有统筹全国经济社会发展、国家整体福利的权力和责任。在此背景下，在博弈扩展模型中将引入中央政府作为外

① 据“李欣：《争夺富士康，宠儿还是鸡肋》，《中国新闻周刊》2010 年第 27 期”、“《河南是如何抢到富士康的?》，《南方周末》2010 年 8 月 19 日”、“《富士康郑州造城背后的考验》，《第一财经日报》2013 年 9 月 27 日”等新闻报道综合整理。

② 相关报道可参见《富士康内迁真相调查》，《瞭望东方周刊》2010 年第 22 期。

部约束，地方政府的博弈目标和博弈行为都应符合中央政府期望，否则中央政府将给予干预。

结合第一小节中基准模型的分析结论和现实发展实际，对于中央政府而言，在产业转移中的目标主要体现在以下三个方面：一是防止过度竞争，促进区域合作；二是防止短期行为，促进可持续发展；三是调节发展差距，推动区域协调发展。基于上述三个目标，本节中将在基准模型的基础上，增加或放宽前提假设，构架三个扩展模型，通过对外部干预下博弈结果与基准状态下博弈结果的对比，以期厘清现实中产业转移效用的表现机制和实现机理。

（一）扩展模型Ⅰ：对过度竞争的分析

在基准模型中，基于地方政府理性的假设，将预期收益大于零作为博弈决策的基本约束前提。但是，在现实中为了吸引外来投资以及承接产业转移，一些地区在财税、用地、劳务、金融以及项目补贴方面竞相出台所谓“最优惠的政策”①，“出现了注定亏损下的过度竞争和恶性竞争”②。这显然无法用基准模型来解释。对此现象，周黎安以政治晋升博弈为背景，认为地方官员既是地区经济发展的决策者，也是个人政治晋升比赛的参与者，进而从“政治锦标赛”分析了地方政府之间存在的这种过度竞争及重复建设问题③。田伟、田红云在理性经济人的前提下，将官员的效用分为公共利益效用与私人利益效用两部分，从而解释官员决策中的行为差异以及对地区经济发展的影响④。此外，何智美和王敬云⑤、刘剑雄⑥、周飞舟⑦等学者以类似观

① 相关报道可参见《纺织产业转移应避免盲目投资和恶性竞争》，《经济日报》2010年9月12日。

② 相关报道可参见《恶性竞争、问题随产业转移过来》，《人民日报》2012年1月9日。

③ 周黎安：《晋升博弈中政府官员的激励与合作》，《经济研究》2004年第6期。

④ 田伟、田红云：《晋升博弈、地方官员行为与中国区域经济差异》，《南开经济研究》2009年第1期。

⑤ 何智美、王敬云：《地方保护主义探源——一个政治晋升博弈模型》，《山西财经大学学报》2007年第5期。

⑥ 刘剑雄：《中国的政治锦标赛竞争研究》，《公共管理学报》2008年第7期。

⑦ 周飞舟：《锦标赛体制》，《社会学研究》2009年第5期。

点进行了研究。结合上述学者研究，本书认为，对于吸引外部投资和承接产业转移的地区而言，其收益来自于两部分：其一是基于产业转移而为地区带来的客观收益，是指产业转移带来的可衡量、可贴现收益；其二是产业转移为地区带来的主观收益，包含地区统计指标的提升[①]、同类地区发展对比压力和官员的晋升预期等内容。

在此，在基本假设前提不变的条件下，对于基准模型中地区收益假设进行调整，即假设 $E_i = H_i + K_i = (X_i - Q_i) + K_i$。其中，$H_i$ 表示地区由于产业生产布局发展而带来的客观收益，即为基准模型中的地区收益，是指税收提升、就业等正向收益与资源环境等反向收益的差；K_i 表示主观收益，包含产业发展为地区带来的各种非真实收益的总和。相对于真实收益的可衡量性和可计算性而言，主观收益具有因人而异的偏好性，其大小取决于官员的考核机制、晋升可能、个人追求等因素。E_i 表示地区中的总体收益，即主观收益与客观收益之和。

扩展后的模型，在区域合作的情况中，即地区 D_1 和地区 D_2 在不行动、不行动，行动、不行动，不行动、行动的策略组合下，地区收益的变化不影响具体的博弈结果，因此，博弈结果不变。扩展后的模型博弈结果差别主要体现在区域竞争的情况中。当两个地区都参与对企业区位选择进行干预行动时，同基准模型类似，首先需要分为只有一方能参加竞争和两个地区能参加竞争两种情况进行分析。

第一，只有一方能参加竞争时，即 $H_2 + K_2 < Z$ 时，博弈结果与基准模型中一致。但是对于前提条件的现实解释为：只有在地方的客观收益与主观收益之和小于比较优势时，该地方政府才不参与竞争，而在现实中，由于非公共知识的主观收益加入，导致双方都选择竞争时，难以出现基准模型中只有一方能够参加竞争的情况。

① 虽然在财政分权制下，地方面临着提升税收的压力，但是基于 GDP 指标的政绩考核机制决定了短期统计指标提升对于官员具有较大的吸引力。关于追求统计数据的虚高及造假的相关报道可参见“新华网：揭秘地方统计造假乱象：数字出官　官出数字”、“半月谈：一个贫困县的数据造假揭秘”等。

第二，当两个地区都能参加竞争时，两个地区都将为吸引企业进行生产布局而对企业补贴，此时仍基于理性假设，即地区补贴不会高于所获收益，即 $T_i \leqslant E_i$。在这种情况下，也将产生两种博弈结果，其一是当 $H_1 + K_1 \geqslant H_2 + K_2 - Z$ 时，即当地区 D_1 由于产业布局发展带来的综合收益高于去除地区间比较优势差异的地区 D_2 收益时，地区 D_1 在博弈中获胜，这时，地区 D_1 经济层面的收益为 $Y_1 = X_1 - Q_1 - (H_2 - Z) - K_2$[①]；其二是当 $H_2 + K_2 \geqslant H_1 + K_1 + Z$ 时，即当地区 D_2 由于产业布局发展带来的综合收益高于地区 D_1 的收益和其具有的比较优势之和时，地区 D_2 在博弈中获胜，这时地区 D_2 经济层面的收益是 $Y_2 = X_2 - Q_2 - (H_1 + Z + K_1)$。在这一情况中，与基准模型的差异在于两个方面，一是在博弈条件的评判中，地区中由于产业布局发展带来的主观收益具有重要影响，甚至能够达到直接决定结果的程度。现实中，当地区官员对某一项目具有很高的主观收益时，即主观收益远大于地区间比较优势差异时（$K_i >> Z$），在无外界干预的情况下，这时将形成不计成本的恶性竞争。二是在博弈结果的衡量中，加入主观收益的博弈收益结果明显较小，无论哪方在博弈中取胜，收益都比基准模型中少，而减少的数值正是失败方的主观收益值，但是在现实中，由于博弈中双方地区对于产业布局发展带来的主观效应并不是公共信息，而且无法量化，因此博弈获胜方只能通过预测来评估地区的主观收益，从而会造成现实中客观收益为零甚至为负的情况。

对比扩展模型Ⅰ与基准模型的假设前提和关系能够发现，扩展模型Ⅰ中所描述的博弈更贴近于现实，反映出在没有中央政府进行外部约束的前提下，地方政府之间过度竞争下的博弈结果以及造成的收益损失情况，而在中央政府进行干预时，即约束由于官员效用与地方效用差异而带来的主观效用，将地区收益统一在客观收益中时，扩展模型Ⅰ将转化为基准模型。因此，基准模型成为加入中央政府约束、防

① 由于在本书的界定中，地区产业生产布局带来的主观收益是基于官员的主观效用且无法以数量衡量和贴现，因此，在计算地区的经济收益时，主观收益不能计入。

止过度竞争的一个理想状态。

表5—2　　　　**扩展模型Ⅰ：过度竞争博弈结果**

		地区 D_2	
		不行动	行动
地区 D_1	不行动	$Y_1 = X_1 - Q_1$；$Y_2 = 0$	$Y_1 = 0$；$Y_2 = X_2 - Q_2 - Z$
	行动	$Y_1 = X_1 - Q_1 + Z$；$Y_2 = 0$	$Y_1 = X_1 - Q_1 - (H_2 - Z) - K_2$；$Y_2 = 0$（$H_1 + K_1 \geqslant H_2 + K_2 - Z$）
			$Y_1 = 0$；$Y_2 = X_2 - Q_2 - (H_1 + Z + K_1)$（$H_2 + K_2 \geqslant H_1 + K_1 + Z$）

对比扩展模型Ⅰ与基准模型博弈行为和结果，能够得到以下几点结论（见表5—2）。一是在参与竞争的门槛方面，在过度竞争的博弈中参与门槛下降，参与竞争的区域增加，扩大了竞争的范围，特别是会吸引一些本来不具有竞争条件和基础的盲目区域加入竞争；二是在博弈条件的判定方面，主观收益成为评判博弈结果的重要指标，甚至能够达到直接决定结果的程度，这将严重影响博弈评判条件的客观性，成为过度竞争的基础；三是在博弈的结果方面，过度竞争中博弈结果普遍较低，而降低的数值正是失败方的主观收益值，鉴于主观收益值的不可计量性和非公共知识特征，直接导致了现实中过度竞争下收益为零甚至为负的情况产生；四是在地区之间选择合作的情况下，将不受地区主观收益与真实收益差异的影响，因此，建立区域之间合作机制是规避过度竞争的有效途径。

通过上述对比分析，能够得到的政策建议是：第一，放弃唯GDP的考核方式，能够有效降低地区官员主观收益，从而规避过度竞争①；第二，建立地区间合作机制，在地区比较优势基础上，合理进行产业

① 这一政策层面的研究结论能够在现实发展中得到印证：在党的十八届三中全会中就已经明确提出："要纠正单纯以经济增长评定政绩的偏向"，之后，在中组部2013年12月印发的《关于改进地方党政领导班子和领导干部政绩考核工作的通知》中规定："不能仅仅把地区生产总值及生产率作为政绩评价的主要指标"。

发展规划，促进区域间共赢合作，是提升区域整体效益水平的有效途径。

（二）扩展模型Ⅱ：对不可持续发展的分析

在基准模型中，决定地区收益的因素来源于两个方面：一是地区由于承接产业转移而带来的税收、就业等正面效用，即地区收入；二是地区因为承接产业转移带来的资源耗费及环境污染等负面效用，即地区成本。收入和成本之间的差即为地区获得的收益。从理性人假设来看，地区在承接产业转移中，一定会选择税收、就业等正面效用尽量大，而资源耗费和环境污染等负面效用尽量小的产业。但是在现实中，会出现地区接纳甚至主动承接一些高污染、高耗能的产业发展，例如“污染企业纷纷迁往老少边穷地区，只因污染成本低”①、“污染企业排污成本过低”② 等报道屡见报端。赵云芬指出现阶段我国高污染企业部分来自于发达国家的污染转移，在国内存在越是落后地区越是有环境监管不力的现象③。时任环境保护部部长周生贤指出我国环境形势依然严峻，特别是地方政府在经济利益的驱动下，对于环境保护执法的干预和阻力，成为现阶段环境保护中面临的新问题，与人民的期望相背离④。

在理论研究方面，张坤民通过对我国环境保护六十年的发展历程进行回顾，分析政府行为对于环境保护的正向激励与反向破坏的双重博弈机制⑤。张红凤等以山东为例，对经济发展与环境保护的相关性进行分析，认为产业结构配置的合理化是改变经济发展中单位产业能

---

① 2012 年 1 月 10 日《中国青年报》以此为标题，报道石药集团等企业排放污染多年，导致周边村民土地无法耕种、家畜无法饲养。而污染的始作俑者，正是从东部地区通过产业转移至内蒙古的企业。

② 据 2011 年 6 月 13 日《第一财经日报》报道，“浙江台州椒江两岸的医药化工园区，多年来因废水、废气污染而一直饱受市民诟病。当地 2010 年全市共处罚污染企业 718 家，罚款金额 2916 万元，平均每家罚款仅 4 万元。而 4 万元对于企业来说，连挠痒都算不上”。

③ 赵云芬：《环境污染纠纷解决机制的立法完善》，《光明日报》（理论版）2013 年 6 月 12 日。

④ 可参见周生贤《努力推进生态文明建设积极探索中国环境保护新道路》，世界审计组织环境审计工作组第 13 次大会，2013 年 3 月。

⑤ 张坤民：《中国环境保护事业 60 年》，《中国人口资源环境》2010 年第 6 期。

耗高、环境规制压力大的途径，也是实现环境保护和经济发展双赢的前提①。李军杰指出具有片面性的政绩标准及官员任期的时限性是造成环境污染等经济发展弊端的原因之一②。此外，肖巍、钱箭星③，赵志平、贾秀兰④，刘凌波、丁慧平⑤，易志斌等学者分别从政府绩效评价、政府间博弈等角度分析了对环境保护的影响⑥。

在上述现实问题与理论研究的背景下，本书认为，地方政府之所以出现忽视环境约束的短视行为，是由于在计算收益时对于环境成本的评估不当造成的，内在原因有三个方面：一是政绩考核标准的片面性与现实发展需求迫切性的矛盾；二是官员任期时限性和环境保护长期性的矛盾；三是环境执法主体与经济利益主体之间制约性的矛盾。

在扩展模型分析中，在基本假设前提不变的条件下，对于基准模型中地区环境成本假设进行调整，即假设地区实际收益仍为 $H_i = X_i - Q_i$，而在期望收益中降低了环境资源的成本，为 $E_i = X_i - \tilde{Q}_i = X_i - (Q_i - \triangle Q_i) = H_i + \triangle Q_i$，其中，$\triangle Q_i$（$0 \leqslant \triangle Q_i \leqslant Q_i$）为地方在计算预期收益时比实际高估的部分⑦。对此时的博弈结果进行分析能够得到，在双方进行合作时，对博弈结果没有影响，这一点同扩展模型Ⅰ一致（见表5—3）。博弈的主要差别在于双方都参与竞争时：

第一，对于只有一方能够参与竞争时，即当 $H_2 + \triangle Q_2 < Z$ 时，

---

① 张红凤、周峰：《环境保护与经济发展双赢的规制绩效实证分析》，《经济研究》2009年第3期。

② 李军杰：《中国地方政府经济行为分析——基于公共选择视角》，《中国工业经济》2004年第4期。

③ 肖巍、钱箭星：《环境治理中的政府行为》，《复旦学报》（社会科学版）2003年第3期。

④ 赵志平、贾秀兰：《环境保护的政府行为及反思》，《生态经济》2005年第10期。

⑤ 刘凌波、丁慧平：《乡镇工业环境保护中的地方政府行为分析》，《管理世界》2007年第11期。

⑥ 易志斌：《地方政府竞争的博弈行为与流域水环境保护》，《经济问题》2011年第1期。

⑦ $\triangle Q_i$ 在现实中可以被解释为地方对于高耗能或污染企业环境规制不足或不当补贴而造成的。

博弈的结果为 $Y_1 = X_1 - Q_1 + Z$。对这一前提条件的现实解释为，当地区由于承接产业转移和生产布局而带来的现实收益加上对于环境约束放松而带来的预期收益提高额的总和，小于地区之间的比较优势差异时，只有一方能够参与竞争。而在具体测算中，由于环境约束放松带来的 $\triangle Q_i$ 具有主观性而非公共知识，因此，对于参与竞争的地区而言，只有当一方达到 $H_2 + Q_2 < Z$ 时，即只考虑正向收益而不考虑成本，且一方收益小于地区间比较优势时，另一方地区才能够对产业征税以提升本方收益。这与基准模型的不同体现在缩小了这种情况实现的范围，降低了地区间参与竞争的门槛，扩大竞争范围，造成一些本不应参与竞争的地区不惜成本参与竞争。

第二，当两个地区都能参加竞争时，这时各地区都将在理性经济人假设的约束下，对吸引企业进行生产布局而进行补贴，补贴的前提是 $T_i \leqslant E_i$。这时的博弈结果有两种：其一是当 $H_1 + \triangle Q_1 \geqslant H_2 + \triangle Q_2 - Z$，即在放松环境资源约束的前提下，当地区 D_1 由于产业布局发展带来的预期收益高于去除地区间比较优势差异的地区 D_2 收益时，地区 D_1 在博弈中获胜，这时，地区 D_1 经济层面的收益为 $Y_1 = X_1 - Q_1 - (H_2 - Z + \triangle Q_i) = X_1 - Q_1 - X_2 + Z$①；其二是当 $H_2 + \triangle Q_2 \geqslant H_1 + \triangle Q_1 + Z$ 时，即当地区 D_2 由于产业布局发展带来的预期收益高于地区 D_1 的收益和其具有的比较优势之和时，地区 D_2 在博弈中获胜，这时地区 D_2 经济层面的收益是 $Y_2 = X_2 - Q_2 - (H_1 + Z + \triangle Q_1) = X_2 - Q_2 - (X_1 + Z)$。

对比扩展模型Ⅱ与基准模型的假设前提和关系能够发现，扩展模型Ⅱ中所描述的博弈更贴近于现实，反映出在没有中央政府进行外部约束的前提下，地方政府之间忽视资源环境约束下的博弈结果以及造成的收益损失情况，而在中央政府进行干预时，即约束各地区发展中资源有序利用及环境保护情况，将地区收益严格统一在客观收益中时，扩展模型Ⅱ将转化为基准模型。因此，基准模型成

① 由于在本书的界定中，地区对于资源环境约束的放松，即 $\triangle Q_i$ 具有主观性，因此在博弈中，地区 D_1 为赢得博弈，会选择 $\triangle Q_i$ 的最大值即 $\triangle Q_2$ 进行出价。

为加入中央政府约束，防止环境破坏和资源无序利用的一个理想状态。

表 5—3　**扩展模型Ⅱ：放松环境约束博弈结果**

<table>
<tr><td colspan="4">地区 D_2</td></tr>
<tr><td></td><td></td><td>不行动</td><td>行动</td></tr>
<tr><td rowspan="5">地区 D_1</td><td>不行动</td><td>$Y_1 = X_1 - Q_1$；$Y_2 = 0$</td><td>$Y_1 = 0$；$Y_2 = X_2 - Q_2 - Z$</td></tr>
<tr><td rowspan="3">行动</td><td rowspan="3">$Y_1 = X_1 - Q_1 + Z$；
$Y_2 = 0$</td><td>$Y_1 = X_1 - Q_1 + Z$；$Y_2 = 0$（$H_2 + Q_2 < Z$）</td></tr>
<tr><td>$Y_1 = X_1 - Q_1 - X_2 + Z$；
$Y_2 = 0$（$H_1 + \triangle Q_1 \geqslant H_2 + \triangle Q_2 - Z$）</td></tr>
<tr><td>$Y_1 = 0$；$Y_2 = X_2 - Q_2 - (X_1 + Z)$
（$H_2 + \triangle Q_2 \geqslant H_1 + \triangle Q_1 + Z$）</td></tr>
</table>

对比扩展模型Ⅱ与基准模型的博弈结果能够得到，一是在博弈的参与范围方面，扩展模型较基准模型有所提高，使得在基准模型假设下本无法参加博弈的地区，在降低甚至不计算自身在产业生产布局带来资源环境负效应的条件下，参与承接产业转移的竞争，从而造成的结果是，不仅发展结果不符合自身经济利益，而且会造成区域整体效益的损失；二是在博弈的判定条件方面，相对于基准模型，扩展模型中博弈双方对于资源环境负效应的“漠视程度”成为决定地区博弈获胜的指标之一，在此背景下，若无外在中央政府约束时，则博弈双方均会采取不计资源环境负效应的预期收益，从而对地区资源可持续性发展和环境保护造成极大威胁；三是在博弈结果方面，相对于基准模型，各地区在放松环境和资源约束的条件下，会放大对方为吸引产业布局而能够给出的扶持补贴条件，从而在博弈中具有加大补贴力度的激励，其造成的最终结果是在客观收益中承接产业发展的地区收益为零甚至为负。

通过上述对比分析，能够得到的政策建议是：第一，鉴于地方政府行为在本地区环境保护方面具有明显的干预能力，且具有放松环境约束的原始驱动，建议由中央政府成立独立于地方管理归属，直属管辖的环境监察机构，并强化环境考核在人事晋升机制中的权重[①]；第二，优化资源定价机制，提升市场在调节资源价格调节中的作用，降低价格扭曲，提升资源利用效率；第三，尝试开展排污权有偿交易模式，进一步强化资源环境约束[②]。综上所述，在地方具有忽视资源环境约束内在驱动的基础上，由中央政府介入，强化资源环境约束，不仅能够降低损耗、提升博弈中的整体收益，而且对于推动区域可持续发展具有重要作用。

（三）扩展模型Ⅲ：对区域发展差距过大的分析

在区域经济一体化的背景下，区域协调发展是各国发展中的一项重要目标。从我国的发展现实来看，在改革开放之初，为了尽快改变落后的面貌及提升国民经济发展水平，采取了推动东部地区率先发展战略。随着改革开放的深入和这一战略的深入实施，我国经济社会得到了全面的进步。但与此同时，东部地区率先发展带来了我国区域间发展差距的不断扩大，这不仅体现在经济发展水平的差距中，而且表现在人民生活水平及区域公共服务等方面的较大差距[③]。在此背景下，缩小地区间发展差距、推动区域协调发展是我国中央政府的一项重要职责。因此，在扩展模型Ⅲ中，将对区域发展差距约束下的产业转移博弈模型进行分析。

在扩展模型分析中，在基本假设的基础上，从两方面扩展原有假设条件：其一是假设地区 D_1 中比较优势来源于两个层面，即生产成本层面和交易费用层面。其二是进一步假设具有比较优势的地区 D_1 发展较快，而不具有比较优势的地区 D_2 发展较慢，是中央政府需要

① 2014 年 4 月 30 日，国务院办公厅印发《大气污染防治行动计划实施情况考核办法（实行）》（国办发〔2014〕21 号），该考核办法由环保部会同发改委、工信部、财政部、住建部等单位共同执行。由于在该办法中将环境考核结果与地方官员的晋升相挂钩，被媒体称为“史上最严格的环保政策”，可视为政策建议的印证。

② 在我国现阶段发展中，已经逐步开展了排污权的交易尝试，具体可参见《国务院办公厅关于进一步推进排污权有偿使用和交易试点工作的指导意见》（国办发〔2014〕38 号），从而从侧面印证了本条政策层面的研究结论。

③ 王欣亮等：《中国区域经济增长差异的时间演进及空间机制分解：1952—2012》，《当代经济科学》2014 年第 3 期。

扶持的对象[①]。假设中央政府承诺：为扶持落后地区 D_2 发展，对于落户企业提供价值为 G 的配套扶持[②]。这时，对于地区 D_2 中企业的收益而言：$R_2 = P_2M_2 - C_2(M_2) + G$，而发达地区 D_1 中企业的收益不变。其三是中央政府所提供的扶持 G 大于地区间的比较优势 Z，即 $G > Z$，则对于企业在地区 D_1 与地区 D_2 之间的区位选择而言，有 $R_1 - R_2 = [P_1M_1 - C_1(M_1)] - [P_2M_2 - C_2(M_2) + G] = Z - G < 0$，即地区 D_2 成为企业的首选地。此时的博弈结果为：

当地方政府之间选择合作时，即至多有一方对企业区位选择进行干预行动时，这时会有三种博弈行为情况，其一是当两个地区都不行动时，博弈结果地区 D_2 获胜，收益为 $Y_2 = X_2 - Q_2$；其二是当只有地区 D_1 行动时，地区 D_1 获胜，收益为 $Y_1 = X_1 - Q_1 - (G - Z)$；其三是当只有地区 D_2 行动时，地区 D_2 获胜，收益为 $Y_2 = X_2 - Q_2 + (G - Z)$。

当地方政府之间选择竞争时，同基准模型相似，基于地区在博弈中理性经济人的假设，可分为只有一方能够参加竞争与两方均能够参加竞争两种情况。对于只有一方能够参加竞争的情况，前提是 $H_1 < G - Z$，即中央政府对于落后地区 D_2 的补助与地区间比较优势的差，大于产业布局发展为地区 D_1 带来的收益。而在此前提下，由于中央政府补贴过高，会导致地区 D_1 即使在区域合作下的单独行动中收益仍为负，即 $Y_1 = H_1 - (G - Z) < 0$，此时地区 D_1 将选择退出竞争，使得博弈结果无意义，因此这一情况在博弈中不会出现。

对于双方都能够参加竞争的情况，博弈结果有两种：第一是当 $H_2 \geqslant H_1 - (G - Z)$ 时，即当地区 D_2 因中央政府扶持政策减去地区间比较优势的"净收益"与产业生产布局带来的收益之和高于地区 D_1

---

① 做出上述假设基于两点原因，一是从理论层面来看，本书所界定的比较优势来源于两部分，即生产成本层面和交易费用层面，而发达地区在交易费用层面具有的比较优势通常会抵消欠发达地区在生产成本层面的比较优势；二是从发展实际来看，在本书第四章中对地区间比较优势的测度中，发达地区的综合比较优势优于欠发达地区。此外，以欠发达地区不具有比较优势为假设前提能够更加突出中央政府在产业转移中应起到的约束作用。

② 这一政策在现实中可理解为国家向落后地区的企业提供相应的扶持政策，从而为地区带来正向收益。

收益时，地区 D_2 获胜，收益为 $Y_2 = X_2 - Q_2 - [H_1 - (G - Z)]$；第二是当 $H_1 \geqslant H_2 + (G - Z)$ 时，即当地区 D_1 由于产业布局带来的收益高于地区 D_2 中因中央政府扶持政策减去地区间比较优势的“净收益”与产业生产布局带来的收益之和时，地区 D_1 获胜，收益为 $Y_1 = X_1 - Q_1 - [H_2 + (G - Z)]$（见表 5—4）。

表 5—4　　**扩展模型Ⅲ：区域发展差距调节博弈结果**

<table>
<tr><td colspan="4">地区 D_2</td></tr>
<tr><td rowspan="4">地区 D_1</td><td></td><td>不行动</td><td>行动</td></tr>
<tr><td>不行动</td><td>$Y_1 = 0$；$Y_2 = X_2 - Q_2$</td><td>$Y_1 = 0$；$Y_2 = X_2 - Q_2 + (G - Z)$</td></tr>
<tr><td rowspan="2">行动</td><td rowspan="2">$Y_1 = X_1 - Q_1 - (G - Z)$；$Y_2 = 0$</td><td>$Y_1 = 0$；$Y_2 = X_2 - Q_2 - [H_1 - (G - Z)]$（$H_1 - H_2 \leqslant G - Z$）</td></tr>
<tr><td>$Y_1 = X_1 - Q_1 - [H_2 + (G - Z)]$；$Y_2 = 0$（$H_1 - H_2 > G - Z$）</td></tr>
</table>

对比扩展模型Ⅲ与基准模型的假设前提和关系能够发现，基准模型中反映的是市场调节状态下带来的一种博弈结果，而扩展模型Ⅲ则反映了在中央政府对区域发展差距进行规制下地方博弈的均衡状态。中央政府的规制作用正反映在两个模型的博弈结果差别中，可以说，相对于基准模型，扩展模型Ⅲ是加入中央政府干预、防止区域间发展差距过大约束的博弈结果。

对比扩展模型Ⅲ与基准模型博弈行为和结果，能够看到：第一，中央政府层面的扶持政策，能够有效地缩小区域发展差距，促进区域协调发展。通过在扩展模型中加入中央政府对于落后地区的扶持 G，有效地提升了落后地区 D_2 在博弈中获胜的概率和收益。第二，中央政府的扶持政策具有适度性。在模型中，当中央政府扶持额过大（$G > H_1 + Z$ 时），将失去市场调节机制，模型博弈结果不成立，因此，在扩展模型中，地区 D_1 的收益与所具有的比较优势之和是中央政府的扶持政策大小的界限。第三，中央政府的扶持政策具有调节性。在扩展模型中，随着中央政府扶持政策 G 大小变化，能够调节地区 D_1 与

地区 D_2 在承接产业转移和生产布局中的博弈判定条件，进而影响区域的经济发展差距。

通过上述对比分析，得到的结论是，中央政府能够利用扶持政策改变市场调节下的产业生产布局，所采取的扶持政策具有有效性、适度性和调节性的特征，进而得到的政策建议是：第一，在国家层面总体规划的基础上，通过出台针对落后地区具有倾斜性的扶持政策，能够缩小区域间发展差距；第二，在扶持政策的力度方面，应当以市场配置资源为主，政府宏观调控为辅，合理确定扶持的力度，以实现将资源有效配置与区域协调发展相结合的目标；第三，在扶持政策的适用范围方面，将扶持政策着力于落后地区交易费用比较优势的提升层面，这样，既能推动在市场配置资源的原则下落后地区的经济发展，也能优化发展环境，提升落后地区经济的内生增长动力，此外，结合第四章的测算，这也符合落后地区发展现实的需要。

三　模型分析结论

基于政府在产业转移中的干预和影响作用，本节以区域间差异性的产业转移行为收益为基础，利用博弈论的分析视角，通过构建不同约束条件下的博弈模型，对不同条件下政府的博弈行为选择进行分析，进而分析产业转移对不同地区带来的收益差异，为后续产业转移效应的实证研究奠定理论基础。

在具体分析中，首先在比较优势等基础假设的前提下，构建了由两个地方政府构成的博弈模型，对地方政府可能的行为策略及收益进行分析；其次，从中央政府在产业转移中所具有的防止过度竞争、促进区域合作，防止短期行为、促进可持续发展，调节发展差距、推动区域协调发展等三个层面目标入手，通过增加或放松相关假设前提以模拟具体博弈现实，从而构建三个扩展模型，对中央政府约束下的区域产业转移进行分析，通过将基准模型与扩展模型在竞争参与门槛、博弈条件以及博弈结果层面结果的对比，得出现实中产业转移效用的表现机制和实现机理。通过上述分析，主要得到以下四个方面的结论及政策建议。

第一，在完全市场状态的基准模型中，得到的结论为：一是当地方之间选择合作时，多次博弈下，不仅地区自身获得的效益最高，而且地区间的总效益也最高；二是当地方之间选择不合作时，将存在纳什均衡中的“囚徒困境”，即在无外界干预的前提下，地区均会自发选择参与竞争，从而导致地方政府中无谓的福利损失；三是竞争常发生在比较优势差距不大的地区之间，且地区之间预期收益差距越小则福利损失越大。因此得到的政策建议是，建立区域间合作共赢机制是解决产业转移中“囚徒困境”的重要途径，尤其在比较优势近似或差异不大的地区之间，这种机制更为重要。

第二，在存在过度竞争的扩展模型中，得到的结论为：一是在过度竞争中扩大了竞争的范围，特别是会吸引一些本来不具有竞争条件和基础的盲目区域加入竞争；二是主观收益成为评判博弈结果的重要指标，严重影响博弈评判条件的客观性，成为过度竞争的基础；三是过度竞争中博弈收益普遍较低，而降低的数值正是失败方的主观收益值，且极有可能出现真实收益为零甚至为负的情况；四是在地区之间选择合作的情况下，将不受地区主观收益与真实收益差异的影响。因此，模型中得到的政策建议是，一是放弃唯 GDP 考核方式，能够有效降低地区官员主观收益，从而规避过度竞争；二是建立区域之间合作机制是规避过度竞争的有效途径，通过在地区比较优势基础上，合理进行产业发展规划，促进区域间共赢合作，是提升区域整体效益水平的有效途径。

第三，在存在放松环境约束的扩展模型中，得到的结论为：一是参与竞争的门槛降低，导致本无法参加博弈的地区，在降低甚至不计算自身在产业生产布局带来资源环境负效应的条件下，参与承接产业转移的竞争，造成不仅博弈结果不符合自身经济利益，而且会造成区域整体效益的损失；二是博弈双方对于资源环境负效应的“漠视程度”成为决定地区博弈获胜的指标之一，从而导致无中央政府约束时，则博弈双方均会采取不计资源环境负效应的预期收益，对地区资源可持续性发展和环境保护造成极大威胁；三是博弈双方具有加大补贴力度的激励，造成的最终结果是在客观收益中承接产业发展的地区收益为零甚至为负。综上所述，得到的政策建议是：一是鉴于地方政府行为在本地区环境保护方面具有明显的干预作用，建议由中央政府成立独立于地方管理归属，直属管辖的环境监察机构；二是有序放开政府在资源定价中的控制权，提升市场在调节资源价格调节中的作用，降低价格扭曲，提升资源利用效率。

第四，在存在区域发展差距调节约束的扩展模型中，得到的结论为：中央政府能够利用扶持政策改变市场调节下的产业生产布局，所采取的扶持政策具有有效性、适度性和调节性的特征，进而得到的政策建议是：一是在国家层面总体规划的基础上，通过出台针对落后地区具有倾斜性的扶持政策，能够缩小区域间发展差距；二是在扶持政策的作用机制方面，应当以市场配置资源为主，政府宏观调控为辅，合理确定扶持的力度，以实现将资源有效配置与区域协调发展相结合的目标；三是在扶持政策的着力范围方面，应当将扶持政策着力于落后地区交易费用比较优势的提升层面，以提升落后地区经济的内生增长动力。

第二节　产业转移与区域经济增长趋同的经验分析

在本书第三章理论研究中，将区域协调发展的内涵界定为两个层面，其一是经济发展水平方面，即区域间经济发展差距的缩小；其二是经济发展质量方面，即区域间经济发展质量的同步提高。其中，经济发展水平方面可以看作是短期层面的协调发展；而在长期层面的区域协调发展反映在区域经济发展质量层面。这是由于区域经济发展质量关系到地区经济结构、发展环境等经济长期增长的动力。在此背景下，在本章的第二节和第三节中，将分别从实证分析视角，对产业转移与区域间经济增长水平和质量的趋同进行分析。

在本节中，具体安排如下：首先对我国区域经济增长趋同的发展现状和趋势进行测算；其次，利用空间计量模型，以我国省域数据为研究对象，对产业转移与区域协调增长进行实证分析。

一　我国区域经济增长差异的现状分析

工业革命以来，随着世界各国特别是发达国家经济总量的不断提高，推动国家内各区域经济一体化发展成为各国发展中的重要目标。纵观我国发展历史，自1978年改革开放以来，我国经济保持长期高速增长，被称为“中国奇迹”。但与此同时，由于采取区域倾斜式的发展战略，在我国区域间经济发展差距不断扩大的同时，区域基础设施建设等公共服务提供以及人民生活水平等方面也呈现出较大的发展差距。因此，缩小区域经济发展差距，推动全国人民共享发展成果成为发展中的重要目标。在此背景下，我国于1999年开始，先后实施了西部大开发战略、振兴东北老工业基地战略、中部崛起战略等一系列板块化的推动区域协调发展战略，以及“关中—天水经济区”“成渝经济区”“西咸新区”“丝绸之路经济带”等一系列点轴式发展规划。在上述战略规划实施后，我国区域间发展差距是否得到改善，成为学术界关注的问题。

关于区域经济发展差距的测度，现阶段研究中可以分为两种思路，其一是基于第二章中关于区域协调发展中静态平衡式发展的思路，以横截面式对比区域间经济发展水平差异；其二是基于区域经济发展差距动态收敛的要求，以纵向时间层面上区域间经济发展增速的变化测度经济发展差距的变动趋势。鉴于区域协调发展政策的持续性和动态性，在现有研究中，普遍采用第二类思路，即通过构建收敛方程，分析区域经济增长的收敛性，以动态分析区域经济增长差异的变动状况。例如覃成林以改革开放后1978年至1990年为研究周期，对我国区域经济增长变动进行分析，认为我国存在收敛速度为9%的β收敛①。林毅夫、刘明兴则认为我国省域的经济收敛速度为7%②。许召元、李善同的测算结果为17.6%③。而与此同时，王志刚④，周亚

① 覃成林：《中国区域经济增长趋同与分异研究》，《人文地理》2004年第6期。

② 林毅夫、刘明兴：《中国的经济增长收敛与收入分配》，《世界经济》2003年第9期。

③ 许召元、李善同：《近年来中国地区差距的变化趋势》，《经济研究》2006年第7期。

④ 王志刚：《质疑中国经济增长的条件收敛性》，《管理世界》2004年第3期。

虹、朱保华、刘俐含[①]等学者则认为我国区域经济发展差距呈现出发散的趋势。此外，王小鲁与樊纲[②]、林光平等[③]、吴玉鸣[④]、潘文卿[⑤]、史修松和赵曙东[⑥]、陈得文与陶良虎[⑦]等学者都对我国区域经济发展差距的变动进行测度。在本节研究中，也将通过构建收敛模型的测度方法，对我国省域经济发展差距的现状及变动进行分析。

（一）计量模型构建

新古典经济学认为，区域间在生产要素层面的差异是区域经济发展差距的直接原因，而要素边际收益递减引起的区域间差异会吸引要素的跨区域流动，从而推动落后地区经济增长率的提升。鲍莫尔（Baumol，w.）利用新古典经济模型，构建了β收敛模型，其具体思路为，当区域间初始经济发展水平与现阶段经济增速之间成负相关关系时，即落后地区较发达地区的经济增长率高时，区域之间经济增长呈收敛趋势，方程如下：

$$\hat{y}_i = \partial_i + \beta y_{i0} + \mu_i \tag{5—1}$$

在式（5—1）中，$\hat{y}_i$为区域 i 的平均人均经济增长率，y_{i0}为区域 i 初始的人均经济总量。当$\beta<0$时，表示存在β收敛。此后，巴伦（Barron，R. J.，1991）和萨拉 - 伊 - 马丁（Sala-i-martin，1991）在鲍莫尔（Baumol，w.，1986）的基础上，进一步发展了β收敛的方程式，将方程式演变为：

---

① 周亚虹、朱保华、刘俐含：《中国经济收敛速度的估计》，《经济研究》2009 年第 6 期。

② 王小鲁、樊纲：《中国地区差距的变动趋势和影响因素》，《经济研究》2004 年第 1 期。

③ 林光平、龙志和、吴梅：《我国地区经济收敛的空间计量实证分析：1978—2002 年》，《经济学》（季刊）2005 年第 10 期。

④ 吴玉鸣：《中国省域经济增长趋同的空间计量经济分析》，《数量经济技术经济研究》2006 年第 12 期。

⑤ 潘文卿：《中国区域经济差异与收敛》，《中国社会科学》2010 年第 1 期。

⑥ 史修松、赵曙东：《中国经济增长的地区差异及其收敛机制（1978 ~ 2009 年）》，《数量经济技术经济研究》2011 年第 1 期。

⑦ 陈得文、陶良虎：《中国区域经济增长趋同及其空间效应分解——基于 SUR—空间计量经济学分析》，《经济评论》2012 年第 5 期。

$$\frac{1}{T-t}\ln\left(\frac{y_{iT}}{y_{it}}\right)=x_i^*+\frac{1-e^{-\beta(T-t)}}{T-t}\ln\left(\frac{\hat{y}_i^*}{\hat{y}_{it}}\right)+\mu_{it} \tag{5—2}$$

由于稳定状态的人均增长率 $\hat{y}_i^*$ 和人均经济总量 y_{it} 为固定值，则式（5—2）可以变形为：

$$\frac{1}{T-t}\ln\left(\frac{y_{iT}}{y_{it}}\right)=B-\frac{1-e^{-\beta(T-t)}}{T-t}\ln(y_{it})+\mu_{it} \tag{5—3}$$

通过对式（5—3）进行变形和简化，能够得到关于 β 收敛的经典回归方程：

$$\ln\left(\frac{y_{iT}}{y_{it}}\right)=\alpha+\rho\ln y_{it}+\mu_{it} \tag{5—4}$$

在式（5—4）中，ρ 表示初期经济发展水平与经济增长速度之间的相关关系，当 $\rho<0$ 时，表示落后地区经济增长速度较快，存在 β 收敛。这时，收敛速度 β 为：

$$\beta=-\ln(1+\rho)/(T-t) \tag{5—5}$$

β 收敛的前提假设是区域期初的发展状态独立于发展条件且区域间具有同质性。而在现实发展中，由于区域之间发展条件、资源禀赋等情况差异较大，因此，收敛回归的测算结果经常为不存在收敛。为了深化研究结果，在现实发展中，将期初发展条件相似的子区域作为研究对象，计算公式为：

$$\frac{1}{T-t}\ln\left(\frac{y_{iT}}{y_{it}}\right)=B-\frac{1-e^{-\beta(T-t)}}{T-t}\ln(y_{it})+D(i)+\mu_{it} \tag{5—6}$$

（二）变量和数据处理

本书的研究对象选择我国省域（直辖市、自治区）的数据，其中，出于数据可得性的考虑，样本中剔除了海南省、西藏自治区、台湾地区。在考察时段选择方面，为了保持全书的一致性，在此采取与第四章相同的考察时段，即以 1999—2013 年为研究时限。在变量选择方面，本书选取我国省域人均 GDP 的真实值作为测算变量。在变量处理方面，为消除价格因素，根据名义人均 GDP 和当年 GDP 折算指数计算以 1999 年为不变价格的实际人均 GDP。本书的研究数据来源于历年《中国统计年鉴》以及国泰安数据库。

（三）实证测算结果及分析

由于面板数据在自由度以及对象异质性方面存在的优势，本书采用省域的面板数据进行测算，在具体测算中，分别以1999—2013年、1999—2005年、2006—2013年等三个时间段进行测算，结果如表5—5所示。

表5—5　**分时段区域经济发展收敛性估计**

时段		1999—2013	1999—2005	2006—2013
C	数值	-0.2163*	-0.6631*	-0.1893**
	t检验	-3.3423	-3.8724	-5.8231
Lny_{it}	数值	0.0347**	0.0863*	0.0043*
	t检验	6.2353	4.6470	4.9873
修正 R^2		0.2673	0.2153	0.2143
F检验		3.6271	1.3618	24.8342
收敛速度 β		-0.0478	-0.0827	-0.0043
模型类型		固定效应	固定效应	随机效应

注：***、**、*分别表示该参数在1%、5%以及10%的显著性水平下显著。

由表5—5的测算结果能够看出，自1999—2013年，我国省域经济发展呈现出发散的态势，未形成收敛。但是，结合宏观政策背景的变动，分别对1999—2005年、2006—2013年两个时段进行考察，其中，在1999—2005年省域经济呈发散状态且发散速度较大，2006—2013年省域经济虽然也呈现出发散状态，但是发散的速度明显缩小。

结合我国的发展背景和宏观政策变动进行分析，中华人民共和国成立后，基于百废待兴的现实和备战备荒的总体目标，我国采取了三线建设、支援大西北等发展战略，此外，我国实行了以平均主义为原则的计划经济体制，使得我国区域经济呈现出协调发展趋势，而在改革开放之后，我国以经济建设作为发展的中心目标，我国国民经济得到了快速发展。但与此同时，由于采取了东部率先发展的战略，在一系列政策倾斜的背景下，我国东部地区经济得到了快速发展，而西部地区受重工业发展缓慢及管理机制滞后等层面问题影响，经济发展迟缓。我国区域间经济发展差距逐步扩大，带来的区域公共服务以及经济水平的差距成为亟待解决的问题。在此背景下，以 1999 年西部大开发战略的出台为标志，我国步入了推动区域协调发展的阶段，之后，先后出台了推动落后地区发展的一系列板块化的发展战略及点轴式的发展规划，此外，还颁布了《国务院关于中西部地区承接产业转移的指导意见》等一系列推动协调发展的具体举措。但是从测算结果来看，从 1999—2013 年，我国区域经济增长仍呈现发散状态，这表明我国区域间发展差距仍不断扩大，推动区域经济趋同仍是现阶段亟待解决的问题。

从分阶段测算结果来看，在 1999—2005 年省域经济呈发散状态，2006—2013 年省域经济呈收敛状态。对此一个可能的解释是，我国于 1999 年出台的西部大开发战略、2003 年出台的中部崛起战略，由于政策效应的滞后性等因素，对于推动区域经济趋同发展的效果并未完全显现，而在 2005 年之后，我国不仅出台了中部崛起战略（2006），而且还出台了更细化的“关中—天水经济区”（2009）、“丝绸之路经济带”（2013）、“成渝经济区”（2014）、“西咸新区”（2014）等增长极式发展规划，在上述政策的共同作用下，我国区域经济呈现出发散速度放缓的趋势。

综上所述，在考察期中，我国区域经济增长呈现出发散的趋势，这表明我国区域间发展差距仍不断扩大，推动区域经济趋同仍是现阶段亟待解决的问题。

二　我国产业转移与区域经济增长趋同的实证分析

在本书的研究框架中，区域间在生产成本及交易费用层面具有的比较优势差异，推动了产业生产空间布局调整，而产业转移对于产业转出区与转入区具有不同的影响机制和效用，其中，在短期中将推动产业转入区经济增速的提升，但是对于产业转出区而言则具有反向作用。在上述理论分析的基础上，本节将对于产业转移与地区经济增长收敛的实证关系进行分析。

在上文中，已经对经典 β 收敛模型进行了推导，β 收敛认为经济增速与初始经济发展水平之间存在负相关关系，即落后地区的增速要快于发达地区，从而使经济向均衡的稳态发展。关于稳态的水平可分为两种，一是区域之间具有相同的稳态水平，称之为绝对收敛；二是认为区域之间具有不同的稳态水平，只有控制了影响稳态水平的差异性因素后，区域经济发展才能呈现出收敛趋势，称之为条件收敛，在具体测算中，通常在绝对收敛模型中加入影响稳态水平的差异性因素作为控制变量，其中不仅包括基于新古典经济学的分析框架的区域资本构成、劳动力差异以及技术变动等要素，而且包括基于制度经济学而提出的区域正式制度及非正式制度等要素。在此背景下，基于本书第三章中对产业转移推动区域协调发展的理论机理所进行的分析，产业转移对于区域经济增长不仅包含资本、劳动等要素流动的内生效应，而且对于提升要素配置效率、优化制度环境具有溢出效应。因此，基于传统收敛模型，以产业转移能否影响区域经济收敛为测度目标，构建模型如下：

$$GDP_{iT}/GDP_{it} = C + \alpha GDP_{it} + \beta Tran_{it} + \gamma GDP_{it} \times Tran_{it} + \chi X_{it} + \varepsilon \qquad (5\text{—}7)$$

在式（5—7）中，GDP_{it} 表示基期区域经济发展水平，GDP_{iT}/GDP_{it} 表示相对于基期区域经济发展水平的增速，$Tran_{it}$ 表示地区产业转移指数，$GDP_{it} \times Tran_{it}$ 表示产业转移与基期经济发展水平的交互项，以测度产业转移对于经济收敛速度的影响，通过对式（5—7）关于基期经济发展水平 GDP_{it} 求偏导能够得到，当交互项系数 $\gamma < 0$ 时，表明产业转移有助于推动区域经济收敛，而 $\gamma > 0$ 时，表示产业转移将扩大区域经济发展差距。X_{it} 表示其他控制变量的集合，结合第五章第一节中对于地方政府承接产业转移博弈模型的分析，由于中央政府协调机制对于区域协调发展具有重要推动作用，并且由区域发展条件和区域发展环境构成的交易费用层面比较优势具有动态性，因此，选择中央政府协调机制（Pay_{it}）、区域发展条件（$Conditon_{it}$）和区域发展环境（$Eniro_{it}$）作为控制变量。

在研究对象方面，选择中国大陆地区 29 个省（市、自治区）的数据，其中，出于数据可得性的考虑，本书在研究样本中剔除了海南省和西藏自治区；在研究时段方面，为了与第四章中关于比较优势与产业转移的实证研究口径一致，本节选择以 1999—2013 年为研究时段。在指标选择及测算方面，本节选择以省域人均实际 GDP 作为经济发展水平的测度，在测算中，选择以各年的 GDP 平减指数对省域名义人均 GDP 进行平减得到人均 GDP 的真实值。产业转移指数（$Tran_{it}$）以区域产业空间基尼系数的绝对变化来衡量，具体同本书第四章第四节中的测算方法；中央政府协调机制（Pay_{it}）选择中央政府对于各地的转移支付数额作为中央政府协调机制的测度，数据来源于各年度的《中国财政统计年鉴》；由区域基础设施建设的固定资产投资作为区域发展条件（$Conditon_{it}$）的测度，将区域非公有制经济占比作为区域发展环境（$Eniro_{it}$）的评价指标，上述数据来源于各地区、各年度统计年鉴以及国泰安数据库。

表 5—6　　　　**产业转移与区域经济收敛相关性回归结果**

变量	被解释变量 GDP_{iT}/GDP_{it}		
GDP_{it}	1.1657*** (4.1229)	1.0205*** (2.3815)	0.9904*** (3.0848)
$Tran_{it}$	0.3225 (1.0453)	0.3371 (1.0862)	0.2942 (0.9118)
$GDP_{it}\times Tran_{it}$	-0.04427* (-1.9238)	-0.04874** (-2.0465)	-0.03222** (-2.5378)
Pay_{it}	——	0.1903 (0.8668)	0.01329 (0.9225)
$Eniro_{it}$	——	——	0.8424 (1.5041)
$Conditon_{it}$	——	——	2.2196*** (3.2409)
C	-6.7990*** (-3.2258)	-8.0442** (-2.4985)	-11.7425*** (-2.8068)

续表

变量	被解释变量 GDP_{iT}/GDP_{it}		
R-squared	0.4984	0.5876	0.7825
F-statistic	4.7632	6.7717	7.9752
Prob（F-statistic）	0.0000	0.0000	0.0000
模型类型	随机	随机	随机

注：表中 *、**、*** 分别表示该参数在10%、5%、1%的显著性水平上显著，括号中为回归系数的t值。

表5—6中呈现了逐步加入控制变量的产业转移与区域经济收敛相关性回归结果，从表中能够得到以下几点结论：第一，在考察期中我国区域经济未呈现出收敛趋势，在上述三个模型的测度结果中，省域经济增长均呈现出发散趋势，而发散速度分别为0.77、0.70、0.68。第二，产业转移对于推动我国省域经济增长水平收敛具有正向推动作用，上述三个模型的交互项系数均为负，这代表产业转移将推动缩小地区间发展差距，使区域经济收敛具有正向作用。而产业转移与解释变量经济增速之间的回归系数为正值，但是不显著，这与本书理论分析中已经论证了产业转移对于不同类型区域所具有的差异性作用机制有关，之后将分别对我国东中西部以及东北地区分别进行回归分析，以进一步分析产业转移对于区域经济增速的关系。第三，控制变量对于区域经济增速的作用具有差异性，在回归中逐步加入三个控制变量发现，模型的解释力度有所提高，而控制变量的回归系数均为正，但是只有区域发展条件的回归系数显著，这表示区域发展条件提升对于提升区域经济增速具有显著的正向推动作用。

表5—7 **分板块回归结果**

变量	被解释变量 GDP_{iT}/GDP_{it}			
	东部	中部	西部	东北
GDP_{it}	-0.8011* (-1.7435)	1.3531* (3.702)	1.3352** (2.018)	2.1049** (2.0949)

续表

变量	被解释变量 GDP_{iT}/GDP_{it}			
	东部	中部	西部	东北
$Tran_{it}$	0.0909 (0.2183)	2.8315* (1.8351)	4.3517** (2.2109)	3.6501** (2.2772)
$GDP_{it} \times Tran_{it}$	-0.4042* (-1.8238)	-4.0932* (-1.7286)	-0.4079* (-1.9708)	-0.9711* (-1.8507)
Pay_{it}	0.1845 (0.9202)	0.3423 (1.2345)	0.2563 (0.2527)	0.6736 (0.7613)
$Eniro_{it}$	1.3467 (1.3971)	1.8485 (1.1567)	2.3971** (2.1633)	1.5880 (1.2565)
$Conditon_{it}$	1.6352** (2.0952)	2.1407** (2.1766)	3.0278*** (3.0119)	1.5752 (0.7613)
C	-4.7682** (-2.3600)	-2.7119** (-2.1172)	-4.5258* (-1.8985)	-4.5546* (-1.7989)
R-squared	0.3732	0.2059	0.4999	0.3857
F-statistic	5.1046	4.8391	6.8730	5.9835
Prob (F-statistic)	0.0008	0.0000	0.0000	0.0001
模型类型	随机	随机	随机	随机

注：表中*、**、***分别表示该参数在10%、5%、1%的显著性水平上显著，括号中为回归系数的t值。

从表5—6回归结果能够看到，就我国整体省域而言产业转移与区域经济增速之间相关性不显著，因此，分别对东、中、西部以及东北地区中产业转移与区域经济收敛的相关性进行回归，结果在表5—7中进行呈现，从表中的回归结果能够得到以下几点结论：一是产业转移对于不同类型区域经济增速的影响具有差异性，在中西部以及东北地区，产业转移对于区域经济增速的提升具有显著的正向相关关系，而东部地区的回归结果不显著，对此一个可能的解释源于本书关于产业转移的测度方式，本书为了更加清晰地测度地区中产业转移的大小，以地区制造业空间基尼系数变动的绝对值来衡量，因此无法区分地区中产业的转出或转入，而对于东部地区而言，表现为测度数值较小且不显著。由这一测度结果能够验证理论层面关于产业转移对于不同类型区域具有差异性影响机制的分析结果。二是在四大板块中产业转移对于区域经济收敛提升均具有正向的相关关系，这与我国省域整体的测度结果一致，从而进一步验证了产业转移对于缩小地区发展差距，推动区域经济收敛的推动作用。

在本节中，结合理论机理部分的分析结论，首先通过构建经济收敛模型，对中华人民共和国成立后省域经济发展差距的收敛进行测算和分析；其次，基于经济收敛模型构建了产业转移与区域经济收敛的相关性验证模型，对不同地区间产业转移与区域经济增长速度之间的相关性进行分析，主要得到以下两点结论。

第一，虽然有改善的趋势，但是我国区域间经济增长水平差异明显，距趋同化发展目标具有较大差距。从第一小节的研究结果来看，自1999—2013年中，区域间经济增长水平均呈现出发散的趋势，而发散速度呈现出扩大的趋势，进一步考察发现，其中，在1999—2005年中发散速度进一步扩大，在2006—2013年中虽然也呈现出发散的状态，但是发散速度有放缓趋势，这反映出我国区域间经济增长的差距较大，亟待进一步加大区域协调发展的推动力度。

第二，从计量模型层面验证了产业转移对于推动区域经济增长水平趋同具有正效应。从第二小节的研究结果来看，产业转移对于不同类型区域经济增速的影响具有差异性，其中，对于经济发展较快的地区与经济落后地区之间差异性的作用结果，为利用产业转移推动区域经济增长水平趋同提供了基础，此外，通过省域整体和分板块的数据验证了产业转移对于缩小地区经济发展差距，推动区域经济收敛的正向作用。

第三节　产业转移与区域经济增长质量的经验分析

改革开放以来，我国经济保持了长期的高速发展，据世界银行的统计，改革开放三十年来我国经济发展年均增速高达9.6%。与此同时，带来了上一小节中主要探讨的区域之间经济发展水平差距问题，除此之外，区域经济内部资源配置效率低、产业结构不合理等经济发展质量层面的问题，也是我国未来发展中亟待解决的重点问题。对此，陈栋生[①]、卫兴华与侯卫民[②]、林毅夫与苏剑[③]、王小鲁等[④]、黄茂兴与李军军[⑤]、钞小静与任保平[⑥]等学者分别从不同视角对我国经济发展的质量测度、原因剖析以及路径选择等问题进行分析。

在本小节的研究中，将以借助产业转移的研究视角对我国区域经济增长质量层面的协调发展进行研究，首先，对我国区域经济增长质量的演进及现状进行测度分析；其次，通过构建实证模型，从时间和空间两个层面分析产业转移与区域经济增长质量协调发展的相关关系，以验证理论分析部分的研究结论，并为后续发展路径与政策建议的设计提供依据。

一　我国区域经济发展质量的测度分析

从新经济增长理论中能够看到，生产要素投入和技术进步是推动区域经济增长的两个源泉，而依靠要素投入包括资本积累形成的经济增长在长期中是不可持续的，通过技术进步，优化经济增长方式，提高资源配置效率和产出效率形成的增长是具有持续性的。因此，利用技术进步转变经济发展方式，提高经经济增长质量成为区域发展中的重要目标。而全要素生产率（TFP）也成为衡量经济发展质量和来源的重要指标。刘国光、李京文指出，全要素生产率的

① 陈栋生：《论区域协调发展》，《北京社会科学》2005年第5期。

② 卫兴华、侯为民：《中国经济增长方式的选择与转换途径》，《经济研究》2007年第7期。

③ 林毅夫、苏剑：《论我国经济增长方式的转换》，《管理世界》2007年第11期。

④ 王小鲁、樊纲、刘鹏：《中国经济增长方式转换和增长可持续性》，《经济研究》2009年第1期。

⑤ 黄茂兴、李军军：《技术选择、产业结构升级与经济增长》，《经济研究》2009年第7期。

⑥ 钞小静、任保平：《中国经济增长质量的时序变化与地区差异分析》，《经济研究》2011年第4期。

提高是经济发展质量提升的重要渠道[①]。王志刚等认为经济增长质量的外在表现是全要素生产率的提升[②]。此外，在实证研究中，彭国华[③]、李静等[④]、郭庆旺和贾俊雪[⑤]、林毅夫和任若恩[⑥]、江春和吴磊[⑦]等学者利用全要素生产率评价区域经济增长的质量。在此背景下，本部分选择以全要素生产率为衡量指标对我国区域经济发展的质量进行测度。

通过对现阶段以全要素生产率对区域经济发展质量的研究进行梳理发现，在研究结论方面表现出明显的差异性，以研究较多的1979年至1998年我国全要素生产率的平均增长率为例，叶裕民的测度结果为10.1%[⑧]、张军与施少华为2.8%[⑨]、孟令杰与李静为0.84%[⑩]。而学者之间在研究方法选择及研究数据处理方面的不同是造成上述研究结论差异的可能原因，因此，选择科学的研究方法，并采取准确的数据处理方法，对于正确研究结论的得出具有重要意义。

（一）模型建立

现阶段对于全要素生产率的测算，常用的方法有两种：一是基于

---

① 刘国光、李京文：《中国经济大转变——经济增长方式转变的综合研究》，广东人民出版社2001年版，第140—152页。

② 王志刚、龚六堂、陈玉宇：《地区间生产效率与全要素生产率增长率分解：1978—2003》，《中国社会科学》2006年第2期。

③ 彭国华：《中国地区收入差距、全要素生产率及其收敛分析》，《经济研究》2005年第9期。

④ 李静、孟令杰、吴福象：《中国地区发展差异的再检验：要素积累抑或TFP》，《世界经济》2006年第1期。

⑤ 郭庆旺、贾俊雪：《中国全要素生产率的估算：1979—2004》，《经济研究》2005年第6期。

⑥ 林毅夫、任若恩：《东亚经济增长模式相关争论的再探讨》，《经济研究》2007年第8期。

⑦ 江春、吴磊、滕芸：《中国全要素生产率的变化：2000—2008》，《财经科学》2010年第7期。

⑧ 叶裕民：《全国及各省区市全要素生产率的计算和分析》，《经济学家》2002年第5期。

⑨ 张军、施少华：《中国经济全要素生产率变动：1952—1998》，《世界经济文汇》2003年第4期。

⑩ 孟令杰、李静：《中国全要素生产率的变动趋势——基于非参数的Malmquist指数方法》，《产业经济评论》2004年第2期。

新古典经济学的索罗余值法；二是生产函数法。而这两种方法都有一定的局限性。格罗斯科普夫（Grosskopf）指出上述方法都应建立在单元独立有效的前提下，否则将导致回归结果的偏差①。郑京海、胡鞍钢指出利用生产函数法的困难在于很难包含完备的解释变量②。索罗余值法则应建立在完备制度假设下。在此背景下，在本节的分析中，将采用承认无效率存在的随机前沿生产函数模型，利用 Fare 所提出的 Malmquist 指数法，测算我国省域的全要素生产率。

假设 t 期的生产可能集为 St，投入为 x，产出为 y。其中，投入 $x\in RN$，产出 $y\in RM$。而生产可能集 St 表示为 t 期全部可能的投入和产出组合的集合。

距离函数的测算公式为：$D_i^t(x,y)=\sup\{\lambda\mid(x^s/\lambda,y^s)\in S^t\}$

(5—8)

而第 s 期的生产组合（x^s,y^s）相对于第 t 期生产可能集 S^t 的产出距离函数为：$D_0^t(x^s,y^s)=\inf\{\theta\mid(x^s,y^s/\theta)\in S^t\}=[\sup\{z\mid(x^s,zy^s)\in S^t\}]^{-1}$ (5—9)

当 $D_0^t(x^s,y^s)<1$ 时，表示（x^s,y^s）在生产可能集内。当 $D_0^t(x^s,y^s)=1$ 时，其表示（x^s,y^s）位于生产可能集的前沿上，即相对于全体生产可能集是技术有效的。

在微观经济学的研究中，通常采用决策单元（DUM）作为生产可能集。假设有 M 个决策单元，每个决策单元在 1 至 t 期中使用 1 至 n 种投入，即 $x_n^{m,t}$，并得到 p 种产出 $y_p^{m,t}$。而决策单元所构造的 q 期规模不变的生产可能集为：

$$S^t=\left\{(x^t,y^t)\middle|x^t\geqslant\sum_{m=1}^{M}\lambda^{m,t}x^{m,t};y^t\leqslant\sum_{m=1}^{M}\lambda^{m,t}y^{m,t};\lambda^{m,t}\geqslant0\right\}\quad(5—10)$$

当加上约束 $\sum_{m=1}^{M}\lambda^{m,t}=1$，则 q 期规模效益可变（VRS）的生产可

① Färe R.，Grosskopf S. Malmquist Productivity Indexes and Fisher Ideal Indexes. Economic Journal，1992，102（410）.

② 郑京海、胡鞍钢：《中国改革时期省际生产率增长变化的实证分析（1979—2001年）》，《经济学》（季刊）2005 年第 1 期。

能集为：

$$S^{t}=\left\{(x^{t},y^{t})\,\middle|\,x^{t}\geqslant\sum_{m=1}^{M}\lambda^{m,t}x^{m,t};y^{t}\leqslant\sum_{m=1}^{M}\lambda^{m,t}y^{m,t};\lambda^{m,t}\geqslant 0,\sum_{m=1}^{M}\lambda^{m,t}=1\right\}\tag{5—11}$$

以上的式（5—10）为规模不变的生产可能集，式（5—11）为规模效益递增的生产可能集。

$$(C^2R)\begin{cases}\max z_c=\left[D_C^{t}(x^{m,s},y^{m,s})\right]^{-1}\\ x_n^{m,s}\geqslant\sum_{m=1}^{M}\lambda^{m,t}x_n{}^{m,t},n=1\cdots\cdots N\\ zcy_p^{m,s}\leqslant\sum_{m=1}^{M}\lambda^{m,t}y_p^{m,t},p=1\cdots\cdots P\\ \lambda^{m,t}\geqslant 0,m=1\cdots\cdots M\end{cases}$$

$$(B^2C)\begin{cases}\max z_v=\left[D_v^{t}(x^{m,s},y^{m,s})\right]^{-1}\\ x_n^{m,s}\geqslant\sum_{m=1}^{M}\lambda^{m,t}x_n{}^{m,t},n=1\cdots\cdots N\\ zcy_p^{m,s}\leqslant\sum_{m=1}^{M}\lambda^{m,t}y_p^{m,t},p=1\cdots\cdots P\\ \sum_{m=1}^{M}\lambda^{m,t}=1,\lambda^{m,t}\geqslant 0,m=1\cdots\cdots M\end{cases}\tag{5—12}$$

Lovell（1999）将规模不变的生产可能集中的前沿技术成为基准技术，即为计算全要素生产率的参照技术，规模效益递增的生产可能集的前沿技术为现实生产中能达到的生产效率。而 Malmquist 指数应当界定在规模效率不变的基础上，而基于 t 期和 t + 1 期参照的 Malmquist 指数分别为：

$$M_t(x^{t},y^{t},x^{t+1},y^{t+1})=\frac{D_c^{t}(x^{t+1},y^{t+1})}{D_c^{t}(x^{t},y^{t})};$$

$$M_{t+1}\left[(x^{t},y^{t},x^{t+1},y^{t+1})=\frac{D_c^{t+1}(x^{t+1},y^{t+1})}{D_c^{t+1}(x^{t},y^{t})}\right]\tag{5-13}$$

由式（5—13）能够看出，第 t 期的 Malmquist 指数是在第 t 期的技术水平下，以第 t + 1 期的投入而获得的产出与第 t 期的比。而第

t+1 期 Malmquist 指数是指在第 t+1 期的技术水平下，以第 t+1 期的投入而获得的产出与第 t 期的比。

（二）研究对象及数据处理

对全要素生产率计算的一个关键因素是投入、产出变量的选择。在此，结合大多数研究的测度方法[①]，将国内生产总值（GDP）作为产出单元，将资本投入和劳动力作为投入单元。在研究范围方面，综合考虑数据可获得性、一致性等因素，在此剔除了西藏、海南、台湾等省份的数据，最终选择我国 29 个省、直辖市及自治区为研究对象。在研究时段的选择方面，与全书保持一致，选择自 1999 年至 2013 年共 15 年数据进行考察。

在数据处理方面，以 1999 年为基期，利用各省份各年的 GDP 平减指数对名义 GDP 进行平减，从而得到 GDP 的实际值作为产出变量。

在资本投入方面，利用永续盘存法，公式为 $K_t = (1 - \delta_t)K_{t-1} + I_t/P_t$ 对各省份固定资本存量进行测算。其中，I_t 为区域当期投资，在此选择以当年固定资产投资作为衡量。P_t 为价格指数，以各省份投资价格指数来衡量，数据来源于《新中国六十年统计资料汇编》以及各年度统计年鉴。δ_t 为折旧率，对于这一指标的测算，目前学术界仍未形成统一的观点。张军等通过以房地产、设备以及其他投资等三部分分别测算折旧率并进行平均，得到的资本折旧率为 9.6%[②]。白重恩、钱震杰、武康平从建筑和设备两个层面测算，其中，将建筑的寿命假设为 38 年，设备为 12 年，测算结果为 10.47%—12.06%。[③] 而王小鲁和樊纲测算结果为 5%[④]。在本节的测算中，借

① 参见樊华、金相郁、杨文举等学者的研究。具体可见樊华《长江三角洲各城市经济发展有效性研究》，《开发研究》2005 年第 6 期；金相郁《区域经济增长收敛的分析方法》，《数量经济技术经济研究》2006 年第 3 期；杨文举《基于 DEA 的绿色经济增长核算：以中国地区工业为例》，《数量经济技术经济研究》2011 年第 1 期等。

② 张军、施少华：《中国经济全要素生产率变动：1952—1998》，《世界经济文汇》2003 年第 4 期。

③ 白重恩、钱震杰、武康平：《中国工业部门要素分配份额决定因素研究》，《经济研究》2008 年第 8 期。

④ 王小鲁、樊纲：《中国地区差距的变动趋势和影响因素》，《经济研究》2004 年第 1 期。

鉴单豪杰[①]的思路，即假定固定投资的相对效率是几何下降的。这在现实中也比较容易解释，因为无论设备还是建筑在寿命阶段的后期都会产生不断提高的修缮成本，从而产生不断递减的生产效率，因此采用$\delta = 1 - d_T^{1/T}$的公式进行测算。其中，d_T为边际生产效率，T为投资的寿命周期，测算结果为10.96%。而在基期资本存量K_0的测算中，本书借鉴白重恩、单豪杰等学者采用的方法，即以基期的新增投资除以相邻若干年份的经济增长率与折旧率之和。利用这种方法，本书对以1999年为基期的各省份固定资本存量进行了估算。

在劳动力投入方面，现阶段研究中主流的测算方法有两种：第一种是以杨文举[②]、李国璋等[③]学者为代表，从人力资本投资的角度，分别以不同的受教育年份乘以接受相应教育阶段的就业人员数，例如以9乘以接受初中教育的就业人员数、12乘以接受高中教育的就业人员数、16乘以接受本科教育的就业人员数等，并将最终结果进行加总，从而得到地区劳动力投入总量；第二种以叶裕民[④]、赵伟与马瑞永等[⑤]、郭庆旺与贾俊雪[⑥]等学者为代表，将就业人口数作为劳动力投入。对于上述两种估算方法，金相郁认为，以就业人员数，即16周岁以上从事社会劳动并取得劳动报酬的人员数更能反映劳动力变量的实际情况[⑦]。而以受教育年份作为系数则从一定程度上夸大了劳动力投入总量，在现实中，由于存在知识性

---

① 单豪杰：《中国资本存量K的再估算：1952～2006年》，《数量经济技术经济研究》2008年第10期。

② 杨文举：《适宜技术理论与中国地区经济差距：基于IDEA的经验分析》，《经济评论》2008年第5期。

③ 李国璋、周彩云、江金荣：《区域全要素生产率的估算及其对地区差距的贡献》，《数量经济技术经济研究》2010年第5期。

④ 叶裕民：《全国及各省区市全要素生产率的计算和分析》，《经济学家》2002年第5期。

⑤ 赵伟、马瑞永、何元庆：《全要素生产率变动的分解——基于Malmquist生产力指数的实证分析》，《统计研究》2005年第7期。

⑥ 郭庆旺、贾俊雪：《中国全要素生产率的估算：1979—2004》，《经济研究》2005年第6期。

⑦ 金相郁：《中国区域全要素生产率与决定因素：1996—2003》，《经济评论》2007年第9期。

失业以及专业性培训年份无法统计等情况，无法单以学历教育年份评判劳动力质量。因此，选择就业人口数作为劳动力投入的测度指标。

（三）测算结果及分析

在测算中，以1999年至2013年为研究周期，对我国省域全要素生产率进行测算。在测算过程中，借助DEAP2.1软件。表5—8为1999年至2013年省域全要素生产率增长测算结果。

由表5—8能够看出，自1999年至2013年，我国各省份全要素生产率的增长情况呈现出时间层面的波动性和个体层面的差异性，具体而言，从时间上来看，我国各省份在考察期中呈现出整体性的上升趋势，但是在具体时间段内，却表现出了明显的波动性，以东部地区的浙江省为例，在1999年至2008年全要素生产率呈现出较为稳定的上升趋势，但是在2009年开始，增长率呈现出明显下降的趋势，一个可能的解释是自2008年起国际金融危机爆发的外部作用下，结合国内出台的一系列推动区域协调发展政策效应的显现，带来资源进一步优化配置，从而抑制了全要素生产率的上升。

从个体上来看，各省份之间全要素生产率增长的差异性较大，上海市以年均增长4%而成为区域经济增长质量发展最好的区域，浙江、北京、江苏、广东等省份也保持了年均2%左右的增长率，广西、甘肃、青海等省份则呈现出下降的趋势。以板块进行划分能够发现，东部地区省份大多表现出上升的趋势，而具有下降趋势的省份多是位于西部地区的经济落后省份，从中能够体现出推动我国区域之间经济增长质量协调发展的必要性。而通过进一步分解能够看出[①]，增速较快省份的全要素生产率提升主要来自于技术变化，而落后省份中则主要依靠规模提升。参照林毅夫等学者的观点，落后地区在发挥后发优势战略时，要注重技术引进与自主研发的关系，以促进区域经济

① 关于全要素生产率的分解测算可参照王欣亮、严汉平（2014）的相关研究。具体可见王欣亮、严汉平《我国全要素生产率的测算、分解及演进研究：1952～2012》，《人文杂志》2014年第3期。

的可持续发展[①]。为了进一步分析板块之间区域经济增长质量的差异，对东、中、西部及东北地区的全要素生产率增长和演进进行测算，结果如表5—9所示。

从表5—9中能够看到，就板块而言，在考察期中，东部地区经济增长质量最高，全要素生产率保持了年均2.9%增长速度，其次是东北地区，而中部和西部地区却保持了下降的趋势。对此一个可能的解释是，历史路径依赖以及区位条件等因素的作用下，并结合东部地区受改革开放的制度优势以及东北地区具有的重工业发展基础，为吸引产业转移及引进发达国家生产技术提供了条件，而与此同时，中西部地区在基础设施、公共服务、政府管理效率等层面的欠缺阻碍着经济增长质量的提升以及自身的可持续发展。

通过本小节中以全要素增长率为评价指标对于我国各区域经济增长质量的测算和分析，能够得到以下两方面的结论：一是我国省域之间发展差距较大且具有时间层面的波动性，而这种个体差异性和时间波动性来源于自身发展条件及外部发展环境等多方面因素的影响。这一分析结果一方面反映出现阶段推动我国区域经济增长质量协同提升的必要性和紧迫性，而且反映了在推动区域经济增长质量提升中，应当从影响因素入手，分析差异原因，进而设计相应的发展路径。二是我国省域之间的发展差距呈现出板块化趋同特征。在研究中发现，东部地区省份大多表现出全要素生产率的上升趋势，而具有下降趋势的省份多是位于中西部地区的经济落后省份，因此在后续分析中，通过分板块对提升全要素生产率的影响因素进行测算，能够最小化区域之间自身发展条件层面的差异，而突出外部发展环境等层面影响因素，能够为具有不同发展条件的区域分析设计具有差异性的发展路径。综上所述，在下一小节中，将分为全国省域和四大板块两个层面，分析区域经济增长质量提升的影响因素以及与产业转移的相关关系，为后续相关发展路径和政策建议的设计提供依据。

---

① 林毅夫、孙希芳：《经济发展的比较优势战略理论》，《国际经济评论》2003年第12期。

表 5—8　　**我国省域全要素生产率增长测算结果（1999—2013 年）**

省份＼年份	1999—2000	2000—2001	2001—2002	2002—2003	2003—2004	2004—2005	2005—2006	2006—2007	2007—2008	2008—2009	2009—2010	2010—2011	2011—2012	2012—2013	平均
北京	1.0559	1.0225	1.0267	1.0384	1.0508	1.0319	1.0230	1.0275	1.0345	1.0146	1.0297	1.0575	1.0580	1.0564	1.0376
天津	1.0408	1.0232	1.0126	1.0372	1.0330	1.0242	1.0058	1.0051	1.0059	1.0612	1.0119	1.0413	1.0996	1.0748	1.0337
河北	1.0252	1.0519	1.0293	1.0234	1.0094	1.0017	1.0042	1.0597	1.0065	1.0740	1.0366	1.0069	1.0042	1.0238	1.0253
山西	0.9942	0.9234	0.9751	0.9354	0.9686	1.0319	0.9539	1.0342	1.0110	1.0647	1.0130	0.9796	0.9642	0.9274	0.9832
内蒙古	0.9141	0.9366	0.9743	0.9578	0.9407	1.0330	1.0347	1.0764	0.9563	1.0560	0.9414	0.9806	0.9862	0.9158	0.9776
辽宁	0.9877	0.9728	1.0278	0.9709	0.9601	0.9667	0.9409	0.9930	1.0019	1.0235	1.0119	1.0262	0.9874	1.0426	0.9934
吉林	1.0018	0.9454	1.0091	1.0264	0.9687	0.9628	1.0626	1.0631	0.9678	0.9995	0.9452	1.0980	0.9702	1.0529	1.0042
黑龙江	1.0126	0.9355	1.0536	1.0610	1.0052	0.9841	0.9596	0.9630	0.9689	0.9591	0.9785	1.0237	0.9755	1.0115	0.9913
上海	1.0650	1.0124	1.0536	1.0852	1.0264	1.0019	1.0529	1.0419	1.0272	1.0676	1.0661	1.0960	1.0446	1.0391	1.0483
江苏	1.0169	1.0102	1.0379	1.0283	1.0197	1.0275	1.0062	1.0097	1.0043	1.0657	1.0297	1.0160	1.0042	1.0087	1.0202
浙江	1.0184	1.0181	1.0392	1.0298	1.0119	1.0097	1.0333	1.0853	1.0383	1.0512	1.0909	1.0029	1.0064	1.0058	1.0312
安徽	0.9238	0.9542	1.0079	0.9788	1.0664	0.9997	1.0909	1.0597	1.0434	1.0525	1.0075	0.9968	1.0042	0.9469	1.0084
福建	1.0548	1.0277	1.0588	1.0177	1.0063	1.0034	1.0031	1.0071	1.0014	1.0601	1.0065	1.0033	1.0049	1.0093	1.0187
江西	1.0332	1.0146	1.0548	1.0079	1.0075	0.9772	1.0079	1.0085	1.0028	1.0073	1.0091	1.0083	1.0085	1.0098	1.0111
山东	1.0204	1.0167	1.0249	1.0125	1.0089	1.0055	1.0287	1.0586	1.0302	1.0197	1.0087	1.0081	1.0100	1.0264	1.0199
河南	0.9789	0.9732	1.0009	1.0403	1.0030	1.0047	1.0656	1.0664	1.0083	1.0727	1.0075	0.9738	1.0001	1.0027	1.0136
湖北	1.0408	1.0036	1.0771	1.0829	1.0431	1.0230	0.9896	1.0230	0.9682	0.9616	1.0186	0.9624	0.9649	0.9481	1.0068
湖南	0.9736	0.9765	1.0349	1.0932	1.0753	1.0342	1.0034	1.0631	1.0051	0.9945	1.0230	0.9799	0.9458	1.0359	1.0162
广东	1.0592	1.0069	1.0548	1.0331	1.0064	1.0096	1.0426	1.0153	1.0087	1.0361	1.0497	1.0089	1.0087	1.0149	1.0252

续表

年份/省份	1999—2000	2000—2001	2001—2002	2002—2003	2003—2004	2004—2005	2005—2006	2006—2007	2007—2008	2008—2009	2009—2010	2010—2011	2011—2012	2012—2013	平均
广西	1.0527	1.0102	1.0278	0.9700	0.9285	0.9783	0.9873	0.9463	0.9644	0.9238	0.9763	0.9694	0.9402	0.9800	0.9748
重庆	0.9909	0.9586	1.0349	1.0207	1.0253	1.0253	1.0656	1.0175	1.0090	1.0576	1.0276	1.0090	0.9726	0.9930	1.0144
四川	1.0037	1.0077	1.0099	1.0060	1.0442	1.0034	1.0099	1.0075	1.0061	0.9796	1.0786	1.0596	1.0081	1.0241	1.0174
贵州	1.0429	1.0135	1.0173	0.9516	0.9682	0.9952	0.9262	1.0764	0.9351	0.9515	0.9975	1.0059	0.9806	1.0345	0.9917
云南	0.9736	0.9686	0.9650	0.9638	0.9886	0.9152	1.0207	1.0175	0.9636	0.9440	0.9875	1.0758	1.0031	1.0552	0.9879
陕西	1.0353	1.0076	1.0185	1.0017	1.0052	1.0075	1.0049	0.9794	1.0059	0.9795	1.0286	1.0223	1.0085	1.0064	1.0078
甘肃	1.0094	1.0034	1.0232	1.0184	1.0608	1.0082	1.0783	1.0054	0.9229	0.9781	0.9752	0.9422	0.9279	0.9343	0.9909
青海	1.0224	0.9476	1.0173	1.0172	0.9719	0.9463	1.0161	0.9697	0.9209	0.9781	1.0130	0.9442	0.9739	0.9711	0.9787
宁夏	0.9455	1.0069	0.9739	0.9204	0.9263	0.9672	0.9652	0.9677	1.0322	1.0878	0.9808	1.0464	0.9537	0.9919	0.9823
新疆	0.9178	0.9212	0.9353	0.9400	1.0033	1.0030	1.0082	1.0032	1.0042	1.0082	1.0067	1.0031	1.0034	1.0047	0.9824

表 5—9 我国四大板块全要素生产率增长测算结果（1999—2013 年）

地区	1999—2000	2000—2001	2001—2002	2002—2003	2003—2004	2004—2005	2005—2006	2006—2007	2007—2008	2008—2009	2009—2010	2010—2011	2011—2012	2012—2013	平均
东部	1.0396	1.0211	1.0375	1.0339	1.0192	1.0128	1.0222	1.0345	1.0174	1.0500	1.0367	1.0268	1.0267	1.0288	1.0290
中部	0.9908	0.9742	0.9835	0.9813	0.9785	1.0118	0.9885	1.0025	1.0065	1.0156	1.0137	1.0151	1.0167	1.0173	0.9996
西部	0.9917	0.9802	0.9997	0.9789	0.9875	0.9893	0.9780	0.9919	0.9746	0.9949	1.0012	1.0053	1.0106	1.0061	0.9921
东北	1.0007	0.9812	1.0302	1.0194	0.9780	0.9712	0.9877	1.0064	0.9795	0.9940	0.9919	1.0068	1.0256	1.0360	1.0004

二 我国产业转移与区域经济增长质量的实证分析

在本小节中，为了突出产业转移与区域经济增长质量提升之间的相关关系，并结合 Malmquist 指数法对于全要素生产率增长率的测算特点，在模型构建中，结合袁晓玲、张宝山[①]，李春顶[②]，马强文、任保平[③]等学者对全要素生产率影响因素的分析方法，采用基于面板数据的多元线性回归模型，并在控制变量选择中，结合区域比较优势的界定和本章第一小节理论模型的构建结果，将产业转移与中央调控、发展环境、发展条件纳入解释变量，所构建模型如下：

$$LnTFP_{it} = LnTran_{it} + LnPay_{it} + LnConditon_{it} + LnEniro_{it} + \mu_{it} \tag{5—14}$$

在模型中，被解释变量的是以全要素生产率衡量的区域经济增长质量的发展趋势，解释变量由三部分组成，一是本书的研究对象区域产业转移（$LnTran_{it}$），以各地区制造业空间基尼系数变化的绝对量作为产业转移的测度，测算方法如第四章第四节中所示；二是中央政府协调机制（$LnPay_{it}$），在本章第一节博弈理论模型分析中论证了中央政府协调机制对于区域协调发展的重要推动作用，因而在此选择中央政府对于各地的转移支付数额作为中央政府协调机制的测度，数据来源于各年度《中国财政统计年鉴》；三是区域发展条件（$LnConditon_{it}$）和区域发展环境（$LnEniro_{it}$），这两个要素共同组成了本书所界定的区域交易费用层面的比较优势，由于区域交易费用层面的比较优势具有动态性，因此将其纳入解释变量中进行考察，与本章第二小节中关于区域经济收敛的变量选择一致。参考张先锋等[④]、

① 袁晓玲、张宝山：《中国商业银行全要素生产率的影响因素研究——基于 DEA 模型的 Malmquist 指数分析》，《数量经济技术经济研究》2009 年第 4 期。

② 李春顶：《中国制造业行业生产率的变动及影响因素——基于 DEA 技术的 1998～2007 年行业面板数据分析》，《数量经济技术经济研究》2009 年第 12 期。

③ 马强文、任保平：《中国经济发展方式转变的绩效评价及影响因素研究》，《经济学家》2010 年第 11 期。

④ 张先锋、丁亚娟、王红：《中国区域全要素生产率的影响因素分析——基于地理溢出效应的视角》，《经济地理》2010 年第 12 期。

刘建国等[①]学者的指标选取，以区域基础设施建设的固定资产投资作为区域发展条件的测度，将区域非公有制经济占比作为区域发展环境的评价指标，上述数据来源于各地区各年度《统计年鉴》以及国泰安数据库。

表 5—10 **整体区域回归结果**

变量	被解释变量 $LnTFP_{it}$		
$LnTran_{it}$	0.0392 ** (2.1616)	0.0438 ** (2.3815)	0.00977 ** (2.3624)
$LnPay_{it}$	——	0.0330 ** (2.0599)	0.0659 ** (2.4547)
$LnEniro_{it}$	——	——	0.02612 (0.7600)
$LnConditon_{it}$	——	——	0.7961 (0.7961)
R-squared	0.3429	0.4368	0.4425
F-statistic	69.3027	47.0799	28.6459
Prob（F-statistic）	0.0000	0.0000	0.0000
模型类型	随机	随机	随机

注：表中 ** 表示该参数在 5% 的显著性水平上显著，括号中为回归系数的 t 值。

在模型中分步加入解释变量的回归分析结果如表 5—10 所示，其中能够得到以下几点结论：第一，产业转移对于推动地区经济增长质量的提升具有正向推动作用。在本书第三章理论机理部分已经论证，产业转移不仅能够通过技术转移带动落后地区经济水平提升，而且能够通过“腾笼换鸟”实现发达地区的产业结构升级和经济结构优化，而在本部分的实证分析中验证了理论机理部分的研究结论，即产业转移水平变动 1%，则对区域经济增长质量具有 0.03% 的提升作用，且回归结果显著。第二，以中央对地方转移支付水平来衡

① 刘建国、李国平、张军涛、孙铁山：《中国经济效率和全要素生产率的空间分异及其影响》，《地理学报》2012 年第 8 期。

量的中央政府协调机制，对于提升地区经济增长质量具有正向的推动作用。在1999年至2013年的考察期内，中央先后出台了西部大开发战略、振兴东北老工业基地战略、中部崛起战略等板块化提升发展战略，以及成渝经济区、关中天水经济区、西咸新区等点轴式增长极，在上述一系列政策措施的推动下，本部分的实证分析得出：在区域经济发展差距缩小的同时，对于我国区域经济增长质量的提升也有正向的推动作用。第三，区域发展条件和发展环境层面的回归结果均为正，但是不显著。对此可能的解释是，区域发展条件和发展环境能够较为直接地影响区域经济的发展水平，但是对于区域经济增长质量推动作用并不直接，所以在当期回归的结果表现为不显著，而区域经济增长质量也同时与地区发展战略选择、发展类型等因素相关。因此，结合第三章分析中产业转移对于不同类型区域的影响机制具有差异性的研究结论，在此，将进一步以缩小地区间差异性为原则，选择以我国东、中、西部以及东北地区四大板块为分类，分别进行实证分析。

表5—11 **分板块回归结果**

变量	被解释变量 $LnTFP_{it}$							
	东部地区		中部地区		西部地区		东北地区	
$LnTran_{it}$	0.5657 (1.2763)	0.2904 (0.2006)	0.3542*** (3.7117)	1.6541* (1.9903)	0.4293** (2.3321)	0.1217* (2.0165)	0.0944 (0.9110)	1.0740 (1.1605)
$LnPay_{it}$	—	0.0681* (1.8277)	—	2.2767** (2.2496)	—	0.1372 (1.1967)	—	1.0836 (1.2192)
$LnEniro_{it}$	—	0.1127 (0.5715)	—	0.0152 (0.0186)	—	0.04868 (0.7319)	—	0.3187 (1.5316)
$LnConditon_{it}$	—	0.3876** (2.4623)	—	0.6903* (1.8579)	—	0.1362* (1.2384)	—	1.0577* (2.8273)
$Lntran_{it-1}$	—	0.6009*** (3.6404)	—	—	—	—	—	0.4707* (2.1547)
模型类型	固定	固定	固定	固定	随机	随机	随机	随机
R-squared	0.2670	0.5643	0.3889	0.5391	0.1351	0.3672	0.1419	0.3130

续表

变量	被解释变量 $LnTFP_{it}$							
	东部地区		中部地区		西部地区		东北地区	
F-statistic	4.5172	4.7016	2.0608	2.8758	12.6506	4.4842	3.1758	3.8197
Prob (F-statistic)	0.0000	0.0000	0.0013	0.0005	0.0000	0.0003	0.0051	0.0020

注：表中 *、**、*** 分别表示该参数在 10%、5%、1% 的显著性水平上显著，括号中为回归系数的 t 值。

表 5—11 中为以板块分类下的实证回归结果，从中能够看到，板块之间具有共性的是：第一，产业转移对于各地区经济增长质量的提升具有正向的推动作用；第二，区域发展条件提升和发展环境改善对于经济增长质量的提升都具有正向推动作用，但区域发展环境层面的推动机制不显著。这表明相对于发展环境而言，发展条件层面的改善能够更直接地推动区域经济增长质量的提升，而发展环境的提升由于具有一定的间接性和滞后性，而在回归结果中显示为不显著。

板块之间具有差异性的是：第一，在产业转移的影响机制层面，在东部和东北地区，产业转移与区域经济增长质量的提升之间呈正相关，但不显著。而东部地区和东北地区正是在考察期内全要素生产率增长较快的区域，经济增长质量较高，而结合理论分析中产业转移对于发达地区经济增长质量提升具有长期性和时滞性的研究结论，在回归中加入产业转移滞后期进行回归，结果分别在 1% 和 10% 的显著性水平下显著，这验证了产业转移对于发达地区经济增长质量提升具有的滞后性和长期性。第二，在中央协调机制的影响因素层面，在西部和东北地区，中央协调机制对于地区经济增长质量提升层面的正向推动不显著，对此一个可能的解释是，由于地方政府采取的激励机制和政策举措不同，导致国家对地方以转移支付形式进行的协调机制中，部分用来维持传统经济增长模式，而并非用于产业结构的优化和经济增长的升级。这就要求政府在区域协调发展的协调机制建立方面，应更加注重区域经济增长质量的提升，特别是对于落后地区而言，推动区域经济长期可持续发展，应当与短期经济水平提升同步成为发展中的重要目标。

在本节中，结合全书中对于区域协调发展的界定，从时间层面的协调入手，即分析产业转移与区域经济增长质量协调层面的相关关系。在具体研究中，首先，在对相关研究文献进行梳理的基础上，选择以 Malaquist 指数对我国省域以及四大板块的全要素生产率进行测算；其次，通过构建计量模型，对产业转移与区域经济增长质量提升的相关关系进行了实证分析，得到以下几点结论。

第一，在我国现阶段区域经济增长质量发展现状方面：我国省域经济增长质量存在个体层面的差异性、时间层面的波动性以及板块化的特点，这一方面反映出现阶段推动区域经济增长质量提升的必要性，还反映出在推动区域经济增长质量提升中，应当根据不同类型区域特点，从影响因素入手，分析差异原因，进而设计相应发展路径的重要性。

第二，在产业转移与区域经济增长质量提升的实证分析方面：得到以下结论，一是产业转移对于推动区域经济增长质量提升具有正向的推动作用，但是，在一些经济发达地区或经济发展水平较高的区域中，由于“腾笼换鸟”作用的体现，使产业转移带来的正向推动作用具有时滞性，需要从长期的范畴内考察。二是区域发展环境的提升和区域发展条件的优化对于地区经济增长质量的提升都具有正向的推动作用，地区发展条件的优化所带来的正向推动效应更加显著。三是中央协调机制对于部分落后地区经济增长质量的提升效应不显著，这就要求在具体制度设计中，特别是对于落后地区而言，在关注经济总量短期内实现跨越式发展的同时，也应当注重经济增长质量的同步发展，将中央协调机制和政策用活用好，以实现区域经济的长期可持续发展。

第四节　本章小结

本章通过分析产业转移与区域协调发展的相关关系，着力于论证和分析产业转移对于区域协调发展的驱动作用和影响因素。在研究中，首先通过构建基于双地方政府的基准博弈模型及在中央政府约束下的扩展博弈模型，结合实现过程分析产业转移对于地方经济发展的影响作用和机理；其次，从区域协调发展在数量层面和质量层面相协调的内涵界定出发，分别构建计量模型，对于产业转移与区域经济增长总量趋同发展以及产业转移与区域经济增长质量提升的相关关系进行实证研究，为后续相关发展路径及政策建议的设计提供了现实基础。

在具体分析中，本章第一节中，以区域间差异性的产业转移行为收益为基础，利用博弈论的分析视角，首先，构建了在完全市场状态下由两个地方政府构成的博弈基准模型，对地方政府可能的行为策略及收益进行分析，得到结论为：一是当地方之间选择合作时，在多次博弈下，不仅地区自身获得的效益最高，而且地区间的总效益也最高；二是当地方之间存在纳什均衡中的“囚徒困境”，即在无外界干预的前提下，地区均会自发选择参与竞争，从而导致地方政府中无谓的福利损失；三是竞争常发生在比较优势差距不大的地区之间，且地区之间预期收益差距越小则福利损失越大。其次，从中央政府在产业转移中所具有的防止过度竞争、促进区域合作，防止短期行为、促进可持续发展，调节发展差距、推动区域协调发展等三个层面目标入手，通过增加或放松相关假设前提以模拟具体博弈现实，从而构建三个扩展模型，得到结论为：一是过度竞争中扩大了竞争的范围，特别是主观收益的激励，会吸引一些本来不具有竞争条件和基础的盲目区域加入竞争，从而降低博弈各方的收益；二是放松环境约束会降低竞争门槛，且使博弈双方具有加大补贴力度的激励，从而会对资源可持续性发展和环境保护造成极大的威胁；三是在区域发展差距调节约束模型中，中央政府能够利用扶持政策改变市场调节下的产业生产布局，所采取的扶持政策具有有效性、适度性和调节性的特征。

本章第二节中，以产业转移与区域经济增长总量趋同发展的相关关系为研究重点，在利用经济收敛模型对中华人民共和国成立后省域经济发展总量的收敛进行测算和分析的基础上，构建了以产业转移为控制变量的经济收敛模型，对不同地区间产业转移与区域经济总量增长速度之间的相关性进行分析，得到以下几点结论：一是在区域间经济总量协调发展的现状方面，现阶段我国区域间经济增长水平差异明显，距趋同化发展目标具有较大差距；二是从计量模型层面验证了产业转移对于推动区域经济增长水平趋同具有正效应，由于产业转移对于不同类型区域经济增速的影响具有差异性，其中，对于经济发展较快的地区与经济落后地区之间差异性的作用结果，为利用产业转移推动区域经济增长水平趋同提供了基础，此外，通过省域整体和分板块的数据验证了产业转移对于缩小地区经济发展差距，推动区域经济收敛的正向作用。

本章第三节中，以产业转移与区域经济增长质量提升的相关关系为研究重点，在以 Malaquist 指数法对我国省域以及四大板块的全要素生产率进行测算的基础上，通过构建计量模型，对产业转移与区域经济增长质量提升的相关关系进行了实证分析，得到以下几点结论：一是现阶段我国省域经济增长质量存在个体层面的差异性、时间层面的波动性以及板块化的特点，这不仅反映出推动区域经济增长质量提升的必要性，还反映出在推动区域经济增长质量提升中，应当根据不同类型区域特点，从影响因素入手，分析差异原因，进而设计相应发展路径的重要性；二是产业转移对于推动区域经济增长质量提升具有正向的推动作用，但是在一些地区存在效应的时滞性，需要从长期范畴内进行考察，与此同时，区域发展环境的提升、区域发展条件的优化以及中央政府的协调机制等因素也对地区经济增长质量的提升具有一定的促进作用。

基于上述的研究结论，能够得到具有一定参考意义的政策建议：一是在产业转移中，依托中央政府建立区域间合作共赢机制是解决产业转移中“囚徒困境”的重要途径，尤其在比较优势差异不大的地区之间，这种机制更为重要。二是放弃唯 GDP 考核方式，能够有效降低地区官员主观收益，并结合区域间产业转移合作机制和发展规划的建立，规避过度竞争，提升区域整体福利水平。三是鉴于地方政府行为在本地区环境保护方面具有明显的干预作用，建议由中央政府成立独立于地方管理归属，直属管辖的环境监察机构强化产业转移发展中环境的硬约束，并有序放开政府在资源定价中的控制权，提升市场在调节资源价格调节中的作用，降低价格扭曲，提升资源利用效率，最大化市场机制对于产业转移的推动作用。四是在国家层面对于产业转移发展的总体规划中，应当特别关注两个关键点：其一是在作用机制方面，应当以市场配置资源为主、政府宏观调控为辅，以实现将资源有效配置与区域协调发展相结合的目标；其二是着力范围方面，应当将扶持政策着力于落后地区交易费用比较优势的提升层面，通过比较优势的提升，推动落后地区在实现经济总量跨越式发展的同时，推动经济增长质量的提升，以实现区域经济的可持续发展。

第六章　推动区域协调发展的实现路径及政策建议

区域协调发展作为现阶段我国发展中的一个重要目标，不仅是我国国民经济在新常态下持续健康发展的重要依托，而且是实现全面建成小康社会总体目标的基本保障，还是全国人民公平享有发展成果的前提。在现阶段的发展实践中，存在横向对比中区域间发展差距较大，纵向分析中区域经济可持续发展不足等问题，对此，本书以立足区域比较优势、利用产业转移、推动区域协调发展为思路进行分析，在从理论层面论证了比较优势、产业转移以及区域协调发展的内在机理和演进的可行性后，从实证层面对我国发展实践中的现实问题进行分析。在此，将基于理论研究和实证分析的研究结论，对推动我国区域协调发展这一总体目标的实现路径进行设计，并提出相应的政策建议。

第一节　推动区域协调发展的实现路径

在第一章的研究背景中指出，全书的研究是基于两个现实问题的分析：一是落后区域如何利用比较优势实现跨越式发展；二是发达地区如何优化发展方式实现可持续发展。在本节中，将分别从落后地区和发达地区两个层面分析推动我国区域协调发展的实现路径，这既是对理论和实证部分研究结论的总结和运用，也是对上述两个现实问题的回答。

一　落后地区立足比较优势实现跨越式发展路径分析

我国的落后地区大部分集中在我国中西部区域，虽经过诸如西部大开发战略、中部崛起战略的推进，但依然与东部地区发展差距较大。经过第四章中对区域比较优势的测度发现，中西部地区在劳动力、能源等生产成本层面具有比较优势，但是在交易费用层面具有比较劣势，从而阻碍了综合比较优势的体现和经济的发展。现阶段，国家出台了一系列推动落后地区发展的板块化以及点轴式发展战略，落后地区应以此为契机，在立足生产成本比较优势，制定有针对性的产业发展与产业承接政策的同时，加强基础设施建设，优化发展环境，提升交易费用比较优势，此外，应根据比较优势的动态性，注重技术溢出，促进产业升级，实现落后区域的跨越式发展。

第一，基于生产成本比较优势，准确进行产业承接。在本书理论部分的分析中，已经论证了在完全市场状态下基于生产成本层面比较优势进行产业分工对资源配置效率以及地区总体收益层面的提升作用，因此，在现实发展中，对于落后地区而言，首先，应当对要素禀赋进行详细考察，准确定位在生产成本层面具有的比较优势，明确相对于发达地区及邻近地区的优势所在；其次，基于生产成本层面的比较优势进行产业发展定位，通过建立产业发展的评估体系，细化各类指标，从产业规模、生产特点、发展前景、综合效益等方面入手，综合评估、理性选择能够充分发挥区域比较优势，并对区域要素配置效率和综合效益具有提升作用的产业；再次，广泛拓宽渠道，综合企业迁移、外部直接投资以及自身投资发展等方式，进行产业承接，推动产业发展；最后，由于机会成本的存在，地区选择特定产业主导发展的同时意味着对其他产业及发展方式的舍弃，若选择需大量利用地区中不具有比较优势的要素进行生产的产业，则需要政府进行大量的补贴和保护，这样的产业发展将不会对地区发展带来任何真正的剩余。因此，在产业选择中应坚持依据基于要素禀赋的生产成本比较优势来进行，避免因以各种减免及补贴的方式扭曲生产成本比较优势造成产业选择不当，而为地区带来有数量无质量，甚至有 GDP 无税收的发展。

第二，提升交易费用比较优势，优化产业发展环境。结合本书实证分析中对于区域比较优势的测度，结果显示落后地区普遍在交易费用层面不具有比较优势，这反映了现实中落后地区存在的产业发展环境有待提升，基础设施建设薄弱，配套的金融机构、法律咨询等服务型产业欠缺等问题。上述产业发展环境和发展条件层面的欠缺，不仅抵消了地区在生产成本层面具有的比较优势，造成地区整体比较优势较低，而且阻碍了产业转移和地区经济发展。在此背景下，对于落后地区而言，首先，应着力于提升产业发展环境，不仅通过各项制度创新，简化审批事项，优化办事流程，提升政府行政管理效率，落实市场对资源配置起决定性作用的总体要求，而且应尽快转变落后地区基于自然经济、计划经济以及小农经济而形成的落后观念，从观念上明确市场在资源配置中的决定性作用以及产业发展是提升区域经济发展水平的唯一渠道，从而从正式制度和非正式制度两个层面为产业发展营造良好环境；其次，加快区域发展条件的提升和完善，不仅应保障产业发展相关的道路、能源等基础设施建设，而且应完善学校、医院等生活配套设施的建设，此外，应推进区域金融、法律、会计、物流等配套服务产业的发展；最后，可以通过建立产业园区等方式，在发挥产业集聚效应和产业链分工合作效应降低交易费用的同时，创新服务机制，完善基础设施和配套设施建设，为产业发展营造良好环境。

第三，关注比较优势的动态性，实现经济跨越式发展。本书在理论分析中得到，若静态和僵化的基于生产成本比较优势进行产业分工，可能会陷入低端价值锁定和比较优势陷阱。这就要求落后地区在发展中，关注比较优势的动态性，在发展的同时提升要素禀赋的结构和质量，适时调整产业分工，从而发挥落后地区的后发优势，实现跨越式发展。首先，在基于生产成本比较优势进行产业承接的同时，注重产业发展中的技术溢出、资本存留以及人力资源提升等层面的效应，以及这些效应对于生产成本比较优势的提升作用，动态地关注和评估比较优势的变动；其次，基于比较优势的变动，进行产业分工的重新定位，逐步实现产业升级，有效推动落后地区后发优势的体现，以实现经济的跨越式发展。

二 发达地区优化发展方式实现可持续发展路径分析

我国发达地区多集中于我国东部区域，得益于区位优势及改革开放中的制度倾斜而率先发展，在现阶段发展中，存在产业附加值较低、生产要素趋紧、产业竞争力下降等经济层面问题，以及春运、民工荒、雾霾等社会层面问题，而这些问题的根源在于发达地区亟待优化发展方式，实现经济可持续发展。在本书实证分析中认为，发达地区在能源及劳动密集型产业中不具有比较优势，在生产要素趋紧及成本提高的背景下，原先以要素集聚维持的生产方式难以为继，亟待进行升级。与此同时，在本书理论分析中得到，产业转移在短期内会对产业转出区造成经济增速受阻、产业空心化以及失业困境等负面效应，但是在长期中，将会提升产业转出区的资源利用效率，带来技术革新、产业结构优化、区域竞争力提升等正效应。因此，对于发达地区而言，在对自身比较优势进行准确定位的基础上，准确进行产业定位，利用“腾笼换鸟”式产业转移，能够在促进产业升级、优化发展方式的同时，实现区域经济的可持续发展。

第一，立足生产成本比较优势，强化生产要素及环境约束，推动“腾笼换鸟”。首先，发达区域应对自身基于要素禀赋的生产成本层面比较优势进行准确分析，并在此基础上进行产业选择，利用“腾笼换鸟”式的产业转移，对需大量利用本地区不具有比较优势生产要素的产业进行剥离，承接符合地区要素特点的产业发展，提高有限生产要素资源的配置效率，在具体实践中，结合发达地区具有的比较优势特点，应将劳动密集型产业及能源密集型产业转出，而集中发展新兴产业、高新技术产业等资本和技术密集型产业；其次，在产业选择中应结合区域发展实际，将生产要素及环境的硬约束放在重要位置，综合测算要素存量及真实价格，例如将外部劳动力转移带来的教育医疗等社会管理成本纳入劳动力成本，将高耗能产业带来的环境治理成本纳入能源使用成本，通过要素真实价格推动产业升级转型；最后，发达地区应注重自身生产成本比较优势的提升，在积极吸引新兴产业和高新技术产业发展的同时，应重视高技术、高层次人才的引进。

第二，利用交易费用比较优势，明确产业规划，促进产业升级。首先，发达地区以产业升级为目标，制定明确的产业发展规划，进一步强化制度创新，提升服务质量，在提升产业链分工地位，承接国际新兴产业及高新技术产业中体现出比较优势；其次，应进一步加强新兴产业与高新科技产业发展所需的基础设施、物流、金融服务等产业发展配套建设，同时注重教育、医疗卫生等软环境提升，以营造良好的产业发展环境。

第三，克服短期困难，立足长期发展，实现经济可持续发展。在本书理论部分的分析中得到，在短期中，产业转移会推动产业转出区中一些原有产业的退出，其中部分产业的产值在地区经济中占有相当大的比重，这将会对产业转出区造成经济增速受阻、产业空心化以及失业困境等负面效应。而产业转移为产业转出区带来的资源利用效率提升、技术革新、产业结构优化以及区域竞争力提升等正效应在新产业落户后才能体现，因此，在短期内将对发达地区发展带来一定的困难。这就要求发达地区以经济长期发展为目标，正确处理稳增长、调结构之间的关系，平稳度过经济增长的换挡期，而不能因为追求短期经济增长速度，通过生产要素补贴及忽视环境约束等方式，维持原有落后发展方式，阻碍产业升级和经济可持续发展。

综上所述，无论是落后地区还是发达地区，都应在立足于自身生产成本比较优势，科学准确进行产业发展定位的基础上，优化产业发展环境，提升交易费用层面比较优势，依托产业转移，在短期内缩小区域间发展差距，并在长期内推动区域经济增长发展质量的提升，实现区域协调发展。对于落后地区而言，还应关注区域中包含产业发展环境在内的交易费用比较优势的提升，以及以动态的视角考察比较优势推动产业升级；对于发达地区而言，还应关注生产成本比较优势的提升，以及“腾笼换鸟”式产业转移所带来短期发展困难的克服。

第二节　推动区域协调发展的政策建议

推动区域协调发展是国家宏观层面的发展目标之一，就参与主体而言，有宏观层面的中央政府、中观层面的地方政府以及微观层面的市场主体。由组织结构来看，最上层是中央政府，通过权威的调控能力和资源配给方式，实现区域协调发展的实施战略及总体目标；中间层是地方政府，既是本区域经济发展的直接相关者，也受到中央政府的管理约束，就发展目标而言，既要推动本区域经济快速发展，同时也要完成中央政府宏观发展战略目标；最底层是市场微观主体企业，以追求自身利益最大化为目标，成为推动区域经济发展最直接的驱动力，由此可见，三层主体之间构成了自上而下的金字塔结构。由于微观层面的市场主体具有逐利性和自发性，以追求自身利益最大化为目的的过程中，推动地区经济发展，因此，在本小节的政策建议研究中，只从宏观中央政府以及中观地方政府层面进行分析，其中，中观地方政府既包含发达地区地方政府，也包含落后地区地方政府。

从发展目标层面分析，中央政府与地方政府之间具有差异性的目标约束①，具体体现在中央政府以促进经济发展、社会稳定、民族团结为目标，能够通过各种宏观调控手段为区域协调发展提供外部约束；而地方政府能够支配所管辖区域内资源，以追求本地区经济发展和利益最大化为根本目标，以服从中央政府管理为约束。基于目标职能层面的差异，结合本书在理论及实证部分的研究结论，本节中将分别从中央政府及地方政府的层面提出相应的政策建议，以保障本章第一小节中相关发展路径的实施效果。

一　中央政府层面

区域协调发展不仅是保证国家经济平稳发展的基础，而且对于推动社会和谐、政治稳定及民族团结具有重要意义，此外也是社会主义

---

① 周黎安：《晋升博弈中政府官员的激励与合作》，《经济研究》2004 年第 6 期。

国家人民共享发展成果的必然要求。因此，区域协调发展是中央政府宏观调控中的重要目标之一。这就需要完善调控机制，综合运用金融政策、财税政策等手段，推动区域间产业转移，以产业发展缩小区域间发展差距。此外，由于地方政府之间在经济发展以及政治关系上存在竞争关系，将阻碍区域间经济发展联系和资源市场一体化的形成，从而为区域协调发展带来负效应，这就要求中央政府利用委托代理关系，通过出台相应政策法规和绩效考核方案，以调整地方政府的利益目标，激励和约束地方政府为推动产业转移，促进区域协调发展而调整原有区域利益驱动下的政府行为。因此，就中央政府而言，推动区域协调发展的作用应体现在两个层面：其一是利用宏观调控机制直接干预作用；其二是通过地方政府绩效评价机制及区域协调合作机制间接影响作用。具体而言，可以归结为“三个结合”。

第一，将全面宏观调控与精准化调控相结合，科学规划协调发展总体规划。首先，应对我国区域协调发展的现状进行细致调查，特别是结合已经推行的西部大开发、中部崛起以及振兴东北老工业基地等板块化战略以及“关天经济区”“成渝经济区”“西咸新区”“一带一路”等点轴式发展规划的实施效果，明确现阶段发展中的缺陷和不足以及下一阶段协调发展中的重点方向；其次，基于中央政府所具有的资源配置以及政策约束层面的主体作用，对推动区域经济发展中所能够利用的各项政策措施进行组合整理，明确可利用的政策手段；最后，结合区域协调发展的目标方向及可利用的政策手段，科学规划协调发展的总体规划，明确分阶段目标及分步实施重点。此外，在整体规划的作用对象及政策手段选择方面，应注重整体性和个体性的结合，对于区域中存在的共性问题，可采用全面调控的方式解决，对于个体区域或某一类型区域发展中存在的差异性问题，可采用精准化调控的手段，以保障整体规划的科学性、完善性和有效性。

第二，将直接扶持手段与间接协调干预相结合，综合强化协调发展政策力度。在推动区域协调发展的具体扶持政策方面，应综合利用各种政策扶持手段，其一是在财税政策方面，将增强中央政府的均衡性转移支付力度与设立专项重点扶持项目相结合，一方面有针对性地加大对落后地区的扶持力度，增强公共服务及基础设施的建设，推动落后地区公共服务的提升；另一方面通过综合利用专项基金、贴息贷款等手段，鼓励相关产业向落后地区转移发展，从内生层面提升落后地区经济发展动力。其二是在产业政策方面，结合区域协调发展的整体规划，在对各地区发展现状及所具有的比较优势进行综合评判的基础上，制定综合产业发展规划，综合利用产业政策，扶持落后地区符合自身比较优势的产业发展，降低产业发展初期成本，为相关产业向落后地区转移提供激励。此外，鼓励金融服务、物流产业等配套服务型产业在落后地区的发展，通过构建完善的配套产业体系，降低产业发展配套成本，提升落后地区在交易费用层面的比较优势。其三是相关政策扶持，不仅可利用相关人才政策，鼓励高层次人才向落后地区转移，推动落后地区劳动力质量提升，优化区域要素禀赋结构，从而带动落后地区生产成本层面比较优势的提升；而且可以通过建立相关改革试点区或实验区，进一步简化审批事项，提高行政效率，以更加宽松的制度环境推动落后地区产业发展。

第三，将创新区域协作机制与绩效评价相结合，综合保障协调发展实施效果。由于地方政府之间存在经济利益以及政治活动层面的矛盾和竞争，因此中央政府作为国家宏观调控中的领导机构，在区域间利益冲突的协调中起到至关重要的作用。首先，应当创新构建区域间协调合作机制，其中不仅包含发达地区与落后地区之间对口援助机制，也包含落后地区之间的合作共赢机制。在本书理论部分的分析中得到，产业转移对于发达地区具有短期层面的负效应和长期层面的正效应，而对于落后地区则具有短期内经济提升的正效应，这就需要中央政府构建发达地区与落后地区之间的协调合作机制，鼓励产业转移，打破区域间经济壁垒，加强区域间经济联系，并可以通过对口帮扶①的形

① 相关实践活动包括国务院出台关于发达地区出台对口帮扶落后地区的整体指导意见及规划，例如2014年8月，《国务院办公厅关于印发发达省（市）对口支援四川云南甘肃省藏区经济社会发展工作方案的通知》（国办发〔2014〕41号）中，将天津市、上海市、浙江省、广东省明确为相关落后地区的对口帮扶主体，将培育优势产业、推动劳动密集型产业发展作为推动落后地区经济增长、扩大就业的重要途径。

式，加快落后地区要素禀赋结构和发展环境的提升，推动地区经济发展。此外，根据本书第五章博弈模型分析结论，落后地区之间在承接产业发展中存在过度竞争的“囚徒困境”，特别是在比较优势相近的地区之间，福利损失越大，而建立区域之间合作机制是规避过度竞争、实现区域共赢的有效途径。对于中央政府而言，应在产业发展规划的基础上，综合运用宏观调控手段及制度保障措施，建立落后地区之间的协调机制，防止地区间的过度竞争①。其次，应完善地区发展的绩效评价机制，将绩效考核机制的重点从“唯 GDP”转化为长期经济增长质量及区域可持续发展能力等层面，通过对人民生活质量以及环境硬约束的考核，转变经济发展方式，推动发达地区产业升级，规避落后地区过度竞争，为推动区域协调发展提供制度保障。

二　地方政府层面

根据上文分析，地方政府以推动本地经济利益最大化为发展目标，在推动区域协调发展中，既存在与自身利益相一致的共性，也存在区域间经济和政治竞争的差异性。在本章第一节中分别基于发达地区与落后地区的角度，设计了推动区域协调发展的实现路径。为了保障区域协调发展路径的顺利推进，就地方政府层面而言，应做到三个明确。

第一，明确政府角色定位，从产业发展的“保姆”转变为“助产士”。就地方政府而言，无论是发达地区还是落后地区地方政府，都应首先基于自身比较优势，甄选符合地区发展需要的相关产业，制定科学可行的产业发展规划，应坚决防止通过大量补贴的形式发展本地区不具有比较优势的产业，特别是需大量利用本地区不具有比较优势要素禀赋的产业；其次，在对相关产业的扶持中，应做“助产士”而非“终身保姆”，即将角色定位明确在营造良好发展环境，承接相

---

① 具体的举措包括分地区列出鼓励优先发展的产业，以规避地区间的无序恶性竞争，例如由国家发改委制定、经国务院批准的《西部地区鼓励类产业目录》中，以促进地区优势产业发展为目标，分地区列出了30余项鼓励优先发展的产业，详细可见《中华人民共和国国家发展和改革委员会令（第十五号）》。

关产业发展，帮助健康的符合比较优势的相关产业落户，而不是对不符合比较优势的幼稚产业或衰退产业进行终身照顾。

第二，明确政府发展目标，从短期经济总量到长期经济质量。在本书第五章博弈模型的分析中，已经论证了地方政府关注短期经济总量时，会导致地区间存在过度竞争，并对地区资源环境和可持续发展存在较大威胁。结合中央政府层面政策建议中提出的转变"唯 GDP"的地方绩效考核机制，对地方政府而言，应明确关注长期经济质量提升对于地区发展的重要意义，将外部约束转变为自我约束，即将服从中央政府对于地方经济发展质量的考核约束，转变为在发展中自觉的以长期发展收益作为地区发展的评判指标，积极转变经济发展方式，关注资源可持续利用及环境保护方面的硬约束，从长期出发科学地制定产业发展规划及区域发展战略，积极参与区域间合作，规避恶性竞争，避免因短期利益而选择不符合比较优势的产业或发展方式，自发形成发挥区域比较优势，发展优势产业，推动经济长期可持续发展的区域发展模式。

第三，明确政府作用方向，从干预要素配置到优化发展环境。地方政府作用方向应当集中在两个方面：其一是在明确区域比较优势的基础上选择适宜的产业，制定产业发展规划。在规划的具体操作中，坚持市场在资源配置中起决定作用的原则，将政府作用集中在区域发展条件提升和发展环境的优化方面，以提升区域交易费用层面比较优势，而避免通过行政方式干预要素资源配置，以要素价格扭曲的方式推动产业规划。无论是承接适宜产业还是推动产业升级，都应通过市场机制进行调节，例如对于发达地区中不符合比较优势的劳动密集型或能源密集型产业，可通过将吸引集聚外部劳动力带来的教育、医疗、治安等社会管理成本纳入劳动力使用成本，将高耗能、高污染产业发展带来的环境治理成本纳入能源要素使用成本，借助市场机制，以真实生产要素使用成本推动地区产业升级。其二是在产业发展中关注区域自身比较优势的提升，并坚持以动态的视角考察区域比较优势，适时推动产业的升级和区域发展方式优化。无论是落后地区还是发达地区，都应关注产业发展中为地区带来的资本留存和技术溢出效应，并关注高层次人才的培养和引进，通过产业发展优化区域要素禀赋的质量和结构，提升区域生产成本层面的比较优势，推动区域产业升级，优化发展方式，提升区域经济增长质量。

综上所述，基于中央政府和地方政府之间有差异性的发展目标和职能定位，本小节分别对中央政府和地方政府提出具有差异化的政策建议。其中，对于中央政府而言，应在制定国家层面推动区域协调发展规划的基础上，将全面调控与精准调控相结合，综合运用财税政策、产业政策、人才政策等手段，并在落后地区建立改革试点区及实验区，缩小区域间经济发展差距。此外，通过转变区域发展绩效评价，推动区域经济增长质量的提升，实现区域经济可持续发展，并通过建立和完善区域间协调合作机制，保障区域协调发展的实施效果。对于地方政府而言，应当从明确角色定位、明确发展目标、明确作用方向的层面入手，在立足于比较优势进行产业发展的同时，关注区域中生产成本及交易费用层面比较优势的提升，从而推动地区经济总量的增长和质量的提升，以推进区域协调发展总体目标的实现。

第七章　研究结论与展望

第一节　研究结论

本书基于现阶段我国区域经济发展不协调的背景，起源于对两个现实问题的分析解答：一是落后地区如何利用比较优势实现经济的跨越式发展，二是发达地区如何改变发展方式实现经济可持续发展。在具体研究中，本书首先对比较优势、产业转移与区域协调发展的相关研究及演进进行梳理和总结，从中归纳出现阶段理论研究中的两个分歧，也正是本书理论层面解释和讨论的两个问题，即基于比较优势进行产业转移发展的有效性，利用产业转移推动区域协调发展的可行性；其次，在对比较优势、产业转移以及区域协调发展的内涵进行界定的基础上，从行为主体、作用机制和实现机理等三个层面分析了比较优势与产业转移，以及产业转移与区域协调发展之间的内在理论机理，并对理论层面需要探讨的两个问题进行了分析和解答；再次，将理论层面分析结论运用于现实研究，基于我国的发展现实，在对区域比较优势进行综合测度的基础上，对区域比较优势与现阶段产业转移之间存在的差异性进行对比分析，结合区域协调发展的经验数据，在对理论分析结果进行经验验证的同时，分析阻碍区域协调发展的影响因素；最后，基于理论和实证层面的研究结论，分别针对落后地区和发达地区设计了推动区域协调发展的实施路径，同时分析和解答了本书研究源于的两个现实问题，并针对中央政府与地方政府主体之间的目标差异，提出了保障区域协调发展路径实现的相关政策建议。综上所述，本书立足于运用相关理论对现实问题的分析，分别在理论研究和实证分析中，得到以下几方面结论。

一　理论研究结论

第一，以动态视角对区域比较优势进行全面分析，是基于比较优势进行产业转移发展有效性的关键。现阶段关于比较优势理论讨论的重点是在新的发展条件下，我国能否遵循比较优势进行产业的生产布局以及推进区域经济发展，特别是落后区域的经济发展。从学术观点来看可分为两类，即利用比较优势进行产业转移论以及规避比较优势发展论。其中，利用比较优势进行产业转移论认为，按照区域要素禀赋结构决定的比较优势进行产业分工和经济结构的选择，能够使区域经济发展速度更快，也是落后地区实现后发优势的基础。规避比较优势发展论认为产业发展中存在的区域间要素密度逆转会阻碍比较优势的体现，而且依照比较优势承接产业转移会使落后地区陷入比较优势陷阱，因此应规避比较优势进行跨越式发展。而本书认为，出现这种分歧和争论的原因在于用传统的研究视角研究区域比较优势，若只将研究视角静态地关注于传统生产要素，并依此进行区域产业转移和布局发展研究，将必然导致区域陷入比较优势陷阱。在此背景下，本书对于传统比较优势进行了基于动态视角的界定，认为比较优势来源于两个层面：其一是生产成本层面，其中包含要素丰裕程度、技术规模效应等；其二是交易费用层面，包含制度环境、交通运输条件等。在这一界定下，将传统比较优势涵盖的内涵扩大化，不仅能够破解在只考虑传统生产要素比较优势的分析中，产生的关于比较优势陷阱和“里昂惕夫之谜”的困境；而且通过将发展环境的制度因素纳入考虑范畴，突破了传统研究中以完全竞争市场的假设前提，使得比较优势理论的运用更具有现实性和实践意义，此外，也能够避免在只考虑制度因素比较优势的研究中，将政府引导和制度环境放在异常重要地位，导致背离市场的政府干预主导论。因此，以动态视角对区域比较优势进行全面分析，是基于比较优势进行产业转移发展有效性的关键。

第二，产业转移对于不同类型区域的差异性作用，为推动区域协调发展提供了条件。本书将产业转移界定为区域中基于比较优势驱动下产业生产规模的变动过程，其具有时间和空间两个维度的综合效应。就驱动要素而言，区域之间存在的产业生产成本及交易费用层面比较优势是产业转移的驱动，其中既包括区域之间市场层面的要素价格差异，也包括区域之间制度层面的发展环境差异；就研究范畴而言，不仅包含以企业迁移为代表的显性产业转移，而且包含以产业生产规模变动为特征的隐形产业转移；就效应而言，产业转移不仅在空间层面根据不同区域具有差异性效用，而且在时间层面也具有短期和长期的差异性效用。其中，在短期中，产业转移对于产业转入区具有经济总量提升、技术溢出、产业集聚等效应，对于产业转出区具有经济增速受阻、产业空心化、失业困境等效应；在长期中，产业转移对于产业转入区具有竞争引致、制度优化、低端价值锁定、资源阻碍等效应，对于产业转出区具有资源利用效率提升、技术革新、产业结构优化、区域竞争力提升效应。因此，产业转移不仅是短期内缩小区域经济发展差异的可行途径，也是长期中推动区域经济发展质量提升的可行方式，其中，产业转移对于产业转出区及转入区在短期和长期中的效应差异是区域协调发展的实现基础。

第三，中央政府的直接调节和间接约束是以产业转移推动区域协调发展可行性的保障。本书以区域间差异性的产业转移行为收益为基础，利用博弈论的分析视角，构建了在完全市场状态下由两个地方政府构成的博弈基准模型，以及考虑政治收益、放松环境约束及区域发展差距调节条件下的三个扩展模型，得到结论认为地区间在承接产业转移的博弈中存在“囚徒困境”，且博弈双方比较优势越相近时福利损失越大，与此同时，无外界约束的博弈中存在政治收益干扰和放松环境约束的驱动，将造成区域真实收益的更大损失以及对资源环境无限制的破坏，这时，需要中央政府通过构建区域间协调合作机制、改变唯 GDP 考核方式、建立强化第三方环境监察监督机制等间接手段，规避地区间过度竞争，提升地区整体福利；此外，在区域发展差距调节约束模型中，中央政府能够利用扶持政策改变市场调节下的产业生产布局，所采取的扶持政策具有短期性、适度性和调节性的特征。综上，本书认为中央政府的直接调节和间接约束作用，能够规避地方之间在承接产业转移中的过度竞争和囚徒困境，是利用产业转移推动区域协调发展可行性的保障。

二　经验研究结论

第一，现阶段我国产业转移发展趋势与区域资源禀赋之间存在差异性，而区域间交易费用层面比较优势的差异是成因之一。本书认为：一是在现阶段产业生产布局现状中，我国产业空间分布不均，且区域间发展差距较大，其中，发达地区呈现出较为明显的产业“大而全”的发展模式，专业化程度较低，产业同构化和区域同质化竞争问题严重；二是在产业生产布局变动中，虽然我国现阶段产业转移呈现出波动增强的发展趋势，但是以规避区域同质化竞争及与区域要素禀赋相适应的产业转移效果并未体现。而结合本书关于比较优势内涵的界定，综合构建评价指标体系分析得到，我国落后地区在交易费用中存在的比较劣势，拉低了基于要素禀赋的生产成本上的比较优势，成为阻碍产业转移进程的一个原因。

第二，我国区域协调发展形势仍然严峻，具体体现在总量发散和质量分异两个层面。本书认为，区域协调发展的内涵应包含横向空间和纵向时间两个层面：其中横向空间层面以区域差异保持在社会可接受限度内或逐步呈现缩小趋势为目标，以保持区域整体发展为约束，充分利用区域中的要素禀赋及发展动力推动经济水平的提升；纵向时间层面以区域在时间序列上保持平稳、快速、可持续发展为目标，这就要求区域在追求经济总量提升的同时，优化经济增长方式，注重资源环境保护及经济增长质量的提升。因此，在具体测算中，分别从经济总量的趋同和经济质量的提升两方面进行。在经济总量方面，通过构建经济收敛模型，进行计算得到，现阶段我国省域间经济增长水平差异明显，距趋同化发展目标具有较大差距；在经济质量层面，通过 Malmquist 指数对全要素生产率进行测算，结果显示我国省域经济增长质量个体差异性明显，全面提升的趋势尚未形成，存在个体差异性、发展波动性以及板块化特征。

第三，我国的经验数据支持关于产业转移对于区域经济增长水平趋同以及区域经济增长质量提升具有正向推动效应的理论论断。在本书理论部分的分析中，认为产业转移对不同类型区域在时间层面具有作用差异，为推动区域协调发展提供了条件。本书在对区域经济总量趋同的相关性分析中，通过对不同类型区域依时间演进进行测算，认为产业转移与区域经济增速之间的相关性根据时间和空间差异而呈现出不同的特点。其中，对于经济发展较快的地区与经济落后地区之间差异性的作用结果，为利用产业转移推动区域经济增长水平趋同提供了可能；在对区域经济质量提升的相关性分析中，也验证了产业转移对于推动区域经济增长质量提升的正面作用。

第四，依托比较优势，利用产业转移推动区域协调发展具有实践层面的可操作性。在理论部分，本书对于基于比较优势进行产业转移的有效性，以及产业转移推动区域协调发展的可行性两个问题进行了理论层面分析，论证了比较优势、产业转移与区域协调发展的内在机理和演进的可行性，结合在实证研究中对我国经验数据的分析结论，认为依托比较优势，利用产业转移推动区域协调发展具有实践层面的可操作性。具体而言，从实践路径来看，无论是落后地区还是发达地区，都应在立足于自身生产成本比较优势，科学准确进行产业发展定位的基础上，优化产业发展环境，提升交易费用层面比较优势，依托产业转移，在短期内缩小区域间发展差距，并在长期内推动区域经济增长发展质量的提升，实现区域协调发展。对于落后地区而言，还应关注区域中包含产业发展环境在内的交易费用比较优势的提升，以及以动态的视角考察比较优势推动产业升级；对于发达地区而言，还应关注生产成本比较优势的提升，以及对“腾笼换鸟”式产业转移所带来短期发展困难的克服。

第二节　进一步研究方向

本书基于区域协调发展的目标，综合运用政治经济学、产业经济学、制度经济学、区域经济学以及新经济地理学等学科理论，结合博弈论、随机前沿生产函数、因子分析法等研究方法，从理论分析和实证检验两个层面论证了立足比较优势，利用产业转移，推动区域协调发展的可行性，并结合中国发展实际设计了相应的实现路径和政策建议。本书在理论研究和经验分析中初步取得了一定的研究成果，但是在研究中仍有不完善之处，表现在：

第一，在理论研究方面：基于现有理论研究分歧，本书在对现有研究观点进行总结和梳理的基础上，结合对相关概念的界定和内涵分析，从基于比较优势进行产业发展有效性，以及产业转移推动区域协调发展可行性两个层面，构建了基于比较优势，利用产业转移，推进区域协调发展的理论层面传导机制和分析框架。基于本书的研究目的和侧重点，所构建的理论分析框架侧重于单向传导性，而在后续研究中，关于上述理论传导机制的反向推导，包括关于产业转移对于地区比较优势的改造和优化机制，特别是对于本书所界定的生产成本层面以及交易费用层面比较优势的提升作用及差异等问题，都将是本书在理论研究方面进一步的研究方向。

第二，在经验研究方面：其一，在区域比较优势的测度方法中，从产业发展的角度出发，以价格为衡量尺度，构建了由生产成本与交易费用两部分构成的，基于十六个主要测度指标的比较优势测度指标体系。但是现实中，区域比较优势的内涵广泛且来源庞杂。正如托马斯·迈尔（Tomas Maier）所指出的，经济学中现实和精确是矛盾的，需要在取舍中达到某种均衡。虽然本书基于真实性与抽象性结合的原则，选择十六个主要测度指标构建了评价体系，但是很难说达到了现实和精确的均衡，还有待于后续的进一步探索和完善。

其二，本书在实践中的意义在于为推动我国区域协调发展提供了基于比较优势进行产业转移发展的思路，不仅适用于落后地区的跨越式发展目标，也符合发达地区优化发展方式可持续发展的需求。在本书的经验研究中，受限于数据可得性和本书研究侧重点，而基于我国省域和板块的数据进行验证和分析，但是在具体实践中，更有意义的应当是基于具体地区发展战略的分析和讨论，这也为本书后续经验研究方面提供了方向。

附录1　产业前四位省份及占有率（1999—2013年）

年份 产业	1999		2000		2001		2002		2003		2004		2005		2006	
	省份	占比	省份	占比	省份	占比	省份	占比	省份	占比	省份	占比	省份	占比	省份	占比
C13农副食品加工业A	山东	0.20	山东	0.22	山东	0.24	山东	0.25	山东	0.26	山东	0.27	山东	0.28	山东	0.28
	江苏	0.10	江苏	0.10	江苏	0.10	江苏	0.10	广东	0.08	广东	0.08	河南	0.08	河南	0.09
	广东	0.09	广东	0.08	广东	0.09	广东	0.08	江苏	0.08	河南	0.07	广东	0.07	江苏	0.07
	河南	0.07	河南	0.08	河南	0.08	河南	0.08	河南	0.08	江苏	0.07	江苏	0.07	广东	0.07

年份 产业	2007		2008		2009		2010		2011		2012		2013	
	省份	占比	省份	占比	省份	占比	省份	占比	省份	占比	省份	占比	省份	占比
C13农副食品加工业A	山东	0.27	山东	0.25	山东	0.24	山东	0.21	山东	0.20	山东	0.19	山东	0.19
	河南	0.09	河南	0.09	河南	0.08	辽宁	0.08	河南	0.08	河南	0.07	河南	0.08
	江苏	0.07	辽宁	0.07	辽宁	0.07	河南	0.08	辽宁	0.08	辽宁	0.05	辽宁	0.08
	广东	0.06	江苏	0.06	江苏	0.07	江苏	0.06	江苏	0.06	江苏	0.05	江苏	0.06

续表

年份/产业	1999		2000		2001		2002		2003		2004		2005		2006		2007		2008		2009		2010		2011		2012		2013	
	省份	占比	省份	占比	省份	占比	省份	占比	省份	占比	省份	占比	省份	占比	省份	占比	省份	占比	省份	占比	省份	占比	省份	占比	省份	占比	省份	占比	省份	占比
C14食品制造业	广东	0.16	广东	0.15	广东	0.15	山东	0.14	山东	0.14	山东	0.15	山东	0.18	山东	0.19	山东	0.19	山东	0.19	山东	0.19	山东	0.17	山东	0.16	山东	0.12	山东	0.15
	山东	0.12	山东	0.13	山东	0.13	广东	0.13	广东	0.13	广东	0.11	广东	0.11	广东	0.10	河南	0.10	河南	0.10	河南	0.11	河南	0.11	河南	0.12	河南	0.10	河南	0.11
	江苏	0.08	河南	0.08	河北	0.08	河北	0.08	河南	0.08	河南	0.07	河南	0.08	河南	0.09	广东	0.10	广东	0.10	广东	0.10	广东	0.10	广东	0.10	广东	0.07	广东	0.09
	河南	0.08	上海	0.08	上海	0.08	上海	0.08	上海	0.07	上海	0.07	内蒙	0.07	内蒙	0.07	内蒙	0.06	内蒙	0.06	内蒙	0.06	内蒙	0.06	福建	0.05	福建	0.05	福建	0.05
C15饮料制造业	广东	0.11	广东	0.11	广东	0.11	四川	0.11	四川	0.11	山东	0.13	山东	0.14	山东	0.13	四川	0.12	四川	0.13	四川	0.14	四川	0.15	四川	0.17	四川	0.15	四川	0.16
	山东	0.11	山东	0.11	四川	0.11	山东	0.11	山东	0.11	广东	0.10	四川	0.12	四川	0.12	山东	0.12	山东	0.10	山东	0.10	山东	0.10	山东	0.10	山东	0.08	山东	0.09
	四川	0.09	四川	0.10	山东	0.11	广东	0.11	广东	0.11	四川	0.10	广东	0.10	广东	0.09	广东	0.09	河南	0.08	广东	0.08	河南	0.07	河南	0.08	河南	0.07	河南	0.08
	浙江	0.08	浙江	0.08	浙江	0.08	浙江	0.09	浙江	0.09	江苏	0.08	江苏	0.08	江苏	0.07	河南	0.07	广东	0.08	河南	0.07	广东	0.07	广东	0.07	广东	0.05	广东	0.07
C16烟草制品业	云南	0.26	云南	0.26	云南	0.25	云南	0.24	云南	0.23	云南	0.21	云南	0.21	云南	0.20	云南	0.20	云南	0.19	云南	0.18	云南	0.18	云南	0.18	云南	0.16	云南	0.17
	湖南	0.09	湖南	0.09	湖南	0.09	湖南	0.08	湖南	0.08	湖南	0.09	湖南	0.09	湖南	0.09	湖南	0.09	湖南	0.09	湖南	0.09	上海	0.09	上海	0.11	上海	0.06	上海	0.10
	湖北	0.07	湖北	0.07	上海	0.07	上海	0.07	上海	0.07	上海	0.08	上海	0.07	上海	0.07	上海	0.07	上海	0.07	上海	0.08	湖南	0.09	湖南	0.10	湖南	0.08	湖南	0.09
	贵州	0.07	贵州	0.06	河南	0.06	浙江	0.05	江苏	0.05	江苏	0.06	广东	0.06	江苏	0.07	江苏	0.06	江苏	0.06	湖北	0.06	湖北	0.06	湖北	0.07	湖北	0.06	湖北	0.07

续表

产业＼年份	1999		2000		2001		2002		2003		2004		2005		2006		2007		2008		2009		2010		2011		2012		2013	
	省份	占比	省份	占比	省份	占比	省份	占比	省份	占比	省份	占比	省份	占比	省份	占比	省份	占比	省份	占比	省份	占比	省份	占比	省份	占比	省份	占比	省份	占比
C17 纺织业	江苏	0.24	江苏	0.24	江苏	0.24	江苏	0.24	江苏	0.24	江苏	0.25	江苏	0.24	江苏	0.24	江苏	0.23	江苏	0.23	江苏	0.21	江苏	0.21	山东	0.22	山东	0.21	山东	0.21
	浙江	0.16	浙江	0.17	浙江	0.19	浙江	0.21	浙江	0.22	浙江	0.24	浙江	0.23	浙江	0.23	浙江	0.22	浙江	0.21	山东	0.21	山东	0.20	江苏	0.20	江苏	0.14	江苏	0.19
	山东	0.12	山东	0.12	山东	0.13	山东	0.14	山东	0.14	山东	0.15	山东	0.18	山东	0.19	山东	0.20	山东	0.21	浙江	0.20	浙江	0.20	浙江	0.19	浙江	0.09	浙江	0.18
	广东	0.11	广东	0.10	广东	0.10	广东	0.10	广东	0.10	广东	0.09	广东	0.09	广东	0.08	广东	0.08	广东	0.08	广东	0.08	广东	0.09	广东	0.10	广东	0.07	广东	0.09
C18 纺织服装、鞋、帽制造业	广东	0.27	广东	0.26	广东	0.23	广东	0.23	广东	0.22	江苏	0.23	江苏	0.21	江苏	0.23	江苏	0.23	江苏	0.23	江苏	0.22	江苏	0.21	江苏	0.22	江苏	0.23	江苏	0.21
	江苏	0.18	江苏	0.18	江苏	0.20	浙江	0.20	浙江	0.21	广东	0.20	广东	0.19	广东	0.18	广东	0.18	广东	0.18	广东	0.19	广东	0.19	广东	0.19	广东	0.15	广东	0.18
	浙江	0.16	浙江	0.17	浙江	0.19	江苏	0.19	江苏	0.18	浙江	0.18	浙江	0.19	浙江	0.18	浙江	0.17	浙江	0.15	浙江	0.13	浙江	0.13	浙江	0.12	浙江	0.14	浙江	0.11
	上海	0.09	上海	0.09	上海	0.09	上海	0.09	上海	0.08	山东	0.09	山东	0.10	山东	0.11	山东	0.11	山东	0.11	山东	0.12	山东	0.10	山东	0.11	山东	0.06	山东	0.10
C19 皮革毛皮羽绒及其制品业	广东	0.29	广东	0.27	广东	0.24	浙江	0.25	浙江	0.24	浙江	0.25	浙江	0.24	浙江	0.23	浙江	0.22	广东	0.20	广东	0.19	福建	0.20	福建	0.23	福建	0.24	福建	0.22
	浙江	0.15	浙江	0.18	浙江	0.22	广东	0.24	广东	0.22	广东	0.21	广东	0.20	广东	0.20	广东	0.19	浙江	0.19	福建	0.19	广东	0.20	广东	0.18	广东	0.15	广东	0.17
	福建	0.11	福建	0.11	福建	0.11	福建	0.11	福建	0.12	福建	0.13	福建	0.14	福建	0.15	福建	0.16	福建	0.18	浙江	0.17	浙江	0.16	浙江	0.15	浙江	0.08	浙江	0.14
	山东	0.10	山东	0.10	山东	0.10	江苏	0.09	江苏	0.11	山东	0.10	山东	0.11	山东	0.11	山东	0.10	山东	0.10	山东	0.10	山东	0.08	河北	0.10	河北	0.07	河北	0.09

续表

年份 / 产业	1999		2000		2001		2002		2003		2004		2005		2006		2007		2008		2009		2010		2011		2012		2013	
	省份	占比	省份	占比	省份	占比	省份	占比	省份	占比	省份	占比	省份	占比	省份	占比	省份	占比	省份	占比	省份	占比	省份	占比	省份	占比	省份	占比	省份	占比
C20木材加工及竹、藤、棕、草制品业	广东	0.18	广东	0.18	广东	0.18	广东	0.17	江苏	0.15	江苏	0.17	山东	0.17	山东	0.17	山东	0.18	山东	0.17	山东	0.18	山东	0.15	山东	0.16	山东	0.15	山东	0.15
	江苏	0.14	江苏	0.14	江苏	0.14	江苏	0.16	广东	0.14	浙江	0.13	江苏	0.16	江苏	0.17	江苏	0.16	江苏	0.16	江苏	0.15	江苏	0.15	江苏	0.16	江苏	0.11	江苏	0.15
	上海	0.14	上海	0.12	浙江	0.10	浙江	0.11	浙江	0.12	山东	0.13	浙江	0.12	浙江	0.10	浙江	0.09	广东	0.08	河南	0.07	广东	0.07	吉林	0.07	吉林	0.09	吉林	0.07
	浙江	0.08	浙江	0.10	上海	0.10	上海	0.08	山东	0.09	广东	0.10	广东	0.10	广东	0.09	广东	0.09	浙江	0.08	广东	0.07	河南	0.07	福建	0.07	福建	0.07	福建	0.07
C21家具制造业	广东	0.25	广东	0.25	广东	0.27	广东	0.27	广东	0.31	广东	0.29	广东	0.29	广东	0.27	广东	0.28	广东	0.27	广东	0.25	广东	0.25	广东	0.24	广东	0.22	广东	0.23
	江苏	0.09	浙江	0.09	浙江	0.11	浙江	0.12	浙江	0.12	浙江	0.15	浙江	0.15	浙江	0.15	浙江	0.16	浙江	0.15	山东	0.14	浙江	0.13	浙江	0.13	浙江	0.06	浙江	0.12
	浙江	0.09	山东	0.09	山东	0.09	山东	0.09	山东	0.10	上海	0.11	山东	0.11	山东	0.10	山东	0.11	山东	0.13	浙江	0.13	山东	0.12	山东	0.13	山东	0.06	山东	0.12
	山东	0.09	江苏	0.08	江苏	0.08	江苏	0.08	上海	0.07	山东	0.09	上海	0.10	上海	0.09	上海	0.08	上海	0.06	辽宁	0.07	辽宁	0.07	四川	0.08	四川	0.05	四川	0.08
C22造纸及纸制品业	广东	0.16	广东	0.17	广东	0.16	山东	0.17	山东	0.20	山东	0.21	山东	0.23	山东	0.22	山东	0.21	山东	0.19	山东	0.20	山东	0.18	山东	0.19	山东	0.14	山东	0.18
	山东	0.15	山东	0.15	山东	0.15	广东	0.16	广东	0.16	广东	0.17	广东	0.16	广东	0.16	广东	0.16	广东	0.17	广东	0,15	广东	0.16	广东	0.15	广东	0.12	广东	0.14
	浙江	0.10	江苏	0.12	江苏	0.12	江苏	0.13	浙江	0.12	浙江	0.12	浙江	0.12	浙江	0.12	江苏	0.12	江苏	0.12	江苏	0.12	江苏	0.11	江苏	0.11	江苏	0.09	江苏	0.10
	江苏	0.10	浙江	0.11	浙江	0.12	浙江	0.12	江苏	0.12	江苏	0.12	江苏	0.11	江苏	0.12	浙江	0.11	浙江	0.11	浙江	0.10	浙江	0.10	浙江	0.10	浙江	0.08	浙江	0.09

续表

产业＼年份	1999		2000		2001		2002		2003		2004		2005		2006		2007		2008		2009		2010		2011		2012		2013	
	省份	占比	省份	占比	省份	占比	省份	占比	省份	占比	省份	占比	省份	占比	省份	占比	省份	占比	省份	占比	省份	占比	省份	占比	省份	占比	省份	占比	省份	占比
C23 印刷业和记录媒介复制	广东	0.20	广东	0.20	广东	0.22	广东	0.23	广东	0.26	广东	0.25	广东	0.26	广东	0.25	广东	0.25	广东	0.24	广东	0.24	广东	0.24	广东	0.23	广东	0.17	广东	0.22
	上海	0.09	上海	0.10	上海	0.10	浙江	0.09	浙江	0.11	浙江	0.11	浙江	0.11	浙江	0.12	浙江	0.11	浙江	0.10	山东	0.09	浙江	0.10	山东	0.11	山东	0.07	山东	0.10
	江苏	0.09	江苏	0.09	浙江	0.08	上海	0.09	上海	0.09	上海	0.11	上海	0.09	上海	0.08	山东	0.08	山东	0.09	浙江	0.09	山东	0.09	江苏	0.10	江苏	0.06	江苏	0.09
	北京	0.07	浙江	0.07	江苏	0.07	江苏	0.07	江苏	0.08	江苏	0.08	江苏	0.08	江苏	0.07	上海	0.08	江苏	0.08	江苏	0.08	江苏	0.08	浙江	0.08	浙江	0.04	浙江	0.08
C24 文教体育用品制造业	广东	0.37	广东	0.38	广东	0.35	广东	0.33	广东	0.34	广东	0.35	广东	0.33	广东	0.34	广东	0.35	广东	0.35	广东	0.34	广东	0.34	广东	0.35	广东	0.35	广东	0.33
	江苏	0.16	江苏	0.15	江苏	0.16	江苏	0.17	浙江	0.16	浙江	0.16	浙江	0.17	浙江	0.16	浙江	0.17	江苏	0.16	江苏	0.17	江苏	0.17	江苏	0.17	江苏	0.12	江苏	0.16
	上海	0.13	浙江	0.13	浙江	0.15	浙江	0.16	江苏	0.15	江苏	0.15	江苏	0.15	江苏	0.16	江苏	0.15	浙江	0.15	浙江	0.14	浙江	0.15	浙江	0.14	浙江	0.10	浙江	0.13
	浙江	0.12	上海	0.12	上海	0.13	上海	0.13	上海	0.11	山东	0.11	山东	0.12	山东	0.12	山东	0.11	山东	0.12	山东	0.14	山东	0.11	山东	0.13	山东	0.09	山东	0.12
C25 石油加工、炼焦及核燃料加工业	辽宁	0.16	辽宁	0.16	辽宁	0.16	辽宁	0.16	辽宁	0.16	辽宁	0.15	辽宁	0.14	辽宁	0.14	山东	0.13	山东	0.14	山东	0.14	山东	0.14	山东	0.16	山东	0.13	山东	0.15
	山东	0.11	山东	0.11	广东	0.10	山东	0.09	山东	0.09	山东	0.10	山东	0.11	山东	0.12	辽宁	0.13	辽宁	0.13	辽宁	0.12	辽宁	0.11	辽宁	0.12	辽宁	0.08	辽宁	0.11
	广东	0.10	广东	0.10	山东	0.08	广东	0.09	广东	0.09	广东	0.09	广东	0.08	广东	0.09	广东	0.09	广东	0.09	广东	0.09	广东	0.10	广东	0.10	广东	0.07	广东	0.09
	江苏	0.07	黑龙江	0.08	黑龙江	0.08	上海	0.08	上海	0.08	上海	0.08	上海	0.07	上海	0.06	山西	0.06	山西	0.07	河北	0.06	河北	0.05	河北	0.06	河北	0.05	河北	0.06

续表

年份 产业	1999		2000		2001		2002		2003		2004		2005		2006		2007		2008		2009		2010		2011		2012		2013	
	省份	占比	省份	占比	省份	占比	省份	占比	省份	占比	省份	占比	省份	占比	省份	占比	省份	占比	省份	占比	省份	占比	省份	占比	省份	占比	省份	占比	省份	占比
C26 化学原料及化学制品制造业	江苏	0. 18	江苏	0. 18	江苏	0. 18	江苏	0. 19	江苏	0. 18	江苏	0. 19	江苏	0. 19	江苏	0. 19	江苏	0. 19	江苏	0. 19	山东	0. 19	江苏	0. 19	江苏	0. 20	江苏	0. 15	江苏	0. 19
	广东	0. 09	广东	0. 10	广东	0. 11	广东	0. 11	广东	0. 12	山东	0. 13	山东	0. 16	山东	0. 17	山东	0. 17	山东	0. 17	江苏	0. 19	山东	0. 17	山东	0. 18	山东	0. 07	山东	0. 17
	山东	0. 09	山东	0. 09	山东	0. 10	山东	0. 11	山东	0. 12	广东	0. 11	广东	0. 10	广东	0. 10	广东	0. 10	广东	0. 09	广东	0. 09	广东	0. 09	广东	0. 08	广东	0. 06	广东	0. 08
	上海	0. 07	上海	0. 07	上海	0. 07	浙江	0. 08	浙江	0. 07	浙江	0. 08	浙江	0. 08	浙江	0. 08	浙江	0. 08	浙江	0. 08	浙江	0. 07	浙江	0. 07	浙江	0. 07	浙江	0. 04	浙江	0. 07
C27 医药制造业	广东	0. 10	广东	0. 10	广东	0. 10	江苏	0. 10	江苏	0. 11	江苏	0. 12	山东	0. 13	山东	0. 13	山东	0. 14	山东	0. 14	山东	0. 15	山东	0. 14	山东	0. 15	山东	0. 07	山东	0. 14
	江苏	0. 09	江苏	0. 09	江苏	0. 09	广东	0. 09	浙江	0. 10	山东	0. 10	江苏	0. 11	江苏	0. 11	江苏	0. 10	江苏	0. 11	江苏	0. 12	江苏	0. 12	江苏	0. 13	江苏	0. 06	江苏	0. 12
	上海	0. 08	浙江	0. 09	浙江	0. 09	浙江	0. 09	广东	0. 09	浙江	0. 09	浙江	0. 10	浙江	0. 10	浙江	0. 09	浙江	0. 08	浙江	0. 07	广东	0. 07	河南	0. 07	河南	0. 06	河南	0. 07
	浙江	0. 07	上海	0. 07	河北	0. 07	山东	0. 07	山东	0. 08	广东	0. 08	广东	0. 07	广东	0. 07	广东	0. 07	广东	0. 06	广东	0. 07	浙江	0. 07	广东	0. 06	广东	0. 04	广东	0. 06
C28 化学纤维制造业	江苏	0. 24	江苏	0. 23	江苏	0. 28	江苏	0. 30	江苏	0. 30	浙江	0. 37	浙江	0. 37	浙江	0. 39	浙江	0. 37	浙江	0. 39	浙江	0. 37	浙江	0. 37	浙江	0. 41	浙江	0. 20	浙江	0. 39
	上海	0. 17	上海	0. 19	浙江	0. 19	浙江	0. 21	浙江	0. 30	江苏	0. 27	江苏	0. 30	江苏	0. 31	江苏	0. 31	江苏	0. 32	江苏	0. 34	江苏	0. 34	江苏	0. 37	江苏	0. 16	江苏	0. 35
	浙江	0. 13	浙江	0. 14	山东	0. 12	山东	0. 11	山东	0. 08	山东	0. 07	山东	0. 06	福建	0. 06	福建	0. 06	福建	0. 06	福建	0. 07	福建	0. 07	福建	0. 07	福建	0. 07	福建	0. 07
	山东	0. 10	山东	0. 09	广东	0. 06	福建	0. 06	福建	0. 05	上海	0. 04	福建	0. 05	广东	0. 04	广东	0. 04	广东	0. 04	山东	0. 04	广东	0. 04	广东	0. 03	广东	0. 03	广东	0. 03

续表

产业＼年份	1999		2000		2001		2002		2003		2004		2005		2006		2007		2008		2009		2010		2011		2012		2013	
	省份	占比	省份	占比	省份	占比	省份	占比	省份	占比	省份	占比	省份	占比	省份	占比	省份	占比	省份	占比	省份	占比	省份	占比	省份	占比	省份	占比	省份	占比
C29橡胶制品业	山东	0.23	山东	0.23	山东	0.27	山东	0.31	山东	0.31	山东	0.29	山东	0.29	山东	0.28	山东	0.28	山东	0.29	山东	0.31	山东	0.30	山东	0.37	山东	0.31	山东	0.35
	江苏	0.10	江苏	0.11	江苏	0.11	江苏	0.11	江苏	0.11	江苏	0.11	江苏	0.12	江苏	0.13	江苏	0.13	江苏	0.14	江苏	0.13	江苏	0.12	江苏	0.11	江苏	0.08	江苏	0.10
	广东	0.10	广东	0.10	广东	0.09	浙江	0.08	浙江	0.09	浙江	0.10	浙江	0.11	浙江	0.10	浙江	0.10	浙江	0.09	浙江	0.09	浙江	0.09	浙江	0.08	浙江	0.07	浙江	0.08
	上海	0.08	浙江	0.09	浙江	0.08	广东	0.08	广东	0.07	广东	0.08	广东	0.08	广东	0.08	广东	0.08	广东	0.08	广东	0.08	广东	0.07	河南	0.06	河南	0.06	河南	0.06
C30塑料制品业	广东	0.27	广东	0.28	广东	0.26	广东	0.26	广东	0.26	广东	0.25	广东	0.25	广东	0.25	广东	0.25	广东	0.24	广东	0.24	广东	0.24	广东	0.23	广东	0.21	广东	0.22
	江苏	0.16	江苏	0.15	江苏	0.14	浙江	0.15	浙江	0.16	浙江	0.17	浙江	0.18	浙江	0.18	浙江	0.17	浙江	0.15	浙江	0.14	浙江	0.14	浙江	0.14	浙江	0.12	浙江	0.13
	浙江	0.11	浙江	0.12	浙江	0.13	江苏	0.14	江苏	0.14	江苏	0.15	江苏	0.13	江苏	0.13	江苏	0.12	江苏	0.12	江苏	0.11	江苏	0.11	江苏	0.10	江苏	0.09	江苏	0.09
	山东	0.08	山东	0.08	上海	0.08	山东	0.08	山东	0.08	上海	0.08	山东	0.08	山东	0.09	山东	0.10	山东	0.09	山东	0.10	山东	0.09	山东	0.08	山东	0.07	山东	0.08
C31非金属矿物制品业	广东	0.15	广东	0.14	广东	0.13	山东	0.14	山东	0.17	山东	0.17	山东	0.19	山东	0.19	山东	0.18	山东	0.17	山东	0.17	山东	0.15	山东	0.15	山东	0.11	山东	0.14
	山东	0.12	山东	0.12	山东	0.13	广东	0.13	广东	0.12	广东	0.12	广东	0.11	广东	0.12	河南	0.12	河南	0.12	河南	0.12	河南	0.12	河南	0.14	河南	0.09	河南	0.13
	江苏	0.10	江苏	0.11	江苏	0.11	江苏	0.11	江苏	0.09	江苏	0.10	河南	0.09	河南	0.10	广东	0.12	广东	0.11	广东	0.09	广东	0.10	广东	0.08	广东	0.08	广东	0.08
	河南	0.08	河南	0.08	河南	0.08	河南	0.08	河南	0.08	河南	0.08	江苏	0.09	江苏	0.09	江苏	0.08	江苏	0.09	江苏	0.08	江苏	0.08	江苏	0.08	江苏	0.05	江苏	0.08

续表

产业＼年份	1999		2000		2001		2002		2003		2004		2005		2006		2007		2008		2009		2010		2011		2012		2013	
	省份	占比	省份	占比	省份	占比	省份	占比	省份	占比	省份	占比	省份	占比	省份	占比	省份	占比	省份	占比	省份	占比	省份	占比	省份	占比	省份	占比	省份	占比
C32黑色金属冶炼及压延加工业	上海	0.13	上海	0.12	上海	0.12	河北	0.12	河北	0.15	河北	0.15	河北	0.16	河北	0.16	河北	0.16	河北	0.18	河北	0.17	河北	0.17	河北	0.19	河北	0.09	河北	0.18
	河北	0.11	河北	0.11	河北	0.11	江苏	0.12	江苏	0.12	江苏	0.14	江苏	0.14	江苏	0.15	江苏	0.15	江苏	0.14	江苏	0.15	江苏	0.14	江苏	0.14	江苏	0.08	江苏	0.13
	辽宁	0.11	辽宁	0.10	江苏	0.10	辽宁	0.10	辽宁	0.09	辽宁	0.09	山东	0.09	山东	0.09	山东	0.08	山东	0.08	山东	0.08	辽宁	0.08	山东	0.08	山东	0.07	山东	0.08
	江苏	0.09	江苏	0.10	辽宁	0.10	上海	0.09	上海	0.08	山东	0.08	辽宁	0.08	辽宁	0.08	辽宁	0.07	辽宁	0.07	辽宁	0.08	山东	0.07	辽宁	0.07	辽宁	0.07	辽宁	0.07
C33有色金属冶炼及压延加工业	江苏	0.10	江苏	0.10	江苏	0.10	江苏	0.11	江苏	0.11	江苏	0.11	江苏	0.11	江苏	0.11	江苏	0.11	河南	0.11	江苏	0.11	江苏	0.10	山东	0.12	山东	0.07	山东	0.11
	广东	0.08	河南	0.07	河南	0.08	河南	0.08	浙江	0.09	浙江	0.09	浙江	0.09	浙江	0.09	河南	0.10	江苏	0.10	山东	0.11	山东	0.10	河南	0.11	河南	0.06	河南	0.10
	河南	0.07	广东	0.07	浙江	0.07	浙江	0.08	河南	0.08	河南	0.09	河南	0.09	河南	0.09	山东	0.09	山东	0.10	河南	0.10	河南	0.10	江西	0.11	江西	0.06	江西	0.10
	浙江	0.06	浙江	0.06	广东	0.07	广东	0.07	广东	0.08	广东	0.08	山东	0.08	广东	0.08	广东	0.08	广东	0.09	广东	0.09	江西	0.09	江苏	0.08	江苏	0.07	江苏	0.08
C34金属制品业	广东	0.23	广东	0.24	广东	0.24	广东	0.24	广东	0.23	广东	0.23	广东	0.22	广东	0.23	广东	0.23	广东	0.21	广东	0.20	广东	0.20	广东	0.20	广东	0.18	广东	0.19
	江苏	0.16	江苏	0.16	江苏	0.16	江苏	0.16	江苏	0.20	江苏	0.18	江苏	0.18	江苏	0.18	江苏	0.18	江苏	0.18	江苏	0.18	江苏	0.18	江苏	0.17	江苏	0.13	江苏	0.16
	上海	0.11	上海	0.10	浙江	0.11	浙江	0.13	浙江	0.13	浙江	0.13	浙江	0.13	浙江	0.13	浙江	0.13	浙江	0.12	山东	0.11	山东	0.10	山东	0.11	山东	0.07	山东	0.10
	浙江	0.09	浙江	0.10	上海	0.10	上海	0.10	上海	0.09	上海	0.11	山东	0.10	山东	0.10	山东	0.11	山东	0.10	浙江	0.11	浙江	0.10	浙江	0.10	浙江	0.07	浙江	0.09

续表

年份 产业	1999		2000		2001		2002		2003		2004		2005		2006		2007		2008		2009		2010		2011		2012		2013	
	省份	占比	省份	占比	省份	占比	省份	占比	省份	占比	省份	占比	省份	占比	省份	占比	省份	占比	省份	占比	省份	占比	省份	占比	省份	占比	省份	占比	省份	占比
C35 通用设备制造业	江苏	0.23	江苏	0.23	江苏	0.22	江苏	0.22	江苏	0.21	江苏	0.20	江苏	0.18	江苏	0.18	江苏	0.18	江苏	0.18	山东	0.18	江苏	0.18	山东	0.18	山东	0.20	山东	0.17
	山东	0.11	浙江	0.13	浙江	0.14	浙江	0.14	浙江	0.15	浙江	0.16	浙江	0.15	山东	0.16	山东	0.16	山东	0.16	江苏	0.17	山东	0.17	江苏	0.17	江苏	0.10	江苏	0.16
	上海	0.11	山东	0.12	山东	0.12	山东	0.12	山东	0.14	山东	0.14	山东	0.15	浙江	0.15	浙江	0.14	浙江	0.12	浙江	0.10	浙江	0.11	辽宁	0.11	辽宁	0.09	辽宁	0.10
	浙江	0.11	上海	0.10	上海	0.10	上海	0.11	上海	0.12	上海	0.12	上海	0.12	上海	0.11	上海	0.10	辽宁	0.09	辽宁	0.10	辽宁	0.10	浙江	0.11	浙江	0.07	浙江	0.10
C36 专用设备制造业	山东	0.20	山东	0.20	山东	0.19	山东	0.19	山东	0.19	山东	0.17	山东	0.17	山东	0.17	山东	0.16	山东	0.15	山东	0.16	江苏	0.15	江苏	0.16	江苏	0.17	江苏	0.15
	江苏	0.16	江苏	0.16	江苏	0.17	江苏	0.16	江苏	0.14	江苏	0.15	江苏	0.14	江苏	0.14	江苏	0.13	江苏	0.14	江苏	0.14	山东	0.15	山东	0.15	山东	0.13	山东	0.14
	河南	0.08	浙江	0.08	浙江	0.09	浙江	0.11	浙江	0.10	广东	0.09	广东	0.09	广东	0.09	广东	0.09	广东	0.08	河南	0.08	河南	0.08	湖南	0.11	湖南	0.09	湖南	0.10
	上海	0.07	河南	0.07	上海	0.08	上海	0.07	上海	0.07	浙江	0.08	浙江	0.08	浙江	0.08	浙江	0.08	河南	0.07	辽宁	0.08	湖南	0.07	河南	0.08	河南	0.04	河南	0.08
C37 交通运输设备制造业	上海	0.15	上海	0.14	上海	0.14	上海	0.13	上海	0.14	上海	0.11	广东	0.10	广东	0.11	广东	0.11	江苏	0.11	江苏	0.12	江苏	0.12	江苏	0.13	江苏	0.11	江苏	0.12
	江苏	0.10	吉林	0.10	吉林	0.12	吉林	0.12	吉林	0.11	吉林	0.10	江苏	0.09	上海	0.09	江苏	0.09	广东	0.10	广东	0.10	山东	0.10	山东	0.10	山东	0.07	山东	0.09
	吉林	0.09	江苏	0.10	江苏	0.09	江苏	0.09	江苏	0.09	广东	0.09	上海	0.09	江苏	0.09	山东	0.09	山东	0.09	山东	0.10	广东	0.09	广东	0.10	广东	0.07	广东	0.09
	湖北	0.09	广东	0.09	广东	0.08	湖北	0.09	广东	0.08	江苏	0.09	吉林	0.08	山东	0.08	上海	0.09	浙江	0.08	上海	0.08	上海	0.08	上海	0.08	上海	0.06	上海	0.08

续表

年份 产业	1999		2000		2001		2002		2003		2004		2005		2006		2007		2008		2009		2010		2011		2012		2013	
	省份	占比	省份	占比	省份	占比	省份	占比	省份	占比	省份	占比	省份	占比	省份	占比	省份	占比	省份	占比	省份	占比	省份	占比	省份	占比	省份	占比	省份	占比
C39电气机械及器材制造业	广东	0. 24	广东	0. 25	广东	0. 25	广东	0. 25	广东	0. 27	广东	0. 27	广东	0. 27	广东	0. 27	广东	0. 26	广东	0. 23	广东	0. 22	广东	0. 22	江苏	0. 24	江苏	0. 22	江苏	0. 23
	江苏	0. 15	江苏	0. 15	江苏	0. 15	江苏	0. 15	江苏	0. 14	江苏	0. 16	江苏	0. 15	江苏	0. 16	江苏	0. 17	江苏	0. 19	江苏	0. 19	江苏	0. 20	广东	0. 20	广东	0. 18	广东	0. 19
	山东	0. 12	山东	0. 12	浙江	0. 12	浙江	0. 14	浙江	0. 14	浙江	0. 13	浙江	0. 13	浙江	0. 13	浙江	0. 13	浙江	0. 12	山东	0. 11	浙江	0. 11	浙江	0. 11	浙江	0. 09	浙江	0. 10
	浙江	0. 10	浙江	0. 11	山东	0. 12	山东	0. 12	山东	0. 12	山东	0. 12	山东	0. 13	山东	0. 12	山东	0. 11	山东	0. 11	浙江	0. 11	山东	0. 10	山东	0. 10	山东	0. 08	山东	0. 09
C40电子及通信设备制造业	广东	0. 33	广东	0. 32	广东	0. 35	广东	0. 37	广东	0. 38	广东	0. 36	广东	0. 36	广东	0. 36	广东	0. 34	广东	0. 35	广东	0. 35	广东	0. 35	广东	0. 36	广东	0. 29	广东	0. 34
	江苏	0. 12	江苏	0. 13	江苏	0. 12	江苏	0. 13	江苏	0. 16	江苏	0. 20	江苏	0. 20	江苏	0. 19	江苏	0. 21	江苏	0. 23	江苏	0. 23	江苏	0. 24	江苏	0. 24	江苏	0. 20	江苏	0. 23
	上海	0. 10	北京	0. 11	上海	0. 11	上海	0. 10	上海	0. 12	上海	0. 13	上海	0. 13	上海	0. 12	上海	0. 13	上海	0. 12	上海	0. 11	上海	0. 11	上海	0. 11	上海	0. 08	上海	0. 10
	北京	0. 10	上海	0. 10	北京	0. 11	北京	0. 08	北京	0. 06	天津	0. 06	北京	0. 07	北京	0. 07	北京	0. 07	山东	0. 06	山东	0. 06	山东	0. 06	山东	0. 06	山东	0. 07	山东	0. 06
C41仪器仪表及文化、办公机械制造业	广东	0. 35	广东	0. 35	广东	0. 35	广东	0. 36	广东	0. 37	广东	0. 35	广东	0. 33	广东	0. 31	广东	0. 31	广东	0. 27	江苏	0. 25	江苏	0. 27	江苏	0. 34	江苏	0. 32	江苏	0. 32
	江苏	0. 14	江苏	0. 15	江苏	0. 15	江苏	0. 13	江苏	0. 13	江苏	0. 15	江苏	0. 16	江苏	0. 18	江苏	0. 19	江苏	0. 23	广东	0. 23	广东	0. 22	广东	0. 21	广东	0. 12	广东	0. 20
	上海	0. 12	上海	0. 11	上海	0. 11	上海	0. 11	浙江	0. 11	上海	0. 11	浙江	0. 11	浙江	0. 11	浙江	0. 12	浙江	0. 10	浙江	0. 11	浙江	0. 11	浙江	0. 11	浙江	0. 08	浙江	0. 10
	浙江	0. 09	浙江	0. 10	浙江	0. 09	浙江	0. 08	上海	0. 11	浙江	0. 09	上海	0. 10	上海	0. 08	上海	0. 07	上海	0. 07	山东	0. 06	上海	0. 06	山东	0. 06	山东	0. 07	山东	0. 06

附录 2　四大板块产业占有率（1999—2013年）

	1999				2000				2001				2002				2003				2004				2005				2006	
	东部	中部	西部	东北	东部	中部	西部	东北	东部	中部	西部	东北	东部	中部	西部	东北	东部	中部	西部	东北	东部	中部	西部	东北	东部	中部	西部	东北	东部	中部
C13	0. 56	0. 20	0. 14	0. 09	0. 57	0. 20	0. 14	0. 09	0. 59	0. 19	0. 13	0. 08	0. 59	0. 18	0. 14	0. 09	0. 59	0. 17	0. 14	0. 09	0. 60	0. 16	0. 14	0. 10	0. 58	0. 17	0. 14	0. 11	0. 56	0. 18
C14	0. 57	0. 20	0. 14	0. 09	0. 67	0. 15	0. 10	0. 09	0. 66	0. 14	0. 10	0. 10	0. 64	0. 15	0. 11	0. 10	0. 63	0. 17	0. 13	0. 07	0. 62	0. 17	0. 15	0. 07	0. 61	0. 18	0. 15	0. 07	0. 58	0. 20
C15	0. 55	0. 19	0. 18	0. 08	0. 56	0. 18	0. 19	0. 07	0. 56	0. 17	0. 20	0. 07	0. 56	0. 16	0. 21	0. 07	0. 57	0. 15	0. 21	0. 08	0. 56	0. 16	0. 21	0. 07	0. 54	0. 16	0. 22	0. 07	0. 50	0. 18
C16	0. 27	0. 27	0. 44	0. 03	0. 27	0. 27	0. 44	0. 02	0. 30	0. 26	0. 41	0. 03	0. 34	0. 24	0. 39	0. 03	0. 35	0. 24	0. 38	0. 03	0. 36	0. 25	0. 36	0. 03	0. 35	0. 26	0. 36	0. 03	0. 36	0. 26
C17	0. 77	0. 14	0. 06	0. 03	0. 77	0. 13	0. 06	0. 03	0. 80	0. 12	0. 06	0. 03	0. 81	0. 11	0. 05	0. 02	0. 83	0. 10	0. 05	0. 02	0. 85	0. 09	0. 05	0. 02	0. 85	0. 09	0. 05	0. 02	0. 84	0. 09
C18	0. 88	0. 07	0. 02	0. 03	0. 86	0. 08	0. 03	0. 02	0. 69	0. 14	0. 06	0. 11	0. 77	0. 10	0. 06	0. 07	0. 70	0. 16	0. 09	0. 06	0. 67	0. 14	0. 15	0. 04	0. 95	0. 03	0. 02	0. 01	0. 51	0. 17
C19	0. 86	0. 08	0. 03	0. 02	0. 86	0. 09	0. 03	0. 02	0. 87	0. 08	0. 03	0. 02	0. 89	0. 07	0. 02	0. 01	0. 90	0. 06	0. 03	0. 01	0. 88	0. 06	0. 04	0. 02	0. 87	0. 07	0. 04	0. 03	0. 86	0. 08
C20	0. 69	0. 14	0. 06	0. 11	0. 70	0. 13	0. 06	0. 11	0. 69	0. 14	0. 05	0. 12	0. 70	0. 14	0. 05	0. 12	0. 68	0. 15	0. 06	0. 11	0. 70	0. 14	0. 06	0. 10	0. 68	0. 15	0. 06	0. 11	0. 66	0. 16
C21	0. 77	0. 10	0. 06	0. 07	0. 77	0. 10	0. 06	0. 07	0. 80	0. 09	0. 04	0. 06	0. 81	0. 09	0. 03	0. 06	0. 84	0. 07	0. 03	0. 06	0. 85	0. 05	0. 04	0. 06	0. 84	0. 06	0. 04	0. 06	0. 81	0. 07
C22	0. 70	0. 16	0. 09	0. 06	0. 72	0. 14	0. 09	0. 05	0. 72	0. 14	0. 09	0. 05	0. 74	0. 14	0. 08	0. 04	0. 76	0. 14	0. 07	0. 04	0. 77	0. 13	0. 07	0. 03	0. 76	0. 14	0. 07	0. 03	0. 76	0. 15

续表

	1999				2000				2001				2002				2003				2004				2005				2006	
	东部	中部	西部	东北	东部	中部	西部	东北	东部	中部	西部	东北	东部	中部	西部	东北	东部	中部	西部	东北	东部	中部	西部	东北	东部	中部	西部	东北	东部	中部
C23	0.67	0.14	0.15	0.04	0.68	0.14	0.14	0.03	0.69	0.14	0.14	0.03	0.70	0.15	0.13	0.02	0.73	0.14	0.11	0.02	0.75	0.12	0.11	0.03	0.74	0.13	0.10	0.03	0.73	0.13
C24	0.95	0.03	0.02	0.01	0.95	0.03	0.02	0.01	0.94	0.03	0.02	0.01	0.95	0.03	0.01	0.01	0.95	0.03	0.01	0.01	0.95	0.03	0.01	0.01	0.95	0.03	0.01	0.01	0.95	0.03
C25	0.51	0.17	0.09	0.23	0.51	0.15	0.09	0.25	0.49	0.14	0.12	0.25	0.50	0.15	0.11	0.24	0.49	0.16	0.12	0.24	0.49	0.17	0.13	0.21	0.50	0.16	0.14	0.20	0.50	0.15
C26	0.62	0.16	0.13	0.10	0.62	0.14	0.12	0.11	0.66	0.14	0.11	0.09	0.67	0.14	0.11	0.08	0.69	0.13	0.11	0.08	0.70	0.12	0.11	0.07	0.68	0.13	0.12	0.07	0.69	0.13
C27	0.55	0.16	0.17	0.11	0.56	0.16	0.17	0.12	0.57	0.15	0.17	0.11	0.57	0.15	0.17	0.11	0.58	0.15	0.16	0.10	0.59	0.15	0.16	0.09	0.59	0.15	0.16	0.10	0.58	0.17
C28	0.80	0.10	0.04	0.05	0.81	0.10	0.04	0.05	0.79	0.10	0.05	0.06	0.80	0.10	0.04	0.05	0.83	0.09	0.04	0.04	0.83	0.08	0.03	0.05	0.85	0.07	0.04	0.04	0.86	0.07
C29	0.73	0.13	0.08	0.06	0.73	0.12	0.07	0.07	0.74	0.12	0.07	0.07	0.76	0.12	0.06	0.06	0.77	0.12	0.06	0.05	0.79	0.10	0.05	0.06	0.78	0.11	0.05	0.06	0.78	0.11
C30	0.83	0.09	0.04	0.04	0.82	0.09	0.05	0.04	0.81	0.09	0.05	0.05	0.83	0.09	0.05	0.04	0.84	0.08	0.04	0.04	0.84	0.07	0.05	0.04	0.83	0.09	0.05	0.04	0.82	0.09
C31	0.59	0.21	0.12	0.07	0.59	0.21	0.12	0.08	0.61	0.20	0.12	0.07	0.61	0.20	0.13	0.06	0.62	0.20	0.12	0.06	0.65	0.18	0.11	0.06	0.64	0.20	0.11	0.06	0.62	0.20
C32	0.53	0.19	0.16	0.13	0.54	0.18	0.15	0.13	0.55	0.18	0.14	0.12	0.55	0.19	0.14	0.12	0.57	0.19	0.13	0.11	0.59	0.18	0.13	0.10	0.60	0.18	0.13	0.09	0.61	0.17
C33	0.41	0.25	0.27	0.07	0.40	0.26	0.27	0.07	0.41	0.26	0.26	0.06	0.42	0.25	0.26	0.07	0.44	0.26	0.25	0.05	0.46	0.26	0.23	0.05	0.45	0.27	0.23	0.04	0.44	0.28
C34	0.81	0.10	0.05	0.05	0.82	0.08	0.05	0.05	0.82	0.08	0.05	0.05	0.84	0.07	0.05	0.04	0.86	0.07	0.04	0.04	0.86	0.07	0.04	0.04	0.85	0.08	0.03	0.04	0.84	0.08
C35	0.71	0.11	0.09	0.09	0.72	0.11	0.08	0.08	0.74	0.10	0.08	0.09	0.74	0.10	0.08	0.08	0.76	0.10	0.06	0.08	0.76	0.09	0.06	0.08	0.75	0.10	0.06	0.09	0.74	0.09
C36	0.68	0.19	0.07	0.06	0.70	0.17	0.07	0.06	0.70	0.17	0.08	0.06	0.70	0.17	0.08	0.05	0.66	0.17	0.11	0.06	0.69	0.15	0.10	0.07	0.67	0.16	0.10	0.07	0.65	0.17
C37	0.55	0.17	0.12	0.16	0.53	0.16	0.13	0.18	0.52	0.17	0.13	0.18	0.52	0.17	0.12	0.18	0.56	0.14	0.13	0.17	0.56	0.15	0.13	0.16	0.57	0.15	0.13	0.15	0.58	0.14
C39	0.81	0.10	0.05	0.04	0.81	0.09	0.05	0.04	0.82	0.09	0.05	0.04	0.83	0.09	0.05	0.03	0.84	0.08	0.05	0.03	0.85	0.08	0.04	0.03	0.83	0.08	0.05	0.04	0.83	0.08
C40	0.84	0.07	0.07	0.03	0.85	0.06	0.06	0.03	0.85	0.06	0.06	0.03	0.84	0.06	0.06	0.03	0.88	0.04	0.05	0.03	0.88	0.05	0.05	0.03	0.88	0.05	0.04	0.02	0.87	0.06
C41	0.84	0.07	0.07	0.03	0.85	0.06	0.06	0.03	0.85	0.06	0.06	0.03	0.84	0.06	0.06	0.03	0.88	0.04	0.05	0.03	0.88	0.05	0.05	0.03	0.88	0.05	0.04	0.02	0.87	0.06

续表

	2006		2007				2008				2009				2010				2011				2012				2013			
	西部	东北	东部	中部	西部	东北	东部	中部	西部	东北	东部	中部	西部	东北	东部	中部	西部	东北	东部	中部	西部	东北	东部	中部	西部	东北	东部	中部	西部	东北
C13	0.15	0.12	0.54	0.19	0.15	0.12	0.51	0.20	0.15	0.14	0.49	0.21	0.16	0.15	0.45	0.23	0.16	0.16	0.42	0.21	0.18	0.13	0.44	0.23	0.17	0.16	0.42	0.25	0.16	0.17
C14	0.15	0.08	0.57	0.21	0.15	0.08	0.54	0.22	0.16	0.09	0.53	0.22	0.16	0.10	0.51	0.23	0.17	0.10	0.48	0.21	0.19	0.12	0.50	0.23	0.18	0.09	0.50	0.25	0.16	0.09
C15	0.24	0.08	0.48	0.20	0.25	0.08	0.45	0.21	0.25	0.09	0.43	0.21	0.27	0.09	0.40	0.23	0.28	0.09	0.37	0.21	0.30	0.07	0.39	0.23	0.28	0.10	0.38	0.24	0.29	0.09
C16	0.35	0.03	0.36	0.27	0.34	0.03	0.36	0.26	0.34	0.03	0.35	0.26	0.35	0.04	0.37	0.26	0.33	0.04	0.34	0.24	0.35	0.05	0.36	0.26	0.33	0.05	0.36	0.27	0.33	0.04
C17	0.05	0.02	0.83	0.10	0.05	0.02	0.82	0.11	0.05	0.02	0.80	0.12	0.06	0.02	0.79	0.13	0.06	0.02	0.76	0.11	0.08	0.09	0.80	0.12	0.08	0.01	0.76	0.16	0.06	0.02
C18	0.09	0.23	0.62	0.16	0.13	0.10	0.55	0.16	0.17	0.11	0.80	0.10	0.04	0.05	0.73	0.13	0.08	0.06	0.70	0.11	0.10	0.04	0.74	0.12	0.09	0.05	0.77	0.15	0.03	0.05
C19	0.04	0.03	0.84	0.09	0.05	0.03	0.82	0.10	0.06	0.02	0.81	0.12	0.06	0.01	0.80	0.13	0.06	0.01	0.77	0.11	0.08	0.18	0.81	0.12	0.08	0.00	0.77	0.16	0.05	0.02
C20	0.07	0.11	0.64	0.17	0.08	0.11	0.59	0.20	0.08	0.12	0.57	0.20	0.09	0.14	0.53	0.22	0.10	0.15	0.50	0.20	0.12	0.12	0.53	0.22	0.11	0.15	0.51	0.22	0.11	0.16
C21	0.05	0.08	0.79	0.07	0.05	0.09	0.77	0.09	0.06	0.08	0.73	0.11	0.07	0.09	0.70	0.13	0.08	0.09	0.67	0.11	0.10	0.07	0.70	0.12	0.09	0.08	0.66	0.15	0.11	0.08
C22	0.07	0.03	0.74	0.16	0.07	0.03	0.72	0.17	0.07	0.03	0.70	0.18	0.09	0.04	0.68	0.18	0.10	0.04	0.65	0.16	0.12	0.07	0.68	0.17	0.11	0.03	0.65	0.20	0.10	0.05
C23	0.10	0.03	0.71	0.14	0.11	0.04	0.70	0.15	0.11	0.04	0.69	0.16	0.11	0.04	0.67	0.17	0.11	0.04	0.64	0.15	0.13	0.05	0.67	0.16	0.12	0.04	0.64	0.20	0.12	0.04
C24	0.01	0.01	0.94	0.04	0.01	0.01	0.93	0.05	0.01	0.01	0.92	0.05	0.01	0.01	0.90	0.07	0.01	0.02	0.87	0.05	0.03	0.19	0.91	0.05	0.03	0.00	0.87	0.10	0.01	0.02
C25	0.15	0.20	0.50	0.16	0.16	0.18	0.49	0.17	0.17	0.18	0.50	0.15	0.17	0.17	0.52	0.15	0.18	0.16	0.49	0.13	0.20	0.10	0.51	0.14	0.19	0.16	0.52	0.14	0.19	0.15
C26	0.11	0.07	0.68	0.14	0.11	0.07	0.67	0.15	0.12	0.06	0.66	0.15	0.12	0.07	0.65	0.16	0.12	0.07	0.62	0.14	0.14	0.13	0.65	0.15	0.13	0.07	0.63	0.18	0.12	0.07
C27	0.16	0.10	0.56	0.18	0.16	0.10	0.55	0.19	0.16	0.10	0.55	0.19	0.16	0.10	0.54	0.20	0.15	0.10	0.51	0.18	0.17	0.05	0.54	0.19	0.16	0.11	0.51	0.21	0.16	0.11
C28	0.03	0.04	0.86	0.07	0.03	0.04	0.86	0.06	0.04	0.04	0.87	0.04	0.05	0.04	0.87	0.06	0.05	0.02	0.84	0.04	0.07	0.09	0.88	0.04	0.07	0.01	0.89	0.06	0.03	0.02

续表

	2006		2007				2008				2009				2010				2011				2012				2013			
	西部	东北	东部	中部	西部	东北	东部	中部	西部	东北	东部	中部	西部	东北	东部	中部	西部	东北	东部	中部	西部	东北	东部	中部	西部	东北	东部	中部	西部	东北
C29	0. 06	0. 05	0. 77	0. 13	0. 05	0. 05	0. 76	0. 12	0. 05	0. 06	0. 76	0. 13	0. 06	0. 06	0. 74	0. 13	0. 06	0. 06	0. 71	0. 11	0. 08	0. 10	0. 75	0. 12	0. 08	0. 06	0. 74	0. 14	0. 06	0. 06
C30	0. 05	0. 05	0. 81	0. 09	0. 05	0. 05	0. 78	0. 10	0. 06	0. 06	0. 75	0. 11	0. 06	0. 07	0. 73	0. 13	0. 07	0. 07	0. 70	0. 11	0. 09	0. 13	0. 74	0. 12	0. 08	0. 06	0. 69	0. 16	0. 08	0. 08
C31	0. 11	0. 07	0. 59	0. 22	0. 11	0. 07	0. 56	0. 24	0. 12	0. 09	0. 52	0. 25	0. 14	0. 10	0. 49	0. 26	0. 15	0. 10	0. 46	0. 24	0. 17	0. 12	0. 48	0. 26	0. 16	0. 10	0. 46	0. 29	0. 15	0. 10
C32	0. 13	0. 09	0. 60	0. 19	0. 13	0. 09	0. 59	0. 19	0. 14	0. 09	0. 59	0. 18	0. 15	0. 09	0. 57	0. 19	0. 14	0. 09	0. 54	0. 17	0. 16	0. 07	0. 57	0. 18	0. 15	0. 10	0. 56	0. 20	0. 15	0. 09
C33	0. 24	0. 04	0. 42	0. 29	0. 24	0. 04	0. 42	0. 32	0. 22	0. 04	0. 43	0. 30	0. 22	0. 05	0. 41	0. 32	0. 22	0. 04	0. 38	0. 30	0. 24	0. 10	0. 40	0. 32	0. 23	0. 05	0. 39	0. 35	0. 23	0. 04
C34	0. 04	0. 05	0. 83	0. 08	0. 04	0. 05	0. 79	0. 09	0. 05	0. 07	0. 76	0. 10	0. 06	0. 07	0. 74	0. 12	0. 06	0. 07	0. 71	0. 10	0. 08	0. 15	0. 75	0. 11	0. 08	0. 07	0. 72	0. 13	0. 07	0. 07
C35	0. 07	0. 10	0. 73	0. 10	0. 07	0. 10	0. 71	0. 11	0. 07	0. 11	0. 68	0. 12	0. 08	0. 12	0. 66	0. 13	0. 08	0. 12	0. 63	0. 11	0. 10	0. 13	0. 66	0. 12	0. 09	0. 13	0. 63	0. 16	0. 09	0. 12
C36	0. 10	0. 08	0. 64	0. 17	0. 10	0. 09	0. 61	0. 18	0. 11	0. 10	0. 59	0. 20	0. 11	0. 11	0. 58	0. 22	0. 10	0. 10	0. 55	0. 20	0. 12	0. 16	0. 58	0. 22	0. 11	0. 09	0. 55	0. 25	0. 10	0. 10
C37	0. 13	0. 15	0. 57	0. 14	0. 14	0. 15	0. 57	0. 16	0. 13	0. 14	0. 58	0. 15	0. 14	0. 14	0. 57	0. 16	0. 13	0. 13	0. 54	0. 14	0. 15	0. 08	0. 57	0. 15	0. 14	0. 14	0. 56	0. 17	0. 14	0. 14
C39	0. 05	0. 04	0. 81	0. 10	0. 05	0. 04	0. 79	0. 11	0. 05	0. 04	0. 77	0. 12	0. 06	0. 05	0. 75	0. 13	0. 07	0. 05	0. 72	0. 11	0. 09	0. 07	0. 76	0. 12	0. 08	0. 04	0. 74	0. 15	0. 07	0. 04
C40	0. 04	0. 02	0. 86	0. 07	0. 04	0. 03	0. 84	0. 08	0. 05	0. 03	0. 82	0. 09	0. 05	0. 04	0. 82	0. 09	0. 05	0. 04	0. 79	0. 07	0. 07	0. 07	0. 83	0. 08	0. 07	0. 03	0. 87	0. 06	0. 06	0. 02
C41	0. 04	0. 02	0. 86	0. 07	0. 04	0. 03	0. 84	0. 08	0. 05	0. 03	0. 82	0. 09	0. 05	0. 04	0. 82	0. 09	0. 05	0. 04	0. 79	0. 07	0. 07	0. 03	0. 83	0. 08	0. 07	0. 03	0. 81	0. 11	0. 05	0. 03

参考文献

Asilis. C. M. & Rivera. Batiz, L. A. "Geography, Trade Patterns and Economic Policy. In the Location of Economic Activity: New Theories and Evidence", *Consorcio da Zona Franca de Vigo and CEPR*, 2003.

Becker Gray., Murphy Kevin, "The Division of Labor, Coordination Costs, and Knowledge", *The Quarterly Journal of Economics*, Vol CVII, Vol. 107, No. 4, November 1992, pp. 1137 – 1160.

Brakman, S, Garretsen. H, Gigengack. R, Marrewijk C. V. and Wagenvoort. R. C, "Congestion and Industrial Location", *Mined University of Groningen*, No. 554, 1994.

Chen J., Fleisher B. M, "The Coast Noncoast Income Gap, Productivity, and Regional Economic Policy in China", *Journal of Comparative Economics*, Vol. 25, No. 2, 1997, pp. 220 – 236.

Demurger S., Jeffrey D., Sachs, et al., "Geography, Economic Policy and Regional Development", *The American Economic Review*, Vol. 4, 2001, pp. 146 – 197.

Demurger S., "Infrastructure Development and Economic Growth. An Explanation for Regional Disparities in China", *Journal of Comparative Economics*, Vol. 29, No. 1, 2001, pp. 95 – 117.

Elizondo. L. and Krugman. P, "Trade Policy and the Third world MetroPolis", *Journal of Development Economics*, Vol. 49, No. 1, 1996, pp. 137 – 150.

Fu X., "Limited Linkages from Growth Engines and Regional Disparities in

China", *Journal of Comparative Economics*, Vol. 25, No. 1, 2004, pp. 148 - 164.

Fujista M. , Hu D, "Regional Disparity in China 1985 - 1994: the Effects of Globalization and Economic Liberalization", *Annals of Regional Science*, Vol. 35, No. 1, 2001, pp. 3 - 37.

Gali J. , "Expectations-driven Spatial Fluctuations", *Regional Science and Urban Economics*, Vol. 25, 1995, pp. 1 - 19.

Gradstein M. , Nikitin D. , Zou H, "Economic Openness and Educational Expansion" *Mimeo*, *The World Bank*, 2005.

Knight J. , Song L, "Increasing Urban Wage Inequality in China", *Extents Elements and Evaluation. Economics of Transition*, Vol. 11, No. 4, 2003, pp. 597 - 619.

Krugman, P. R, "Increasing Returns and Economic Geography", *Journal of Political Economy*, Vol. 99, No. 3, 1991, pp. 483 - 499.

Litwack J. M. , Qian Y, "Balanced or Unbalanced Development: Special Economic Zones as Catalyst for Transition", *Journal of Comparative Economics*, Vol. 26, No. 1, 1998, pp. 117 - 141.

Marie E. Kelly, George C. Philippatos, "Comparative Analysis of the Foreign Investment Evaluation Parties by US-based Manufacturing Multinational Companies", *Journal of International Business Studies*, Vol. 13, No. 2, 1982, pp. 19 - 42.

Mody A. , Wang, F. Y. , "Explaining Industrial Growth in Coastal China: Economic Reforms", *World Bank Economic Review*, Vol. 11, No. 2, 1997, pp. 293 - 325.

Song S, Chu G. S. F. , Cao R. "Intercity Regional Disparity in China." *China Economic Review*, Vol. 11, 2003, pp. 246 - 261.

Y. Y. Kueh, "Direct Foreign Investment and Economic Change in China." *China Quarterly Economy*, Vol. 131, No. 4, 1992, pp. 637 - 690.

Yao Y, "Equalizing or not? Assessing the Intergovernmental Grants and Their Incentive Effects in China's Fiscal Reform" *Mimeo*, *Deparment of*

Applied Economics and Management, *Cornell University*, 2005.

安体富:《促进区域协调发展的财税政策选择》,《税务研究》2008 年第 5 期。

安虎森:《产业空间分布、收入差异和政府的有效调控——三论区域协调发展》,《广东社会科学》2007 年第 7 期。

白永秀:《观念滞后：中国经济发展的瓶颈——以陕西为例》,《唐都学刊》2002 年第 4 期。

白仲林:《面板数据的计量经济分析》,南开大学出版社 2008 年版。

白重恩、杜颖娟、陶志刚:《地方保护主义及产业地区集中度的决定因素和变动趋势》,《经济研究》2004 年第 4 期。

蔡昉、王德文:《比较优势差异变化及其对地区差距的影响》,《中国社会科学》2002 年第 9 期。

蔡昉、都阳:《中国地区经济增长的趋同与差异——对西部开发战略的启示》,《经济研究》2000 年第 10 期。

蔡昉、王德文:《外商直接投资与就业》,《财经论丛》2004 年第 1 期。

蔡昉:《谨防“梅佐乔诺陷阱”》,《中国改革》2010 年第 1 期。

曹洪军等:《山东各地市经济发展环境评价研究》,《中国人口资源与环境》2005 年第 3 期。

曹明福、李树民:《绝对优势和比较优势的利益得失》,《中国工业经济》2006 年第 6 期。

曹明福、李树民:《全球价值链分工：从国家比较优势到世界比较优势》,《世界经济研究》2006 年第 11 期。

陈红儿:《区际产业转移的内涵、机制、效应》,《内蒙古社会科学》2002 年第 6 期。

陈建军:《产业区域转移与东扩西进战略》,中华书局 2003 年版。

陈建军:《中国现阶段产业区域转移的实证研究——结合浙江 105 家企业的问卷调查报告的分析》,《管理世界》2002 年第 6 期。

陈建军:《要素流动、产业转移和区域经济一体化》,浙江大学出版社 2009 年版。

陈亮:《中国跨越“中等收入陷阱”的开放创新——从比较优势向竞

争优势转变》，《马克思主义研究》2011年第3期。
陈秀山、孙久文：《中国区域经济问题研究》，商务印书馆2005年版。
陈秀山：《区域协调发展要健全区域互动机制》，《党政干部学刊》2006年第1期。
陈秀山：《中国区域经济问题研究》，商务印书馆2005年版。
陈亚军：《中国区域协调发展的政策内涵》，《经济研究参考》1996年第1期。
谌莹、唐志军：《发达国家区域协调发展》，《改革与开放》2008年第3期。
程李梅等：《产业链空间演化与西部承接产业转移的“陷阱”突破》，《中国工业经济》2013年第8期。
程云川、陈利君：《区域合作中的产业转移问题——以泛珠三角为例》，《云南民族大学学报》（哲学社会科学版）2009年第5期。
［英］大卫·李嘉图：《政治经济学及税负原理》，商务印书馆1962年版。
戴宏伟、王云平：《产业转移与区域产业结构调整的关系分析》，《当代财经》2008年第2期。
戴宏伟等：《区域产业转移研究：以“大北京”经济圈为例》，中国物价出版社2003年版。
邓慧慧：《贸易自由化：要素分布和制造业集聚》，《经济研究》2011年第11期。
杜鹰：《全面开创区域协调发展新局面》，《求是》2008年第4期。
樊纲、王小鲁等：《中国各地区市场化相对进程报告》，《经济研究》2003年第3期。
樊平：《构建区域发展的社会资本》，《光明日报》（理论版）2003年11月28日。
樊士德、姜德波：《劳动力流动、产业转移与区域协调发展——基于文献研究的视角》，《产业经济研究》2014年第4期。
樊福卓：《地区专业化的度量》，《经济研究》2007年第9期。

范剑勇、谢强强：《地区间产业分布的本地市场效应及其对区域协调发展的启示》，《经济研究》2010 年第 4 期。

范剑勇：《长三角一体化：地区专业化与制造业空间转移》，《管理世界》2004 年第 11 期。

冯根福、刘志勇、蒋文定：《我国东中西部地区间工业产业转移的趋势、特征及形成原因分析》，《当代经济科学》2010 年第 2 期。

冯梅：《全球产业转移与提升我国产业结构水平》，《管理世界》2009 年第 5 期。

冯薇：《产业集聚、循环经济与区域经济发展》，中国发展出版社 2008 年版。

符正平、曾素英：《集群产业转移中的转移模式与行动特征——基于企业社会网络视角的分析》，《管理世界》2008 年第 12 期。

高波、陈健、邹琳华：《区域房价差异、劳动力流动与产业升级》，《经济研究》2012 年第 1 期。

高新才：《与时俱进：中国区域发展战略的嬗变》，《兰州大学学报》2008 年第 12 期。

龚勤林、陈说：《马克思主义视阈下的区域协调发展及对我国的启示》，《马克思主义研究》2012 年第 8 期。

顾朝林：《产业结构重构与转移——长江三角洲地区主要城市比较研究》，江苏人民出版社 2003 年版。

管汉晖：《比较优势理论的有效性：基于中国历史数据的检验》，《经济研究》2007 年第 10 期。

郭金龙、王宏伟：《中国区域间资本流动与区域经济差距研究》，《管理世界》2003 年第 7 期。

郭剑雄：《人力资本、生育率与城乡收入差距的收敛》，《中国社会科学》2005 年第 3 期。

郭剑雄、吴佩：《内生增长要素与城乡收入差距》，《清华大学学报》（哲学社会科学版）2006 年第 3 期。

韩峰、柯善咨：《空间外部性、比较优势与制造业集聚——基于中国地级市面板数据的实证分析》，《数量经济技术经济研究》2013 年第 1 期。
何炼成：《西部地区投资软环境与体制创新》，《西北大学学报》（哲学社会科学版）2001 年第 1 期。
何玉梅、孙艳青：《不完全契约、代理成本与国际外包水平——基于中国工业数据的实证分析》，《中国工业经济》2011 年第 12 期。
贺东航、樊红敏：《政治学视野下的地区发展均衡性研究》，《理论前沿》2006 年第 7 期。
贺曲夫、刘友金：《我国东中西部地区间产业转移的特征与趋势——基于 2000—2010 年统计数据的实证分析》，《经济地理》2012 年第 12 期。
洪俊杰、刘志强、黄薇：《区域振兴战略与中国工业空间结构变动——对中国工业企业调查数据的实证分析》，《经济研究》2014 年第 8 期。
洪银兴：《从比较优势到竞争优势——兼论国际贸易的比较利益理论的缺陷》，《经济研究》1997 年第 6 期。
洪银兴：《西部大开发和区域经济协调方式》，《管理世界》2002 年第 4 期。
胡鞍钢：《中国走向区域协调发展》，《城市经济、区域经济》2004 年第 6 期。
黄玖立、吴敏、包群：《经济特区、契约制度与比较优势》，《管理世界》2013 年第 11 期。
黄玖立等：《学校教育与比较优势：解构作为渠道的技能》，《经济研究》2014 年第 4 期。
惠宁、谢攀：《产业集群与区域经济增长的实证研究》，《西北大学学报》（哲学社会科学版）2009 年第 5 期。
惠宁：《产业集群理论的研究现状及其新发展》，《管理世界》2005 年第 11 期。
江小涓：《中西部地区的经济发展与吸引外资：政策取向与其实效分析》，《当代经济科学》2002 年第 1 期。
蒋清海：《区域协调发展：对区域差距的分析与思考》，《贵州社会科学》1995 年第 4 期。

蒋震：《工业化水平、地方政府努力与土地财政：对中国土地财政的一个分析视角》，《中国工业经济》2014 年第 10 期。

金京、戴翔、张二震：《全球要素分工背景下的中国产业转型升级》，《中国工业经济》2013 年第 11 期。

金碚：《论中国产业发展的区域态势》，《区域经济评论》2014 年第 4 期。

金碚、龚健健：《经济走势、政策调控及其对企业竞争力的影响——基于中国行业面板数据的实证分析》，《中国工业经济》2014 年第 3 期。

金碚：《产业转移：结构升级的积极动向》，《人民日报》（理论版）2013 年 1 月 14 日。

［美］克鲁格曼：《国际贸易新理论》，中国社会科学出版社 2001 年版。

李钢、廖建辉、向奕霓：《中国产业升级的方向与路径——中国第二产业占 GDP 的比例过高了吗?》，《中国工业经济》2011 年第 10 期。

李钢、金培：《比较优势与竞争优势是对立的吗？——基于中国制造业的实证研究》，《财贸经济》2009 年第 9 期。

李金昌、项莹：《中国制造业出口增值份额及其国别（地区）来源——基于 SNA - 08 框架下〈世界投入产出表〉的测度与分析》，《中国工业经济》2014 年第 8 期。

李军杰：《中国地方政府经济行为分析——基于公共选择视角》，《中国工业经济》2004 年第 4 期。

李廉水、杨浩昌、刘军：《我国区域制造业综合发展能力评价研究——基于东中西部制造业的实证分析》，《中国软科学》2014 年第 2 期。

梁琦：《产业集聚论》，商务印书馆 2006 年版。

梁琦、黄利春：《要素集聚的产业地理效应》，《广东社会科学》2014 年第 7 期。

林毅夫、蔡防、李周：《比较优势与发展战略——对“东亚奇迹”的再解释》，《中国社会科学》1999 年第 5 期。

林毅夫、蔡昉、李周：《中国的奇迹：发展战略与经济改革》，生活·读书·新知三联书店、上海人民出版社 1999 年版。

林毅夫：《经济学研究方法与中国经济学科发展》，《经济研究》2001 年第 4 期。

林毅夫：《新结构经济学》，北京大学出版社 2012 年版。

刘刚、刘珊珊：《产业转移理论研究：现状与展望》，《当代财经》2006 年第 1 期。

刘国光、李京文：《中国经济大转变——经济增长方式转变的综合研究》，广东人民出版社 2001 年版。

刘红光、刘卫东、刘志高：《区域间产业转移定量测度研究——基于区域间投入产出表分析》，《中国工业经济》2011 年第 6 期。

刘红光、王云平、季璐：《中国区域间产业转移特征、机理与模式研究》，《经济地理》2014 年第 1 期。

刘力、张建：《珠三角企业迁移调查与区域产业转移效应分析》，《国际经贸探索》2008 年第 10 期。

刘凌波、丁慧平：《乡镇工业环境保护中的地方政府行为分析》，《管理世界》2007 年第 11 期。

刘小玄：《中国转轨过程中企业行为和市场均衡》，《中国社会科学》2003 年第 3 期。

刘秀丽：《中部崛起过程中承接产业转移的可行性分析》，《科技情报开发与经济》2007 年第 6 期。

刘艳清：《区域经济可持续发展系统的协调度研究》，《社会科学辑刊》2000 年第 9 期。

卢锋：《比较优势结构与开放型棉产业发展——我国棉花贸易政策面临十字路口选择》，《管理世界》2006 年第 11 期。

陆根尧、盛龙、唐辰华：《中国产业生态化水平的静态与动态分析——基于省际数据的实证研究》，《中国工业经济》2012 年第 3 期。

吕政：《论中国工业的比较优势》，《中国工业经济》2003 年第 4 期。

马涛等：《地区分工差距的度量：产业转移承接能力评价的视角》，《管理世界》2009 年第 9 期。

［美］迈克尔·波特：《国家竞争优势》，华夏出版社 2002 年版。

孟庆民：《区域经济一体化的概念与机制》，《开发研究》2001 年第 6 期。

［英］穆勒：《政治经济学原理》，华夏出版社 2009 年版。

潘悦：《国际产业转移的四次浪潮及其影响》，《现代国际关系》2006 年第 4 期。

彭志胜：《工业的空间分布及产业转移影响因素的实证分析》，《统计与决策》2014 年第 4 期。

乔均、彭纪生：《品牌核心竞争力影响因子及评估模型研究——基于本土制造业的实证分析》，《中国工业经济》2013 年第 12 期。

青岛科技大学课题组：《中国区域能源—经济—环境协调发展评价》，《学习与实践》2006 年第 5 期。

邱斌等：《要素禀赋、制度红利与新型出口比较优势》，《经济研究》2014 年第 8 期。

曲玥、蔡昉：《“飞雁模式”发生了吗？——对 1998—2008 年中国制造业的分析》，《经济学》（季刊）2013 年第 3 期。

沈开艳、权衡：《经济发展方式比较研究——中国与印度经济发展比较》，上海社会科学院出版社 2008 年版。

沈立人、戴园晨：《诸侯经济的形成及其弊端和根源》，《经济研究》1990 年第 4 期。

石奇、孔群喜：《实施基于比较优势要素和比较优势环节的新式产业政策》，《中国工业经济》2012 年第 12 期。

［英］史蒂芬·贝利：《地方政府经济学：理论与实践》，北京大学出版社 2006 年版。

宋东旭：《日本区域政策解析及其对中国开发西部的启示》，《理论探讨》2004 年第 2 期。

宋泓：《外部市场限制和比较优势产业的发展——中国纺织和服装产业案例研究》，《管理世界》2008 年第 6 期。

孙冬生：《试论利益协调与社会协调发展的关系》，《学海》1999 年第 3 期。
孙浩进：《国际产业转移的历史演进及新趋势的启示》，《人文杂志》2011 年第 3 期。
孙久文：《区域经济规划》，商务印书馆 2007 年版。
孙久文、姚鹏：《京津冀产业空间转移、地区专业化与协同发展——基于新经济地理学的分析框架》，《南开学报》（哲学社会科学版）2015 年第 1 期。
孙少勤、邱斌、唐保庆：《法制建设强度与中国制造业出口动力新源泉研究》，《中国工业经济》2014 年第 7 期。
[法] 泰勒尔：《产业组织理论》，中国人民大学出版社 1997 年版。
覃成林：《基于区域协调发展的国家促进中部地区崛起政策研究》，《中州学刊》2006 年第 7 期。
覃成林：《区域产业转移的政府动机与行为》，《改革》2012 年第 6 期。
覃成林、熊雪如：《我国制造业产业转移动态演变及特征分析——基于相对净流量指标的测度》，《产业经济研究》2013 年第 1 期。
田伟、田红云：《晋升博弈、地方官员行为与中国区域经济差异》，《南开经济研究》2009 年第 1 期。
王开军、黄添强：《基于趋势秩的 Spearman 相关方法》，《福建师范大学学报》（自然科学版）2010 年第 1 期。
王鹏、李健、张亮：《中部地区自主创新能力评价及提升路径分析》，《中国工业经济》2011 年第 5 期。
王文成、杨树旺：《中国产业转移的经济动因及其效应》，《中国经济评论》2004 年第 8 期。
王先庆：《产业扩张》，广东经济出版社 1998 年版。
王满仓、赵守国：《财政透明化背景下的政府治理变革》，《经济学家》2005 年第 4 期。
王欣亮、严汉平、刘飞：《中国区域经济增长差异的时间演进及空间机制分解：1952—2012》，《当代经济科学》2014 年第 3 期。

王欣亮、严汉平：《我国全要素生产率的测算、分解及演进研究：1952~2012》,《人文杂志》2014年第3期。

王欣亮：《利用产业转移推进区域协调发展》,《光明日报》(理论版)2014年5月25日。

王燕梅：《东西部地区发展差距的制度因素分析》,《经济科学》2001年第3期。

王铮、葛昭攀：《中国区域发展的多重均衡与转变前兆》,《中国社会科学》2002年第4期。

王志刚、龚六堂、陈玉宇：《地区间生产效率与全要素生产率增长率分解：1978—2003》,《中国社会科学》2006年第2期。

王忠平、王怀宇：《区际产业转移形成的动力研究》,《大连理工大学学报》(社会科学版)2007年第1期。

文玫：《中国工业在区域上的重新定位和聚集》,《经济研究》2004年第2期。

魏后凯：《产业转移的发展趋势及其对竞争力的影响》,《福建论坛》(社会经济版)2003年第4期。

魏后凯：《外商直接投资对中国区域经济增长的影响》,《经济研究》2002年第4期。

魏后凯等：《现代区域经济学》,经济管理出版社2007年版。

吴三忙：《中国制造业空间分布分析》,《中国软科学》2010年第6期。

吴显英：《区域技术创新能力评价》,《哈尔滨工程大学学报》2003年第2期。

吴安波：《中国制造业区域专业化程度的测度、特征及变动趋势》,《数量经济技术经济研究》2009年第5期。

吴宗杰、桑金琰：《从传统经济到循环经济的产业转型研究》,人民出版社2007年版。

伍业君、张其仔：《比较优势演化与经济增长——基于阿根廷的实证分析》,《中国工业经济》2012年第2期。

肖巍、钱箭星：《环境治理中的政府行为》,《复旦学报》(社会科学版）2003 年第 3 期。

谢呈阳、周海波、胡汉辉：《产业转移中要素资源的空间错配与经济效率损失：基于江苏传统企业调查数据的研究》，《中国工业经济》2014 年第 12 期。

谢德保：《论政府在区域协调发展中的作用》，《北方经贸》2005 年第 5 期。

徐璋勇：《对西部地区实现经济增长路径的实证分析》，《西北大学学报》（哲学社会科学版）2002 年第 5 期。

徐承红：《基于区域经济竞争力的区域差异与区域协调发展研究》，《城市经济、区域经济》2008 年第 4 期。

许南、李建军：《产品内分工、产业转移与中国产业结构升级》，《管理世界》2012 年第 1 期。

［英］亚当·斯密：《国民财富的性质和原因研究》，商务印书馆 1974 年版。

严冰等：《西部渐成产业转移聚集地》，《人民日报》（理论版）2010 年 8 月 18 日。

严汉平、白永秀：《中国区域差异变化轨迹及区域差异系统分析》，《嘉兴学院学报》2005 年第 1 期。

严汉平、白永秀：《三种制度创新主体的比较及西部制度创新主体定位》，《经济评论》2007 年第 3 期。

严汉平：《制度创新与区域经济发展》，经济科学出版社 2005 年版。

严汉平等：《区域协调发展：大国崛起的必然选择》，中国经济出版社 2011 年版。

杨灿明：《地方政府行为与产业结构》，《经济研究》2000 年第 11 期。

杨帆：《比较优势的动态性与中国加入 WTO 的政策导向》，《管理世界》2001 年第 6 期。

杨刚强等：《差别化土地政策促进区域协调发展的机制与对策研究》，《中国软科学》2012 年第 10 期。

杨高举等：《中国会陷入比较优势陷阱吗?》，《管理世界》2014 年第 5 期。

杨小凯：《经济学原理》，中国社会科学出版社 1998 年版。
杨小凯、张永生：《新贸易理论、比较利益理论及其经验研究的新成果：文献综述》，《经济学》（季刊）2001 年第 1 期。
杨亚平、周泳宏：《成本上升、产业转移与结构升级——基于全国大中城市的实证研究》，《中国工业经济》2013 年第 7 期。
叶琪：《我国区域产业转移的经济效应与变化趋势》，《广西经济管理干部学院学报》2014 年第 1 期。
叶祥松、晏宗新：《当代虚拟经济与实体经济的互动——基于国际产业转移的视角》，《中国社会科学》2012 年第 9 期。
易志斌：《地方政府竞争的博弈行为与流域水环境保护》，《经济问题》2011 年第 1 期。
殷德生、范剑勇：《中国宏观经济增长质量的研究进展》，《宏观质量研究》2013 年第 12 期。
于刃刚、戴宏伟：《生产要素流动与区域经济一体化的形成及启示》，《世界经济》1999 年第 6 期。
臧新、李菡：《垂直专业化与产业集聚的互动关系——基于中国制造行业样本的实证研究》，《中国工业经济》2011 年第 8 期。
张公嵬、梁琦：《产业转移与资源的空间配置效应研究》，《产业经济评论》2010 年第 9 期。
张红凤、周峰等：《环境保护与经济发展双赢的规制绩效实证分析》，《经济研究》2009 年第 3 期。
张军扩、侯永志等：《中国区域政策与区域发展》，中国发展出版社 2010 年版。
张可云：《区域经济政策》，商务印书馆 2005 年版。
张可云：《中国区域经济发展水平差距现状与趋势分析》，《开发研究》1998 年第 5 期。
张可云：《区域大战与区域关系》，民主与建设出版社 2001 年版。
张坤民：《中国环境保护事业 60 年》，《中国人口·资源与环境》2010 年第 6 期。
张其仔、李颢：《中国产业升级机会的甄别》，《中国工业经济》2013

年第 5 期。

张其仔：《比较优势的演化与中国产业升级路径的选择》，《中国工业经济》2008 年第 9 期。

张其仔：《中国能否成功地实现雁阵式产业升级》，《中国工业经济》2014 年第 6 期。

张维迎、柯荣柱：《信任及其解释：来自中国的跨省调查分析》，《经济研究》2002 年第 10 期。

张秀生、陈慧女：《论中国区域经济发展差距的现状、成因、影响与对策》，《经济评论》2008 年第 2 期。

张月瀛：《中部地区承接产业转移对策》，《人民论坛》2010 年第 10 期。

赵崇生：《对地区差距的几点认识》，《宏观经济管理》2006 年第 12 期。

赵玉芬：《中国环境污染未获根本治理地方污染纠纷仍频发》，《光明日报》（理论版）2013 年 6 月 12 日。

赵张耀、汪斌：《网络型国际产业转移模式研究》，《中国工业经济》2005 年第 10 期。

赵志平、贾秀兰：《环境保护的政府行为及反思》，《生态经济》2005 年第 10 期。

郑鑫、陈耀：《运输费用、需求分布与产业转移——基于区位论的模型分析》，《中国工业经济》2012 年第 2 期。

周黎安：《晋升博弈中政府官员的激励与合作》，《经济研究》2004 年第 6 期。

周五七、曹治将：《中部地区承接东部产业梯度转移的壁垒与对策》，《改革与战略》2010 年第 10 期。

周业安、章泉：《参数异质性、经济趋同与中国区域经济发展》，《经济研究》2008 年第 1 期。

朱发仓、苏为华：《区域经济收敛与比较优势发展战略——基于行业的动态 Panel 模型分析》，《管理世界》2006 年第 9 期。

朱恒鹏：《地区间竞争、财政自给率和公有制企业民营化》，《经济研究》2004 年第 10 期。

朱佩枫、张浩、张慧明：《考虑非期望产出的皖江城市带承接长三角产业转移效率研究》，《中国软科学》2014 年第 7 期。

庄亚明、李晏墅、李金生、杨浩巍：《区域协调发展的 GAH-S 评价体系研究——基于江苏的数据》，《中国工业经济》2008 年第 6 期。

后 记

改革开放已近四十周年，回顾发展历程，我国国民经济已经从追逐数量增长向追求质量提升转变。区域协调发展作为发展质量的重要体现，是新时代影响人民日益增长的美好生活需要和不平衡不充分的发展之间矛盾的重要因素，已成为现阶段我国指导区域发展的基本方针。党的十九大报告中强调，坚定实施“区域协调战略”，建立更加有效的区域协调发展新机制。本书以推动区域经济协调发展为目标，以立足要素配置的产业转移为切入点，通过理论研究和经验验证，以期探索一条基于要素配置的比较优势进行产业转移，以推动区域协调发展的实现路径。

和现有研究相比，本书所做的工作有：第一，为推动我国区域协调发展提供了基于要素配置下比较优势，进行产业转移发展的思路，并通过理论分析与经验研究认为，其不仅适用于落后地区的跨越式发展目标，也符合发达地区优化发展方式可持续发展的需求。第二，在对传统要素配置的理论内涵进行扩展的基础上，对比较优势理论有效性的争论进行了基于动态视角的解释。第三，基于现有研究中的争论，结合对产业转移理论的重新界定，初步构建了以比较优势为动因、产业转移为手段、推动区域协调发展为目标的理论传导机制和逻辑框架。第四，为衡量要素配置的比较优势提供了基于动态性及综合性评价思路的探索。第五，综合构建博弈体系，对区域协调发展约束下产业转移中地方政府之间的竞争行为进行分析。第六，利用我国经验数据验证了关于产业转移对于区域发展水平趋同以及区域发展质量提升具有正向推动效应的理论论断。

本书是在我的博士学位论文基础上，进一步修改完善而成。在出版之际，衷心感谢我的博士导师严汉平教授，学业的顺利完成和取得的点滴成绩都渗透着严老师的心血，跟随严老师求学的七年，所学到的和所收获到的都将是我一生的财富。衷心感谢我的博士后导师任宗哲教授，任老师严谨的学术态度是我学习的榜样，是指导我不断前进的灯塔，任老师孜孜不倦的治学精神使我没有理由懈怠和感到疲倦，也成为我不断努力前进的动力。衷心感谢我的博士后导师曹蓉教授，每当我感到科研压力巨大、茫然无措时，曹老师如举重若轻般的指点、如春风化雨般的鼓励，让我重拾信心去面对困难。我取得的每一点进步都离不开各位恩师的教诲和提携，千言万语，难尽感激之情。

衷心感谢西北大学，这所百年名校的情怀，正如“公诚勤朴”的校训中对学子所冀望的：“西大师生应以追求国家和人民的根本利益为目标，忘我投入、勤奋坚毅，并永葆这种质朴的追求和本真的理想”。回首七年的求学经历和三年的工作历程，在这里赋予了太多的梦想、汗水和希望，母校厚重的学术积淀、积极向上的学风、包容严谨的学术环境，都激励着每个西大学子不断前行。

本书是国家自然科学基金青年项目（71703121）、教育部人文社科基金青年项目（17YJC790158）、中国博士后科学基金面上项目（2017M613040）的阶段性成果。本书的出版也得到了西北大学学术著作出版基金和陕西人文社会科学文库项目的支持，在此表示衷心的感谢。中国社会科学出版社孙萍副编审高度认真的态度和辛勤的工作极大地弥补了本书中的缺憾，在书稿的文字和图形处理中，张驰、李小兰等做了大量工作，对他们表示感谢。

本书在写作过程中参阅了大量的国内外文献，研究者渊博的学识和睿智的思维给予了很多的启迪，在此对他们表示感谢，引用到的文献都已尽可能地在注释或参考文献中标出，若有遗漏还望谅解。本书的不足之处在所难免，恳请读者批评指正。

在这本书完稿出版之际，我更愿意借用这样一段话来结束致谢部分：科研并不是为了完成一篇文章或一个课题，更是一种生活态度、一种工作精神、一种思维方式，它是一种为了实现理想敢于拼搏的生活态度；是一种为了崇高目标而艰苦奋斗的工作精神；是一种大胆假设，小心求证的思维方式。愿这种科研精神永远激励着我们：勤奋、踏实、进取、风雨兼程。

王欣亮

2017 年 10 月于西北大学